DICTIONNAIRE

DES ATHÉES

ANCIENS ET MODERNES.

On trouve, chez le même libraire,

Le Lucrèce français, fragmens d'un poëme sur Dieu, 1 vol. in-8°. bro. 3 fr.
Le même, papier vélin grand in-8°. 6 fr.
Pensées libres sur les prêtres, 1 vol. in-12 broché, 1 franc 50 c.

DICTIONNAIRE

DES ATHÉES

ANCIENS ET MODERNES.

Par Sylvain M......l.

A PARIS,
Chez GRABIT, libraire, rue du Coq-
Honoré, N°. 133.

AN VIII.

DISCOURS

PRÉLIMINAIRE,

OU

RÉPONSE A LA DEMANDE:

Qu'est-ce qu'un Athée?

ecce vir.

DIEU n'a pas toujours été: il fut un temps pendant lequel l'homme, vivant dans sa famille, ne connaissait d'autre autorité que son père. Alors il avait peu de besoins, ayant peu de désirs. Ce n'était point une brute, un barbare, un antropophage, ainsi qu'on a voulu le faire entendre. Ce n'était pas non plus un citadin poli et faux, vaniteux et servile : c'était un Homme, dans toute sa plénitude, ignorant l'art d'écrire, peut-être même celui de parler, mais sachant vivre; c'est-à-dire, aimant son père, sa femme et ses enfans, travaillant pour eux, avec eux et mourant dans leurs embrassemens. Son champ paraissait à ses yeux tout l'univers. Réglant ses occupations sur la marche du soleil et sur la fécondité de la terre; ses bras et son cœur faisaient toute sa fortune et tous ses plaisirs. Ne soupçonnant rien au-dessus de la voûte étoilée du ciel, rien au-dessous de la couche végétale du sol qu'il cultivait, l'homme d'alors existait, étranger aux sciences et aux vices, aux vertus sociales et aux forfaits, mais tout à la nature, mais tout à l'innocence.

Les voyageurs ont retrouvé quelques faibles traces de cet âge d'or. Il n'est point une chimère. Les poëtes l'ont rendu douteux, en le surchargeant d'ornemens factices; mais cet heureux âge a lui.

Eh ! quelle répugnance peut-on éprouver à croire de telles mœurs ? Sont-elles dans l'ordre des choses impossibles ? Faut-il donc tant d'efforts pour vivre ainsi ? Et l'existence actuelle du genre humain ne doit-elle pas étonner davantage ?

Dans ces temps, l'homme, borné à la surface de la terre et des cieux, n'avait, ne pouvait avoir aucune idée d'une puissance autre que celle qui le mit au monde, et qui l'éleva. Pense-t-on à ce dont on n'a nul besoin ? et quel besoin a-t-on d'un Dieu, quand on possède un père, une femme, des enfans, un ami, des bras, des yeux et son cœur ?

Eh bien ! un véritable Athée est cet homme du siècle d'or. L'Athée est celui qui, se repliant sur lui-même et se dégageant des liens qu'on lui a fait contracter malgré lui ou à son insu, remonte à travers la civilisation à cet ancien état de l'espèce humaine, et faisant dans le *forum* de sa conscience, main basse autour de lui sur les préjugés de toute couleur, approche le plus près de ce temps fortuné où l'on ne soupçonnait pas l'existence divine, où l'on se trouvait bien, où l'on se contentait des seuls devoirs de la

Préliminaire.

famille. L'Athée est l'homme de la Nature.

Cependant, placé aujourd'hui dans une sphère plus compliquée et plus étroite, il remplit ses obligations de citoyen, et se résigne aux décrets de la nécessité. Tout en gémissant sur les bases vicieuses des institutions politiques, tout en frappant de son mépris ceux qui les organisent si mal, il se soumet à l'ordre public où il se trouve. Mais on ne le voit pas se faire chef de parti ou d'opinion. On ne le rencontre jamais sur la route bannale qui mène aux emplois utiles ou brillans. Conséquent à ses principes, il vit au milieu de ses comtemporains corrompus ou corrupteurs, comme ce voyageur qui, ayant à traverser des plages fangeuses, se garde du venin des reptiles. Il en est quitte pour être assourdi par leurs sifflemens. Il chemine parmi ces êtres mal-faisans, sans prendre leur allure tortueuse et rampante.

Le véritable Athée n'est donc pas ce sybarite qui, se donnant pour épicurien, tandis qu'il n'est que débauché, ne craint pas de se dire dans son cœur usé : « Il n'y a point « de Dieu, donc il n'y a point de « morale, donc je puis tout me « permettre ».

Le véritable Athée n'est point cet homme d'Etat, qui sachant que la chimère divine fut imaginée pour en imposer aux *hommes - peuple*, leur commande au nom de ce Dieu dont il se moque.

Le véritable Athée ne se trouve pas au nombre de ces héros hypocrites et sanguinaires, qui, pour s'ouvrir une route à la conquête, s'annoncent aux nations qu'ils se proposent de dompter, pour les protecteurs du culte qu'elles professent, et s'amusent, au sein de leurs familiers, de la crédulité humaine.

Le véritable Athée n'est point cet homme vil qui, flétri depuis longues années du caractère indélebile d'imposteur sacerdotal, change d'habit et d'opinion, quand ce métier infâme cesse d'être lucratif, et vient impudemment se ranger parmi les sages qu'il persécutait.

Le véritable Athée n'est point cet énergumène qui va brisant dans les carrefours tous les signes religieux qu'il rencontre, et prêche le culte de la raison à la *Plèbe*, qui n'a que de l'instinct.

Le véritable Athée n'est point l'un de ces *hommes du monde*, ou *gens comme il faut*, qui par ton dédaignent l'usage de la pensée, et vivent à-peu-près comme le cheval qu'ils montent, ou la femme qu'ils entretiennent.

Le véritable Athée n'est point assis non plus sur les fauteuils de ces sociétés savantes, dont les individus mentent sans cesse à leur conscience, et consentent à dissimuler leur pensée, à retarder la marche solennelle de la philosophie, par ménagement pour de misérables intérêts personnels ou pour de pitoyables considérations politiques.

Le véritable Athée n'est pas ce demi savant orgueilleux, qui voudrait qu'il n'y eût que lui d'Athée dans le monde ; et qui cesserait de l'être l'être, si le plus grand nombre le devenait. La manie de se singulariser lui tient lieu de philosophie. L'amour-propre est son Dieu. S'il le pouvait, il garderait pour lui seul la lumière; à l'entendre, le reste des hommes n'en sera jamais digne.

Le véritable Athée n'est pas encore ce philosophiste timoré et sans énergie, qui rougit de son opinion, comme d'une mauvaise pensée; lâche ami de la vérité, il la compromettra plutôt que de se compromettre. On le voit hanter les temples, afin d'écarter de sa personne le soupçon d'impiété; égoïste circonspect jusqu'à la pusillanimité, l'extirpation des plus antiques préjugés lui semble toujours précoce : il ne craint pas Dieu; mais il redoute les hommes. Qu'ils se détruisent dans des guerres religieuses et civiles, peu lui importe, pourvu qu'il vive, à l'abri et en repos !

Le véritable Athée n'est pas encore ce physicien systématique qui ne rejette un Dieu que pour avoir la gloire de fabriquer le monde, tout à son aise, sans autre secours que son imaginative.

Le véritable Athée n'est pas tant celui qui dit : « Non ! je ne veux pas d'un Dieu ; » que celui qui dit : « Je » puis être sage, sans un Dieu ».

Le véritable Athée ne raisonne pas avec le plus d'argutie contre l'existence divine.

Au contraire, les plus minces théologues pourraient l'embarrasser, s'il en venait aux prises avec eux ; mais il leur dirait, avec bonhommie et pour en finir :

« Docteurs ! y a-t-il un Dieu au ciel ? Cette question pour moi n'est pas plus importante que celle-ci : y a-t-il des animaux dans la lune ?

Voici mon symbole, en une seule ligne, docteurs !

<small>Je n'ai pas plus besoin d'un Dieu, que lui de moi.
Sylvain, le Lucrèce français.</small>

Eh ! que me fait un Dieu ? j'arrête ma pensée à ce qui frappe mes sens, et ne pousse point la curiosité jusqu'à vouloir trouver dans le ciel un maître de plus ; j'en rencontre assez déjà sur la terre. Croire qu'il y a quelque chose au-delà de ce Tout dont je fais partie, répugne à ma raison : si pourtant cet objet existe, il m'est parfaitement étranger. Où est le rapport entre nous ? Renfermé dans les limites de l'univers que j'habite, ce qui se passe chez mes voisins ne me regarde pas. Ce n'est point mon affaire. Le seuil de ma maison est pour moi les colonnes d'Hercule. Il y a bien loin de l'homme à ce qu'on appèle un Dieu. Ma vue est trop courte, pour porter jusque-là. A de si grandes distances, on ne peut guères s'entendre. J'ai d'ailleurs, tout ce qu'il me faut sous la main; des droits à exercer, des devoirs à remplir, et des jouissances, résultat de mes devoirs et de mes droits. Les plus tendres affections du cœur, les plus douces illusions de l'esprit trouvent autour de moi, en moi, et à chaque instant de ma vie, des alimens pris dans la nature des choses. Je n'ai pas un moment à perdre. Chaque saison de mon existence m'offre des sujets variés de contentement. Nouveau né, j'ai le sein de ma mère. Jeune homme! je me précipite dans les bras d'une autre moi-même. L'âge mûr m'attache un ami. Dans la vieillesse, mes enfans me rendent les soins qu'ils ont reçus de moi.

Entouré, pressé de mes parens, de ma femme, de mes enfans, de mon ami, où est la place d'un Dieu?... Il n'a que faire au milieu d'une famille bien unie. On n'en sent point du tout la nécessité. Il ne manque rien à un bon fils, à un bon mari, à un bon père de famille.

Si je fais quelques ingrats, je descends dans mon cœur; je m'y renferme, et j'y trouve d'amples dédommagemens aux peines que j'endure au dehors, aux pertes que j'éprouve à mes côtés, aux injustices, aux persécutions des méchans, plus à plaindre que moi.

Je sais me suffire, sans efforts; tous mes moyens sont à ma propre disposition. Je m'enveloppe du souvenir de mes bonnes œuvres, et m'appuie tout entier sur ma conscience, sans aller mendier des secours, au-dessus de ma tête, dans les nuages.

Docteurs, que votre Dieu existe ou non ! vous voyez que l'homme, pour peu qu'il s'interroge, et qu'il sache apprécier ses ressources personnelles et intérieures, n'a nul besoin de sortir hors de lui pour goûter le bonheur, fruit de sa vertu. La félicité des gens probes est toujours leur ouvrage. ils n'en ont l'obligation à personne.

Docteurs ! gardez votre Dieu, je puis m'en passer ».

Préliminaire.

Quelques bonnes ames s'apitoyent sur les Athées : les malheureux ! (disent-elles) ils ne peuvent se trouver bien, ni en ce monde, ni dans l'autre. L'espérance, ce baume de la vie, leur est enlevée. Ils ont un esprit étroit, une ame sèche. Ils ne savent point aimer. Les malheureux !

Le cœur qui n'aima point, fut le premier Athée.
L. Mercier.

Bonnes-gens ! rassurez-vous sur le sort des Athées. Ils sont loin d'envier vos jouissances. Ils en ont de plus réelles et de plus pures. Avec le bon esprit de ne s'occuper ni du passé qui n'est plus, ni de l'avenir qui n'est pas encore, bornés au présent qui seul leur appartient, leur intérêt bien entendu est dans le meilleur emploi possible du temps ;

ils prennent pour règle de conduite la Nature, qui ne connaît point de lacune et qui ne trompe jamais.

Bonnes-gens! rassurez-vous donc sur leur compte. Les bons, les vrais Athées sont amans, époux et amis beaucoup plus sûrs que les autres hommes. Ils sentent, ils jouissent avec plus d'énergie. La vie présente étant tout pour eux, ils mettent leur étude à en tirer le parti le plus avantageux ; et l'expérience leur apprend qu'ils ne sauraient en abuser, sans se porter dommage à eux-mêmes les premiers.

« A la bonne heure ! mais laissez-nous notre Dieu ».

Bonnes-gens ! qu'en voulez-vous faire ? A quoi vous est-il bon ? De quels maux vous préserve-t-il ? Votre tout-puissant Dieu, après vous avoir laissés

laissés pendant douze siècles sous le despotisme royal, a-t-il su vous défendre de l'anarchie ? Si votre Dieu se mêle de vos affaires, pourquoi vont-elles si mal ? Pourquoi avez-vous des autels, et point de mœurs ? Pourquoi tant de prêtres, et si peu d'honnêtes gens ? Si votre tout-puissant Dieu se complait la haut dans une parfaite neutralité, dites, bonnes-gens d'ici-bas, n'est-ce pas comme si vous n'aviez point de Dieu ? Les Athées ont-ils si grand tort, sont-ils si criminels de pourvoir eux-mêmes à leur salut ? Gardez votre Dieu, mais ne trouvez pas mauvais, si les Athées ne multiplient pas les êtres sans nécessité; et sur-tout, défaites-vous de toute injuste prévention à leur égard.

Les Athées, dont on faisait peur,

dont on fait peur encore aujourd'hui aux femmes et aux enfans grands ou petits, sont les meilleures gens du monde. Ils ne forment point de corporation, comme les prêtres ; (1) ils n'ont point de propagande ; partant, ils ne peuvent donner ombrage à personne.

Ce répertoire des Athées anciens

---

(1) Il y a quelques années, un prêtre avait ouvert un avis qui fit sourire un moment les hommes graves ; c'était de soumettre le métier de prêtrise au droit de patente.

Une telle mesure ne peut convenir dans un ordre de choses qui reposerait tout entier sur les mœurs. Malheur à une république qui ferait ressource des produits du libertinage et du mensonge. Les femmes de mauvaise vie et les prêtres ne doivent point être imposés, comme on impose les professions honnêtes et utiles, dont on protège le libre exercice.

PRÉLIMINAIRE. xix

et modernes prouvera du moins que la plupart d'entr'eux sont, de tous les hommes, les plus tolérans, les plus paisibles, les plus éclairés et les plus aimables. Ils en sont aussi les plus heureux.

Comparons le caractère et les habitudes de l'*homme-sans-Dieu* aux habitudes et au caractère de l'*homme-de-Dieu*. Est-il constraste plus parfait ?

Observez celui-ci : il vit continuellement dans la crainte et l'humiliation, comme un esclave baisant les courroies qui le frappent.

S'il a fait une bonne action, au lieu de se livrer à un légitime orgueil, il a la sottise d'en attribuer tout le mérite, tout l'honneur à un maître qui l'a lui a dictée. S'il se propose une résolution généreuse, il va en demander la permission, et la grâce de l'accomplir. Enfant débile, il n'ose mettre un pied devant l'autre, sans regarder *papa-Dieu* (qu'on nous passe la familiarité de l'expression, à cause de sa justesse!) Voyez le déiste, le théiste, l'homme religieux (1) de toute secte, baisser la tête, fermer les yeux, joindre les mains, tendre les bras, fléchir le genou, quand il prononce le mot *Dieu*. Est-il des termes plus abjects, ou plus niais que ceux dont il se sert dans ses invocations? S'il perd sa femme ou ses enfans, il en remercie son divin créateur; car rien n'arrive sans son ordre, et c'est toujours pour le mieux. Au lit de mort, sembla-

───────────

(1) Car le déiste, s'il est conséquent à ses principes, ne doit différer du catholique romain, que du plus au moins.

PRÉLIMINAIRE. xxj

ble à un criminel, il tremble à l'approche du juge suprême. L'idée d'un Dieu rémunérateur ou vengeur l'empêche de se livrer aux dernières effusions de la Nature. Il écarte froidement sa famille, ses amis, pour se disposer à paraître devant le tribunal céleste. Certes! une telle existence est un perpétuel supplice, et réalise en cette vie l'enfer de l'autre monde.

L'homme - sans - Dieu prend et garde une toute autre attitude. Suivons-le dans l'une des journées de sa vie. Il sort des bras de sa femme ou du sommeil, pour assister au lever du grand astre ; puis il règle les affaires de sa maison et ses travaux. Après avoir donné les premières leçons à ses enfans, il prend avec sa famille le repas du matin. Ensuite, chacun vaque à ses occupations, à ses engagemens. On se réunit de nouveau au milieu du jour, pour réparer à table les forces épuisées par le travail, et pour se disposer gaiement à de nouvelles fatigues. Exerçant tour-à-tour ses facultés naturelles et acquises, *l'homme-sans-Dieu* ne connaît pas l'ennui. Chaque heure lui procure une observation à faire, un service à rendre. Partie indispensable de la Nature, actif comme elle, il se coordonne à elle, pour remplir les devoirs que lui imposent ses relations avec le reste des êtres. La soirée venue, il en passe les momens paisibles au milieu de sa famille, avec un ami, et se livre aux délassemens, digne salaire d'une journée laborieuse et utile. Un doux repos l'attend pendant la nuit ; il s'endort, satisfait de n'avoir laissé aucun vuide dans sa journée, modelée sur le cours du soleil.

Touche-t-il au terme de son existence ? Il ramasse toutes ses forces, pour jouir des plaisirs qui lui restent ; et ferme les yeux pour toujours, mais avec la certitude de laisser un souvenir honorable et cher dans le cœur de ses proches, dont il recueille les derniers témoignages d'estime et d'attachement. Son rôle fini, il se retire tranquillement de la scène, pour faire place à d'autres acteurs, qui le prendront pour modèle. Il éprouve sans doute de vifs regrets à la séparation de tout ce qu'il aimait ; mais la raison lui dit que tel est l'ordre immuable des choses. D'ailleurs, il sait qu'il ne meurt pas tout entier, tout-à-fait. Un père de famille est éternel ; il renaît, il revit dans chacun de ses enfans; et jusqu'aux parcelles de son corps, rien de lui ne peut s'anéantir. Anneau indestructible de la grande chaine des êtres, *l'homme-sans-Dieu* en embrasse toute l'étendue par la pensée, et se console, n'ignorant point que le trépas n'est qu'un déplacement de matière et un changement de forme. Au moment de quitter la vie, il repasse dans sa mémoire, s'il en a le loisir, le bien qu'il a pu faire, ainsi que les fautes. Fier de son existence, il n'a fléchi le genou que devant l'auteur de ses jours. Il a marché sur la terre, la tête haute et d'un pas ferme, l'égal de tous les autres êtres, et n'ayant de compte à rendre à personne

qu'à

qu'à sa conscience. Sa vie est pleine comme la Nature : *ecce* VIR. (1)

Si le cadre étroit dans lequel nous nous sommes circonscrits, nous permettait de profiter de tous les avantages de notre sujet, nous apprendrions à certaines gens que les Athées sont d'un commerce sûr, d'une société égale et douce. Qu'eux seuls savent jouir avec délicatesse, et selon le vœu de la Nature qu'ils consultent avant tout. Que parmi eux, *il est rare de rencontrer des énergumènes ou des hypocondriaques.* Heureux et contens à peu de frais, ils ne sont point difficiles à vivre ; parce que sachant combien

---

(1) Le déiste, le théiste, et tout autre sectaire, qui admet une religion, pourrait être désigné sous l'expression vulgaire : *ecce homo.*

l'existence est courte ; ils aiment mieux la passer à s'entr'aimer qu'à se disputer ou se haïr. C'est pourquoi ils ne trouvent pas mauvais qu'on pense autrement qu'eux. Philosophes sans prétention, ils ne se fâchent jamais des injures, même des outrages que leur prodigue habituellement l'homme de Dieu ; ils le regardent comme un enfant mal élevé.

Si plusieurs des Athées dont les noms ont été recueillis dans ce répertoire, revenaient au monde, que ne ferait-on pas pour être admis à leur intimité, partager leur bonheur facile et sans remords ? Lequel d'entre-nous regretterait sa journée, s'il en avait passé les premières heures dans l'école de Pythagore, ou d'Aristote ; puis acceptant l'hospitalité chez Anacréon, Lucrèce ou

Chaulieu, et après s'être promené dans les jardins d'Épicure ou d'Helvétius, se laisserait surprendre par la nuit entre Aspasie et Ninon (1) ?

Sans égard pour ces noms illustres, on nous dira :

Il ne faut rien moins qu'un Dieu ou l'idée d'un Dieu pour remplir le vide du cœur de l'homme, pour occuper sa pensée. Celui qui n'y croit pas doit n'en être que plus ambitieux, plus remuant. Ce n'est qu'à force d'honneurs ou de jouissances matérielles qu'il peut se don-

---

(1) On aurait une fausse idée de ces deux femmes, si on ne voyait en elles que des courtisanes aimables. L'une donna des leçons à Socrate ; l'autre est célèbre par un trait de probité rare. Toutes deux avaient une philosophie anti-religieuse, supérieure à leur sexe et à leur siècle.

ner le change, et exister sans dégoût sur la terre.

Répondons à cela :

L'Athée par raisonnement, sent mieux qu'un autre le néant de toutes ces distinctions sociales, de tous ces plaisirs grossiers, dont la plupart des hommes sont si vains et si jaloux. Observateur assidu, ami éclairé de la Nature, il lui faut de grands objets pour alimenter son imagination ; il regarde en pitié et avec affliction ces crises politiques ou religieuses qui tourmentent la masse des hommes, au profit d'une poignée de misérables dont tout le talent est dans l'audace du crime : spectacles atroces et honteux, où l'Athée se garde bien de prendre un rôle.

Quelquefois, on se venge de son dédain, en l'abreuvant de dégoûts.

C'est ici qu'on peut admirer l'influence d'une opinion libérale sur le caractère et l'existence de l'homme. L'Athée qui en est venu à penser ainsi, en étudiant la nature des choses, s'est placé nécessairement au-dessus d'elles. Pénétré de toute sa dignité, il ne soumet sa raison à d'autre autorité qu'à celle de l'évidence. L'athéisme inspire des sentimens d'élévation et d'indépendance à un dégré qu'on ne peut atteindre dans tout autre systême.

On réclame un Dieu pour le peuple. Le peuple en a besoin pour apprendre à être docile à ses chefs; et ses chefs ne sauraient s'en passer pour soulager leur administration.

Répondons :

Dieu n'est utile ni aux gouvernés, ni aux gouvernans. Depuis bien des années, il ne fait presque plus d'impression sur l'esprit des premiers. Le peuple n'est point assez brut, pour ne pas voir que Dieu ne saurait être un frein pour ceux qui le tyrannisent. Une expérience journalière ne l'a que trop détrompé à cet égard.

D'ailleurs, sur une population de cent mille têtes, il n'en est peut-être pas cinquante qui se soient donné la peine de raisonner leur croyance. Le peuple la reçoit sur parole. Il est catholique, comme il serait Athée, si ses ancêtres l'eussent été. Dieu ressemble à ces vieux meubles qui loin de servir, ne font qu'embarrasser, mais que l'on se transmet de la main à la main, dans les familles, et que l'on garde religieusement, parce que le fils l'a reçu de son père, et son père de son ayeul.

On insiste, et l'on dit : un Dieu et des prêtres sont aussi nécessaires qu'un magistrat de police et des espions.

Quelque soit la perversité des hommes en civilisation, un bon tribunal correctionnel suffirait à tout. Les doubles emplois se nuisent, se paralisent réciproquement. La *contre-police* des prêtres ne vaudra jamais l'active surveillance des espions (1).

Il serait bien temps de briser une bonne fois ces vieux ressorts politico-religieux, que tout le monde est d'accord de trouver insuffisans, et si peu favorables à la perfectibilité humaine.

Mais voici la plus atroce comme

---

(1) L'heureuse contrée que celle où l'on pourrait se passer d'espions et de prêtres !

la plus gratuite des imputations hasardées contre les Hommes - sans - Dieu :

L'athéisme (ose-t-on dire) *démoralise la société civile* . . . .

« Sainte colère de la vertu (1),
» guide un moment ma plume.... ».

Prêtres d'un Dieu, fruit d'un adultère (2), vous osez bien nous dire : *l'athéisme démoralise !* . . .

Et vous, théistes adorateurs d'une toute puissante providence, qui a permis les sanglantes immoralités

---

(1) Expressions empruntées au plus éloquent des écrivains modernes.

Voyez l'invocation du *Levite d'Ephraïm.*

(2) On a remarqué que les fondateurs des trois principales religions du monde, Moïse, Jésus et Mahomet, ont été des enfans illégitimes.

d'une

d'une révolution de dix années, vous dites aussi : *l'athéisme démoralise !* . . .

Et vous aussi, Hommes d'État, vous vous prêtez à être l'écho complaisant des prêtres, et vous dites après eux : *l'athéisme démoralise un peuple.* Vous, qui permettez journellement que sur tous les tréteaux, grands et petits, on tourne en ridicule la foi conjugale : vous, qui dans le jeu des loteries, tendez un piège aux malheureux : . . . .
. . . .
. . . .
. . . .

Voilà ce qui démoralise véritablement le peuple. Un peuple perd ses mœurs, avec des prêtres qui

dans leur liturgie sanctifient l'adultère; avec des demi-philosophes qui prêchent une providence complice des crimes qu'elle permet ; . . . . .
. . . .
. . . .
. . . . .

Raisonneurs inconséquens, ou de mauvaise foi ! répondez :

Est-ce l'athéisme qui régnait à la cour de nos trois derniers maîtres monarchiques, Louis XIV, Louis XV, Louis XVI ?

Est-ce l'athéisme qui dominait à la Convention, avec Robespierre, persécuteur des Athées ?

Est-ce l'athéisme qui fonda l'inquisition, qui joncha l'Amérique de cadavres, qui ordonna la Saint-Barthélemi, et qui sous nos yeux commit dans la Vendée tous les genres de forfaits?

Est-ce une coalition d'Athées que celle de ces puissances couronnées qui promènent dans toutes les contrées de l'Europe, le fléau d'une guerre d'extermination?

Saint - Dominique, Charles IX et Marie de Médecis étaient - ils Athées ? Ferdinand, Géorges III, Francois II, Paul I, sont-ils Athées? La mère de ce dernier empereur l'était-elle? Pitt et Maury le sont-ils ? Les émigrés de France qui tournent leur glaive contre le sein de leur mère, le sont-ils?

Studieux Bayle! vertueux Spinosa! sage Fréret! modeste Dumarsais! honnête Helvétius! paisible d'Holback!... etc. vous tous, écrivains philosophes qui ne rejettez un

Dieu que pour dégager la morale d'un alliage impur !... vous auriez démoralisé le monde !...

Regarderait-on l'Athée comme le bouc émissaire, que les Hébreux chargaient de toutes leurs iniquités ?

Pour l'amusement des oisifs et pour l'édification des sots, les coriphées du bas-empire de la littérature française, s'égaient tant en prose qu'en vers, aux dépens de l'athéisme et de ceux qui le professent.

Nous ne leur répliquerons qu'en les accablant des noms imposans et des autorités graves dont ce répertoire est composé ! Ces noms recommendables doivent rendre du moins plus circonspect. Une opinion morale, professée par tant de grands hommes et de gens de bien, mérite qu'on en parle avec plus de mesure ; cette masse de suffrages doit avoir son poids dans la balance des indécis.

Nous avons recueilli, non pas seulement les principaux sentimens des Athées connus, mais encore une infinité de témoignages en leur faveur, d'autant moins suspects qu'ils sortent de la bouche ou de la plume de leurs adversaires.

Nous avons surpris plusieurs théologiens de bonne-foi, débitant des maximes beaucoup plus philosophiques qu'ils ne pensaient, et rendant hommage à la pureté de conduite et d'intention des hommes - sans-Dieu.

Disons aussi que beaucoup d'honnêtes citoyens et d'hommes instruits sont Athées, sans croire l'être. C'est qu'ils ne se sont pas avisés encore de tirer les conséquences et de faire l'application de certains principes qu'ils professent tout naturellement.

Ajoutons : s'il n'y avait eu jamais de scélérats ni d'infortunés sur la terre, jamais on n'eût pensé à chercher un Dieu dans le ciel.

Nos arrières neveux ne pourront lire certaines pages de nos annales sans s'écrier : en ce temps - là, les hommes étaient-ils donc autrement organisés que nous ? Que faisaient-ils de leur raison ? Quelle pitié que cette importance qu'ils mettaient, en prononçant le mot *Dieu* !

On parle d'une régénération, d'un nouvel ordre ; on annonce de grands principes, de vastes plans, de profonds apperçus. Les *Idéologues* traitent leurs devanciers d'*idiots*, de gens à vue courte ; et ces hommes à conceptions hardies n'osent encore rien publier officiellement contre le plus absurde et le plus décrépit des préjugés. Ils se proposent d'élever un édifice dans les plus sublimes proportions ; et ils semblent respecter des ruines gothiques sur lesquelles on craint de porter un coup décisif. Ils souffrent que l'espèce humaine reste prosternée au pied de son antique fétiche, au lieu de lui dire avec l'autorité de la raison : « Lève-toi, et marche à grands pas « vers le bonheur ». D'après les conseils timides d'une politique fausse, on accorde des asyles publics à l'imposture sacerdotale, en même temps qu'à la philosophie. Les hommes d'État seraient mortifiés qu'on les crût religieux ; mais ils ne seraient pas fâchés que

tout le monde le fût, hors eux.
Ils disent :

« Il n'est pas temps encore d'ôter au peuple un Dieu. »

Eh ! qu'attendez-vous ? Craignez les suites des demi-lumières. Il faut dire au peuple tout, ou rien. Un peuple éclairé à demi est le plus détestable de tous les peuples. Vous n'en fairez jamais quelque chose. Mais c'est peut-être là votre intention.

Si toutes les nations, d'un consentement unanime, ont toujours reconnu un Dieu distinct de la matière et lui ont décerné un culte : à l'unanimité aussi, les sages de tous les siècles et de tous les pays n'ont reconnu que la matière agissante par elle-même.

En parcourant notre nomenclature

ture, on verra ces deux extrêmes se toucher. On verra le théologien et le philosophe marcher en sens contraire pour arriver au même but. Le spiritualiste et le matérialiste peuvent tirer de leurs argumens opposés un résultat semblable. Dieu est la Nature aux yeux du corps ; la Nature est Dieu à l'œil de l'entendement. Matière ou abstraction, la divinité est tout, ou n'est rien ; et ceux qui en parlent sont tous des spinosistes, ou des Dom-Quichottes.

Puisse ce résultat important de la lecture du dictionnaire des Athées anciens et modernes amener enfin nos lecteurs à se dire :

Eh ! pourquoi donc répandre tant de flots d'encre, de fiel et de sang ? Dieu peut avoir son moment d'utilité dans l'enfance des corps politiques : à présent que l'espèce humaine touche à l'âge mûr, loin de nous cette vieille lisière ! affranchis de ce préjugé, le père de tant d'autres, nous saurons mieux apprécier désormais et les hommes et les choses. Il ne sera plus si facile de nous faire consentir aux plus honteuses déterminations. Nous rougirons bientôt de voir plusieurs millions d'hommes se laisser museler ou décimer par les ordres d'un petit groupe de leurs semblables, au nom de l'Être-Suprême. Connaissant mieux nos droits et nos devoirs, on n'osera plus nous proposer impunément certaines mesures. Courbés sous le joug divin d'un despote céleste, nous étions tout façonnés à recevoir les entraves du premier ambitieux qui se présentait à nous, sans même

Préliminaire. xliij

qu'il eût besoin de s'annoncer de la part d'un Dieu. Désormais, on y réfléchira davantage, avant d'exiger de nous le sacrifice de nos fortunes, de notre repos, de notre vie. Il faudra du moins nous parler raison. Désenchantés du fanatisme religieux, nous ne serons plus aussi susceptibles de cet enthousiasme politique, qui fait quelques héros et tant de victimes. La magie des mots, le talisman des formes ne nous en imposera plus tant. Ainsi que les prêtres, les héros coûtent trop cher d'entretien, et sont trop dangereux. Revenus aux vertus naturelles et aux plaisirs domestiques, nous ne serons plus le jouet des charlatans sacrés et profanes. Quand on viendra frapper nos oreilles du *Dieu de la fortune*, *du génie de la victoire*; nous saurons réduire ces brillantes prosopopées à leur juste valeur. L'utile, le bon, le vrai, obtiendront dans notre esprit la préférance sur les superbes écarts de l'imagination et de la vanité ! Les hommes remuans qui méditent des coups d'État, les cerveaux profonds qui voudraient faire révolution dans l'empire des idées, ou appliquer leurs théories sublimes à la statistique, rencontreront sur leur chemin des hommes de sens, marchant avec la Nature et la raison, imperturbables ennemis des abstractions politiques, autant que des abstractions religieuses. Le culte simplifié et réduit à la piété filiale, nous voudrons simplifier aussi nos institutions civiles. Tout l'apareil diplomatique ne nous paraîtra plus qu'un grave enfantillage. Tous ces nombreux rouages du gouvernement social, qui ressemblent aux anciennes machines hydrauliques (1), seront réduits aux mouvemens les moins compliqués. Nous agirons à l'inverse de nos superstitieux ancêtres qui faisaient peu avec beaucoup; débarrassés que nous serons alors de toutes ces petites considérations nécessaires, jusqu'à présent, pour ne point heurter de front de vénérables et d'antiques erreurs ; et nous dirons en parodiant un mot heureux de Ninon, cité dans ce dictionnaire : « Il faut qu'un gouvernement soit « bien pauvre en lumières ou en « ressources, quand il croit avoir « besoin de composer avec les pré- « jugés religieux ».

---

(1) La machine de Marly, par exemple.

Telle serait la révolution opérée par l'Athéisme. Telle serait l'influence, nous le répétons, de cette seule opinion libérale, sur les bons esprits et sur toutes les institutions. La destruction pleine et entière d'une longue et imposante erreur qui se mêlait à tout (1); qui dénaturait tout, jusqu'à la vertu; qui était un piège pour les faibles, un lévier

---

(1) Il est affligeant de voir dans les meilleurs ouvrages, dans les livres les mieux pensés, combien les auteurs sont différens et au-dessous d'eux-mêmes, quand leur plume tombe sur le mot *Dieu*. Le cerveau de l'écrivain se paralyse sur-le-champ; et cette tête si profonde, si vigoureuse sur tout autre sujet, semble se détraquer, pour ne devenir que l'écho verbeux et machinal des augures, principalement quand ceux-ci ont pour eux le vent de l'opinion populaire. Newton en est un déplorable exemple.

pour les puissans, une barrière pour les hommes de génie ; la destruction pleine et entière de cette longue et imposante erreur changerait la face du monde.

Dans l'attente de ce grand événement, que redoutent tant de gens qui vivent de mensonges, et que les vœux stériles du sage appellent, mais ne peuvent hâter, disons à nos contemporains perplexes :

Vous le voyez ! Dieu a pour lui l'ignorance et l'imposture, la crainte et le despotisme ; contre lui, la raison et la philosophie, l'étude de la Nature et l'amour de l'indépendance. Dieu doit la naissance à un mal-entendu. Il n'existe que par le charme des paroles. La connaissance des choses le tue et l'anéantit. Un Dieu corporel répugne au bon-sens.

Un Dieu abstrait ne laisse aucune prise sur lui. Et pourtant, Dieu ne saurait être qu'abstraction ou matière. Il faut le répéter encore ici : Dieu est tout, ou n'est rien. Pour s'entendre et se faire entendre, le théologien est obligé de s'exprimer comme le philosophe. Mais si le tout est Dieu, Dieu perd sa divinité. D'une autre part, réduit à sa spiritualité, il n'a plus d'existence que dans la pensée de l'homme. On conçoit l'embarras de l'école, bâtissant dans les espaces imaginaires, et sur des mots qui n'ont pas de sens, ou qui détruisent le fantôme, quand ils en ont un. Hélas ! toutes les guerres sacrées qui ensanglantent les pages de l'histoire, ne sont donc que des querelles grammaticales. Rougissez pour vos pères, qui s'abymaient dans

PRÉLIMINAIRE. xlix
de misérables questions théologiques. Brûlez ces bibliothèques poudreuses, qui n'attestent que le délire et la honte de l'esprit humain. La briéveté de la vie ne vous laisse pas assez de loisirs pour consumer vos rapides momens en conjectures ou en suppositions gratuites.

Jusqu'à présent, vous n'avez vécu que de fictions; vos lois mêmes en sont pleines encore. Il faut à l'homme quelque chose de plus substantiel. Laissez donc là tout ce qui ne repose point sur la nature et l'évidence des choses.

Un législateur tout moderne (P...r.) a bien osé dire, dans un moment de familiarité : « Aux trois » quarts et demi des hommes, il ne » faut administrer que de l'opium ».

Que ce propos dissipe votre long

g

assoupissement ! Il n'est que trop vrai ; jusqu'à ce jour, on n'a gouverné les hommes qu'en leur administrant de lourds soporifiques religieux et autres. Désormais, fermez l'oreille, non seulement aux prêtres; mais encore à tout homme d'Etat qui parle et se conduit comme un prêtre.

Trois mots de talisman (1) ont suffi pour faire des cultes et des révolutions. Il ne faut pas que cela arrive davantage. Ne donnez plus, ne souffrez plus du moins le spectacle de tels scandales. Rejetez tous ces systêmes qui en sont la cause ou les suites. Tout n'a-t-il pas été dit,

---

(1) Toutes les religions dérivent de l'astrologie.

Horus . . . ouvrage allemand qui parut en 1783.

Préliminaire.

en fait de science divine et politique? Passez maintenant à des objets positifs et qui vous touchent de plus près. N'avez-vous pas la morale domestique, et l'expérience traditionelle ?

Deux livres vous sont ouverts, votre cœur et la Nature. Méditez-les, de préférence à tout. Réfléchissez combien toute autre étude est mesquine et pitoyable, oiseuse et incertaine, comparée à celle du cœur et de la Nature. Il n'y a que cela de réel et d'utile, de bon et de beau. Livrez-vous donc tout entiers aux résultats de l'observation et de l'expérience, et à la douceur des sentimens de bienveillance réciproque. Mettez en paralèle avec les travaux de l'agriculture et les devoirs de la famille, tout ce qui a été dit, tout ce qui a été fait sur Dieu et sur la diplomatie : qu'un profond métaphysicien qui pâlit dans son cabinet poudreux pour faire des livres avec d'autres livres, est un être chétif et misérable, près d'un Athée exerçant sous l'œil de la Nature, ses facultés intellectuelles et physiques, et jouissant avec énergie des plaisirs les plus purs, résultat d'une organisation saine ! Qu'un grave publiciste est un mince et ridicule personnage, à côté d'un laboureur père de famille, qui aurait le bon esprit de n'être que cela, et de s'en tenir aux seules lumières du bon-sens ! C'est-là où il faut que l'homme revienne tôt ou tard.

Laissez Dieu ; Dieu n'est point à votre usage.... Un Dieu ne convient pas à l'homme.

Profitez des fautes de vos pères ; ne sacrifiez pas comme eux les choses aux mots. Occupez-vous vous-mêmes de vos affaires personnelles. Surveillez ceux d'entre vous, chargés du soin de vos intérêts extérieurs. Vos agens ne sont pas fachés que la foule tienne sans cesse les yeux levés au ciel ; pendant ce temps, elle ne prend pas garde à ce qui se passe sur la terre.

L'idée d'un Dieu dédommageant dans un autre monde des tyrannies endurées dans celui-ci, empreinte bien avant sur le cerveau des gouvernés, est un doux oreiller pour reposer la tête des gouvernans.

Une république d'Athées donnerait moins de latitude à ses administrateurs suprêmes. Les Athées sont des citoyens clairvoyans et pleins de franchise, qui ne veulent absolument reconnaître au-dessus d'eux d'autre puissance que la raison. On ne mène point à la verge des hommes de cette trempe. On redoute leur rencontre. De beaux dehors ne les éblouissent pas. De belles promesses ne les satisfont point. Ce n'est pas à eux qu'on peut dire avec succès : « Prenez patience, laissez faire le « méchant en honneur. Dieu permet « un moment son élévation, pour « lui ménager une chûte plus écla- « tante ». Les Athées ne se paient point de ces raisons. Ils veulent ou qu'on prévienne le mal, ou qu'on fasse justice du premier attentat que se permet l'homme en place. Ils veulent que la loi, présente en tous lieux à-la-fois et aussi prompte que la foudre, remplace un Dieu caché et lent, qui laisse Cromwel et Monck mourir dans leur lit.

Tolérans par goût et par principes, les Athées voudraient que le magistrat d'une grande nation, en consacrant par une loi la liberté des cultes, fît néanmoins sentir l'absurdité et les inconvéniens de tous ces cultes, dans des proclamations sages, adressées aux pères de famille et chefs de maisons.

Citoyens! (pourrait-il leur dire) on réclame la liberté des cultes, nous ne la refuserons pas. Mais est-elle un bien pour ceux qui la réclament à si grands cris ? Nous en doutons; et nous croyons de notre devoir de vous faire part de nos doutes. Nous ne pouvons interdire aux pharmaciens la vente publique de l'arsénic. Mais, Pères de famille et chefs de maison ! nous vous en conjurons au nom des bonnes mœurs et de la vérité sainte, au nom de l'intérêt public et particulier; joignez votre ascendant naturel aux lumières de tout ce qu'il y a eu de vrais sages, pour préserver la génération qui s'élève de la contagion religieuse.

Faites sentir à vos enfans et à ceux qui vivent dans votre dépendance, qu'on les trompe grossièrement ; qu'ils ne doivent rien à un être trop au-dessus de leur intelligence; que tous leurs devoirs se bornent à l'amour du travail et des lois, à la reconnaissance envers les auteurs de leurs jours et de leurs instructions. Pères de famille et chefs de maisons, accoutumez vos enfans et vos serviteurs à ne voir qu'en vous les ministres de la morale ; à ne

fréquenter

PRÉLIMINAIRE. lvij
fréquenter d'autres autels que les foyers devant lesquels ils ont reçu la vie et l'éducation, à n'avouer leurs fautes qu'à vous, à ne consulter que vous ; enfin, à ne trouver qu'en vous seuls, leur Dieu et leurs prêtres.

« Chefs de famille, résaisissez-vous de vos droits ; à un peuple libre, il ne faut d'autre frein que des lois et des mœurs.

Bonnes mères de famille, soyez vous-mêmes la providence de vos enfans. Que les vertus de vos filles soient votre ouvrage! n'associez point d'étranger à vos augustes fonctions. Une fille bien née ne doit point quitter un seul instant sa mère ; il est indécent de voir une jeune vierge s'agenouiller aux pieds d'un homme qui n'est pas son père, pour lui avouer ses fautes domestiques. Il est

h

une religion universelle, antérieure à toutes les autres et qui leur survivra; c'est la Piété filiale. Voilà la seule véritable religion naturelle. La maison paternelle est son temple......»

Mais de tels moyens sont bien lents. Entrer en accommodement avec le mensonge, n'oser l'attaquer qu'avec des proclamations, ne promet que dans plusieurs siècles un triomphe à la vérité. J'aime à penser qu'un jour, bientôt peut-être, il s'élevera un Homme pur, joignant à l'éclat de ses lumières, à l'ascendant de ses vertus, toute la force d'un grand caractère....

Depuis bien des siècles, les nations de presque toutes les contrées ne sont point satisfaites de leur condition; elles en appèlent à un être surnaturel qui doit descendre sur la terre pour y changer ou du moins améliorer l'état des choses.

A Delphes, on prophétisait la venue d'un fils d'Apollon qui devait ramener parmi les hommes le règne de la justice.

Les Romains attendaient un roi prédit par leurs sybilles. Les Indiens attendent Vichenou, qui leur apparaîtra sous la forme d'un centaure. Les Persans soupirent après Ali ; les Chinois après Phélo. Les Japonais attendent Peïrum et Carabadoxi ; les Siamois Sammonocodon. Les Hébreux pensent encore à leur messie. Les chrétiens croient à une seconde visite de Jésus, sous les traits redoutables d'un juge sévère et sans appel.

Les moralistes, les philosophes eux-mêmes, espèrent aussi l'apparution d'un homme osant dire la vérité tout haut et tout entière.

Qu'il soit proclamé le bienfaiteur de l'espèce humaine, ce sage législateur qui trouvera le secret d'effacer du cerveau des hommes le mot *Dieu*, talisman sinistre qui fit commettre tant de crimes et causa tant de maux !

Mais nous oublions que nous ne sommes point Hommes d'État ; retournons à notre magistrature purement morale, et terminons par quelques remarques sur la confection de ce dictionnaire.

On nous arrête, pour nous dire :

Qu'importe à la chose publique qu'il y ait des Athées ! A quoi sert d'encataloguer leurs noms ? Pourquoi renouveler cette vieille querelle ? on n'y pensait plus. De plus grands intérêts nous pressent.

Malheureusement cette vieille

PRÉLIMINAIRE. lxj

querelle est plus que jamais à l'ordre du jour, et pèse sur notre patrie. Le mot *Dieu* n'est-il pas en tête de tous les manifestes publiés par les puissances coalisées ? La reconstruction de plusieurs églises dans l'intérieur ne semble-t-elle pas nous menacer d'un nouveau vandalisme sacerdotal ? Il est donc urgent de faire un appel à tous les bons esprits.

Je le répète ; tous les noms cités par nous n'appartiennent pas à des Athées. Les véritables Athées ne se trouvent point en aussi grand nombre. Mais j'ai cru pouvoir leur adjoindre des autorités, prises chez leurs ennemis.

Si quelques-unes des personnes citées sur cette honorable liste prennent la peine de réclamer, nous les invitons d'avance à nous passer l'erreur de les avoir jugées dignes de figurer parmi ceux que les anciens et les modernes ont de plus sages et de plus éclairés. Nous ne ferons point d'autre réponse.

D'ailleurs, nous n'avons cité que ceux dont les œuvres imprimées sont par conséquent *in publico jure*, et ceux qui nous ont paru sensibles à la honte de demeurer plus long-temps confondus dans la tourbe des hommes à préjugés.

Néanmoins, beaucoup plus de noms vivans figureraient ici, sans cette fausse honte, cette pusillanimité, et quelques autres considérations non moins étranges qui retiennent encore bien des personnes . . . .

Nous aurions pu multiplier à l'infini les citations qui accompagnent

PRÉLIMINAIRE. lxiij

chacun des articles de ce dictionnaire. Les témoignages en faveur de l'athéisme formeraient toute une bibliothèque. Avec beaucoup plus de temps et de travail, le choix de nos citations eût été meilleur. Mais cette entreprise, dont nous ne donnons qu'une ébauche, suppose une lecture immense et réfléchie tout-à-la-fois. Ce qui semble surpasser les forces de l'esprit humain.

Des noms de femmes se trouvent, clair-semés, dans ce répertoire; et il y en a encore trop, à notre gré. Les femmes ne sont point du monde politique ou philosophique. Chacune d'elles doit avoir les Dieux et les opinions, le culte et les lois de son père et de son mari.

Il n'est pas hors de propos de rendre compte au lecteur de l'un des principaux motifs qui nous ont guidés, en dressant cette liste. Tout un volume composé de noms d'Athées, pour la plupart recommendables sous tous les rapports, peut inspirer une salutaire confusion aux personnes qui croient en Dieu ou à celles qui en vivent, et les porter soit par secret dépit, soit par une émulation plus louable, à produire aussi de leur côté quelques actes de tolérance et de sagesse. Une seule tête rendue au bon-sens paierait tout ce que nous a coûté cette pénible ébauche.

On a voulu nous dissuader la publicité de cette innocente nomenclature.

D'abord, écoutons les diplomates qui nous disent : Si vous aimez votre patrie, craignez que ce dictionnaire

PRÉLIMINAIRE. lxv

naire ne fournisse un prétexte aux cabinets coalisés, pour refuser la paix à une nation sans Dieu.

Faut-il répondre à ces diplomates que de nouvelles victoires sauront bien lever les scrupules de la coalition ?

D'autres nous ont dit : « Y pensez-vous ? votre dictionnaire des Athées anciens et *modernes* servira, dans certaines circonstances, d'une liste de proscription ?... ».

Cela n'est plus possible, nous en avons pour garant la longue épreuve d'où l'on sort. Les uns sont las de proscrire, et veulent consommer en paix les fruits de leurs crimes. Les autres, peut-être, sont las aussi de se laisser proscrire.

« Mais si les *Hommes-de-Dieu* redevenaient ce qu'ils étaient... ».

j

En Italie, à la bonne heure. Mais en France, ces gens là n'ont conservé leur ascendant que sur l'esprit des femmes. Ils inspireront désormais beaucoup plus de mépris que de crainte.

On insiste et l'on ajoute :

« Vous avez raison, quant aux prêtres qui trafiquent encore des choses saintes. Mais ceux qui prudemment ont laissé croître leur tonsure, pour se mêler dans les rangs civiques et courir les nouveaux bénéfices; ces gens-là ont contracté un esprit de corps qui ne mourra qu'avec eux ; ils vous en feront sentir les effets à la première occasion.

Vous cherchez des ennemis, vous en trouverez par-tout. »

Je ne ferai point l'injure à mon siècle, à mon pays et aux personnages

PRÉLIMINAIRE. *lxvij*

qui leur donnent le ton, de prévoir quelque danger, en recueillant les témoignages les plus considérables en faveur d'une opinion. Une opinion morale n'est point un outrage, n'est point un délit.

Et quand il y aurait quelques risques à courir.... Il ne faut pas que la dernière année du XVIIIe. siècle, de ce siècle tant mémorable, s'écoule, avant qu'on ait osé publier enfin ce que toutes les têtes saines pensent et gardaient pour elles : publier, dis-je, que le mensonge n'est bon à rien, pas plus en politique qu'en morale; qu'il est bien temps de cesser de croire ne pouvoir exister en paix qu'en se trompant les uns les autres; qu'il ne faut plus chercher dans le ciel un point d'appui à l'édifice social, dont l'intérêt commun est la seule base; que les peuples et leurs gouvernans ont besoin seulement de justice et de mœurs; qu'il est nécessaire encore aujourd'hui de rappeler aux premiers magistrats d'une grande nation, qui se piquent de ne point ressembler à la populace des Hommes d'État, qu'ils doivent à leurs gouvernés l'instruction et des lois; et que la loi ne doit être que l'expression de la raison; que dans tout ceci, il n'y a point de rôle pour un Dieu, ni pour ses représentans; qu'il est nécessaire d'avertir les premières autorités, combien elles s'avilissent et se compromettent elles-mêmes, quand elles souffrent que le peuple porte plus de considération et de respect à ses prêtres qu'à ses magistrats... etc.

Le XIXe. siècle, préparé par tant

PRÉLIMINAIRE. *lix*

d'événemens, semble nous imposer l'obligation de passer l'éponge sur quantité de vieilles institutions, monumens de honte! Il ne faut pas que le siècle qui va s'ouvrir, conserve la moindre trace des turpitudes commises ou écrites avant lui; il ne faut pas que le siècle XIX°. sache combien le XVIII°. avec toutes ses lumières ou ses prétentions, ses idées libérales ou ses hardiesses, fut encore servile et routinier dans ses opinions. Il ne faut pas que ce débordement de paroles magiques, dont le mot *Dieu* est le sommaire, qui sur les ruines de la raison, de la vérité et de la justice, traversa tant de siècles, puisse atteindre le XIX°. sans être du moins accompagné des solennelles réclamations de la philosophie.

Terminons ce discours beaucoup trop long pour un sujet qui peut se passer d'apologie, par le résumé de nos réponses à la demande : *qu'est-ce qu'un Athée ?*

Le véritable Athée est un philosophe modeste et tranquille, qui n'aime point à faire du bruit, et qui n'affiche pas ses principes avec une ostentation puérile (1), l'athéisme étant la chose du monde la plus naturelle, la plus simple.

Sans disputer pour ou contre l'existence divine, l'Athée va son droit chemin, et fait pour lui ce que d'autres font pour leur Dieu ; ce n'est pas pour plaire à la divinité, mais pour être bien avec lui même, qu'il pratique la vertu.

---

(1) Quelques Athées connus ne sentent pas assez toute la dignité de leur opinion.

Trop fier pour obéir à quelqu'un, même à un Dieu, l'Athée ne prend d'ordre que de sa conscience.

L'Athée a un trésor à garder, c'est son honneur. Or, un homme qui se respecte, sait ce qu'il doit se défendre ou se permettre, et rougirait, sur ce point, de prendre un conseil ou de suivre un modèle.

L'Athée est un homme d'honneur. Il aurait honte de devoir à un Dieu une bonne œuvre qu'il peut produire de lui-même et en son propre nom. Il n'aime pas à être poussé au bien, ou détourné du mal : il cherche l'un, il évite l'autre, de son plein gré ; et on peut s'en reposer sur lui.

Combien de belles actions ont été attribuées à Dieu, et qui n'avaient pour principe que le cœur du grand homme qui les produisait !

lxxij DISCOURS

Le plus parfait desintéressement est la base de toutes les déterminations de l'Athée. Il sait qu'il a des droits, et des devoirs : il exerce les uns sans morgue; il remplit les autres sans contrainte. L'ordre et la justice sont ses divinités ; et il ne leur fait que de libres sacrifices :

Le sage, seul, a le droit d'être Athée.

Additions.

BOUG... VILLE, non par le traducteur de *l'anti-Lucrèce*; mais le voyageur, membre de l'Institut.

MIRABEAU. (le marquis de) Toute religion, réduite au pur spirituel, est bientôt reléguée dans l'empire de la lune.

Notre postérité, jugeant de l'esprit du temps par les seuls vestiges qui en demeureront, croira devoir le jour à une race d'Athées. *L'Ami des hommes, in-4°.*

N. B. Mirabeau écrivait ceci en 1756.

SAY, (Jean-Bapt.) membre du tribunat.

Lisez, dans son ouvrage intitulé *Olbie*, in-8°. Paris, an VIII, toute la *note C*. Page 82 et suivantes.

DICTIONNAIRE
DES
ATHÉES,
ANCIENS ET MODERNES.

A.

ABAILARD, (Pierre) breton, croyait que toutes choses sont Dieu, et que Dieu est toutes choses...

Petrus Abailardus, ingenio audax.... Deum esse omnia et omnia esse Deum; eum in omnia converti, omnia in eum transmutari asseruit.

Caramuel, *Philosophia realis.*

Frère Pierre de Pergame, dans son *Catalogue des Hérétiques*, attribue au malheureux Abailard d'avoir nié que Dieu fut un être simple, qu'il fut seul éternel..... Garasse l'accuse d'avoir enseigné qu'il y a autant de cieux que de jours en l'année....

Abailard ne voulait rien croire que par raisons naturelles. *Richeome.*

Cet infortuné théologien était bien plus philosophe que son siècle.

N. B. L'amant aimé de la tendre Héloïse, atteint d'athéisme, donne un démenti formel à ce vers d'un philosophe français :

Le cœur qui n'aima point, fut le premier Athée.
L. Mercier, de l'Institut national.

ABBADIE, (Jacques) Théologien béarnais. L'athéisme a-t-il jamais répandu dans tous les siècles des torrens de sang humain?... etc.

Défense de la nation britannique, pag. 359.

N. B. Il comparoit la religion à l'Apocalypse. Par fois, les théologiens ont des accès de philosophie.

ABOULOLA AHMED, fameux poëte arabe, de la tribu de Tonoukh, né en Syrie, l'an 973, fut violemment accusé de *zendicisme*, ou de nier la providence. *Voyez* certains endroits de ses ouvrages.

Il dit, entr'autres choses :

« Le genre humain est partagé en deux
» classes : les uns ont de l'esprit, et n'ont
» point de religion ; les autres ont de la
» religion, et peu d'esprit ».

Aboulola, aveugle comme Milton, philosophe comme Lucrèce. *Dict. des hon. gens.*

ABUMULSLIMUS, général d'armée sous les califes, était de la secte des *Ehleltahkik*, (*Voyez* ce mot) ou hommes de vérité, n'ayant d'autre Dieu que les quatre élémens.

ACADÉMICIENS, (les) célèbres philosophes de l'antiquité, doutaient de l'existence de la divinité.

J.-J. Rousseau, Réponse au roi de Pologne.

ACADÉMIE. Il y a en France une Académie justement célèbre, et d'une utilité générale et constante, dont les membres se sont fait une loi expresse de ne jamais parler de Dieu ni en bien, ni en mal. *Naigeon, Adresse à l'assemblée nat.* 1790. *Note, pag.* 24.

ACOSTA, (Uriel) gentilhomme Portugais, né à Porto, rejeta l'immortalité de l'ame... Il mourut vers 1640.
Atheismum publice professus est.

C'est-à-dire : Il professa l'athéisme publiquement. On lui répondit d'abord à coups de pierres, puis à coups de fouets. Pour se soustraire aux persécutions, Acosta prit le parti de renoncer à la vie.

N. B. Il eut mieux fait de suivre le conseil du sage : *cache ta vie.*

D'après la conduite qu'on tient à leur égard, il est étonnant que la philosophie trouve encore des sectateurs.

ACROTHOÏTES. (les) Au rapport de Théophraste, ce peuple était sans Dieu.

Les Acrothoïtes ont été de francs Athées.
Simplicius.

Je crois que c'étaient des peuples qui habitaient sur la cime du mont Athos. *Dacier.*

N. B. Ils n'ont jamais fait mal parler d'eux dans l'histoire.

ADRIEN. (l'empereur) Les vers latins qu'il adressa à son ame, en mourant, nous apprennent l'incertitude où il était sur l'autre vie.

N. B. Cette incertitude s'évanouiroit, si l'on pouvait croire fermement en Dieu ; grâce qui n'est pas donnée à tout le monde, encore moins à l'empereur qui avait divinisé Antinoüs. Mais cet apothéose scandaleux, ordonné par Adrien, n'est peut-être qu'une satyre que ce prince, qui avait de la philosophie, voulut faire de la religion et du peuple, crédule jusqu'à l'imbécillité.

AJAX. Un des caractères de ce capitaine grec était l'impiété.

Quand il partit pour l'armée, son père lui recommanda de joindre toujours à la force de son courage, l'assistance du bon Dieu.

Ajax lui répondit :

« Les poltrons eux-mêmes sont souvent
» victorieux avec une telle assistance ; pour
» moi, je m'en passerai. Je suis sûr de
» vaincre, sans le secours divin. Je n'en ai
» pas besoin ».

N. B. Nous sommes redevables de cette anecdote à Sophocle.

AILLY, (Pierre d') chancelier de l'Université. *Petrus de Alliaco* dit que cette proposition : *Dieu est*, n'est point évidente.

Ce docteur de Sorbonne y soutint qu'il n'y avait point de démonstration de l'existence de Dieu.

ALBERT, dit *le Grand*. A proprement

parler, il n'y a point de science certaine de Dieu. *Epître Liminaire des secrets*.

N. B. Une démonstration de l'existence divine, est la quadrature du cercle.

ALCMÉON, le Crotoniate et l'élève de Pythagore. Ce Philosophe attribuait la divinité à tous les astres. C'est un chapitre du *Panthéisme* des anciens. *Voyez* ce mot.

ALÉANDRE, (Jérôme) au XVIe siècle. Cet épicurien mourut de bon gré.

Vixit, dit Luther, *per inde atque cum corpore sit totus periturus*.

C'est-à-dire : Il vécut comme un homme qui ne croit pas l'immortalité de l'ame.

N. B. C'était un théologien spéculatif, et un Athée pratique. Il a eu plus d'un imitateur.

ALEMBERT. (d') Soyez sûr que votre religion est fausse, ... si la vérité n'en est pas plus claire que le jour.

N. B. On ne paie point les géomètres avec la monnaie des probabilités.

... Il était même Athée à sa manière, puisqu'il ne croyait, comme il me l'avoua un jour, ni que Dieu eut créé la matière, ni que ce fut un être intelligent, immatériel et distinct de ses effets.... *Naigeon.*

D'Alembert était avec d'Olback dans la société la plus intime. *Note de Lalande.*

Lisez sur-tout sa philosophique *préface de l'Encyclopédie.*

ALEXANDER, *aphrodisiensis.*

« *Fuit Alexander epicuræus quidam philo-
» sophus qui Deum dixit esse materiam, vel
» non esse extra ipsam, et omnia essentialiter
» esse Deum »*..... Albertus magnus.

« *Fecit librum*, de materiâ, *ubi probare
» conatur omnia esse unum in materiâ* ».

Quelques-uns croyent que cet Alexandre a vécu au temps de Plutarque.

Ce philosophe épicurien soutenait que Dieu est la matière, qu'il n'est point hors d'elle; enfin, que tout est essentiellement Dieu. Il fit un livre là-dessus.

Pic de la Mirandole le réclame, dans son *Traité de la Providence*, comme Athée.

ALFONSE X, roi de Castille, répétait souvent ce blasphême :

« Si j'avais assisté au conseil de Dieu,
» lors de la création de l'homme, il y aurait

» certaines choses qui seraient en meilleur
» ordre qu'elles ne sont ».

N. B. La *crainte de Dieu* qu'on s'efforçait de nous faire contracter *ab ovo*, n'a jamais pleinement réussi. De tout temps les hommes ont cru pouvoir impunément s'égayer aux dépens de l'Être suprême. Un recueil des bons mots auxquels il a donné lieu, serait très-piquant. Il faut croire que la crainte de Dieu n'est point du tout dans la nature. Ce n'est qu'un produit de la civilisation, gauchement organisée.

ALLAIS. (d') Naturellement, les hommes n'ont pas plus de religion que les bêtes...

La religion doit sa naissance à la curiosité et à la contemplation.

Hist. des Sevarambes.

ALLEMAND. Un prince allemand, fondateur d'une académie, fut sur le point de la casser, ayant appris qu'on y agitait la question s'il y a un Dieu.

N. B. Ce prince apparemment était peu d'humeur de fournir à l'entretien d'un cercle de romanciers métaphysiciens, nouveaux Ixions qui embrassent un nuage.

ALMARICUS. *Omnia sunt Deus ; Deus est*

est omnia : creator et creatura idem. . . . . .
Jacob Thomasius.

Dixit omnia esse unum, et Deum.

Dixit Deum esse essentiam omnium creaturarum.

C'est-à-dire : Amaulri a soutenu que Dieu est tout ; que tout est Dieu. Le créateur et la créature sont même chose. . . . .

Selon quelques-uns, ce philosophe et ses adhérens furent brûlés vifs.

Selon quelques autres, le cadavre d'Amaulry fut exhumé et réduit en cendres, l'an 1208.

Pauvre espèce humaine !

AMAURI. (*Addition.*) Ce clerc philosophe brillait à Paris au commencement du XIIIe siècle. Il soutenait que la matière, existant par elle-même, et agitée par un mouvement aussi nécessaire que son existence, est la cause et le principe de tout, et par conséquent ne diffère pas de Dieu même. *Dictionn. des Cultes.*

AMÉRIQUE. L'Amérique fournit plus

elle seule de nations Athées que le reste du monde ensemble.

Histoire de la Philosophie payenne.

N. B. La raison en est simple. Cette quatrième partie du globe, découverte après les autres, était restée plus près de la nature.

AMMONIUS, (*Hermeas*) philosophe péripatéticien.

Zacharie, l'évêque de Mytilène, a réfuté ses monstrueux axiomes d'athéisme : *prodigiosa axiomata.*

N. B. C'est ainsi que l'on qualifiait en ce siècle-là une opinion qui ne tend qu'à humaniser les hommes, en les bornant aux seuls rapports établis entr'eux par la nature.

AMURAT. Le sultan Amurat favorisait fort l'opinion de l'athéisme dans sa cour et dans son armée. *Ricaut. Hist. ottom.*

N. B. L'histoire ne dit pas que ce prince fut un politique inepte.

ANACRÉON. Athée du meilleur ton, ce poète ne reconnaissait d'autres divinités que les Grâces, et ne rendait un culte qu'à l'Amour.

ANAXAGORE. « Anaxagoras, l'Athée, inspirait une religion raisonnable, en expliquant, par des causes naturelles, ce qui paraissait extraordinaire ».

Il ne passait pas pour avoir beaucoup de piété envers les Dieux. Est-ce pour le caractériser, qu'on éleva sur sa tombe un autel au bon sens ?

ANAXIMANDRE. Il y a eu quelques théogonistes qui étaient Athées, comme *Anaximandre* ; celui-ci donnait le nom de Dieu à la matière insensible.

Dans le système d'Anaximandre, on entrevoit les principes fondamentaux du spinosisme.

Anaximandre a pensé que toutes les substances intelligentes ont commencé, et qu'éternellement, il n'y avait que de la matière.

Cudworth prouve l'athéisme d'Anaximandre, qui disait que l'infinité de la nature est le principe de toutes choses.

ANAXIMÈNE de Milet, fait Dieu de l'air.

Diogène Apolloniate, *Critolaus* et *Diodore*, le définissaient : *Ætheris purimentum*.

Les sentimens d'Anaximène ne différaient guère de ceux de son maître Anaximandre.

Le système d'Anaximène a beaucoup de ressemblance avec celui de Spinosa.

D'Argens, *Philos. du bon sens*, tom. 11.

ANCIENS. Tous les *Anciens* croyaient l'éternité de la matière.

D'Olivet, *Théologie des philos. grecs*.

N. B. On pourrait composer un très-gros volume, si l'on avait le temps et le courage de rassembler et si l'on était certain de trouver des gens qui eussent la patience de lire toutes les preuves du matérialisme professé unanimement par la docte et sage antiquité.

ANCRE. *(d') La providence était en quelque façon sur la sellette, et *in reatu*, pendant la prosperité du maréchal d'Ancre...

Si tous ceux qui ont dit que la longue prospérité des méchans est une raison de douter de la providence, étaient Athées, il y aurait bien des Athées parmi les auteurs.

Bayle, *dictionn.*

ANGLETERRE. En Angleterre, comme par-tout ailleurs, il y a eu et il y a encore beaucoup d'*Athées* par principes. *Voltaire*.

Il existe une vieille moralité anglaise, qui n'est pas tout-à-fait insignifiante : *Dieu* (dit-elle) *est un bon-homme.*

Hélas ! cela n'est que trop vrai, (s'écrieront les bonnes ames en soupirant) et voilà pourquoi nous sommes dupes.

Dieu est un bon-homme (diront les méchantes gens, en secouant la tête). Nous ne risquons rien ; faisons le mal tout à notre aise.

En tous cas, si Dieu est un bon-homme, ses ministres ne sont rien moins que de bonnes gens.

ANONYME. Les rois et les législateurs ont toujours eu soin de mettre Dieu de moitié dans leurs affaires, afin que le peuple n'impute pas leurs sottises à eux seuls.

Voyez Être suprême. *Un Athée anonyme.*

ANTISTHÈNE. Il ne reconnaissait qu'une seule divinité, la Nature.

Dupuis. Abr. de l'orig. des Cultes, p. 48, 8°.

N. B. Ce philosophe, maître de Diogène, prêcha d'exemple. Ses mœurs étaient austères, comme ses principes ; et (si l'on peut s'exprimer ainsi), la nature était sa divinité spéculative, la vertu sa divinité pratique.

APELLES, disciple de *Marcion*, disputant avec Rhodon, disciple de Tatien :

Rem omnium obscurcissimam esse statuebat quæstionem de deo... quâ ratione, unicum esse principium, se quidem nescire profitebatur.... nec se omnino scire quâ ratione unus esset ingenitus Deus... Eusebius, *Hist. eccl.*

C'est-à-dire : De toutes les questions, la plus obscure est celle d'un Dieu. Il ne savait trop que croire sur un principe unique... etc.

APONE, (Pierre d') philosophe et médecin de Padoue, au XIIIe siècle, niait qu'il y eut des esprits. Il ne croiait qu'à l'existence des corps.

Presque tous les médecins professent ce symbole.

APPOLLONIUS de Thyane... La philosophie pythagoricienne d'Appollonius aboutit au spinosisme ; il ne reconnaît d'autre Dieu que le monde.

Olearius. Philostr. pag. 402. in-f°.

APULÉE. *Voyez* sa sublime Invocation à la Nature : *Métam. Liv.* XI.

APUSCORUS, philosophe babylonien, entiché d'athéisme, ainsi que *Diogène, Marmaridius*.... etc.

ARABES. (les) Cette nation spirituelle compte beaucoup d'Athées, et répond parfaitement à ces demi-philosophes qui prétendent que l'athéisme éteint toute imagination.

ARC. (le chevalier d') Il est peut-être plus facile à la philosophie de réprimer les penchans vicieux qu'à la religion même.

Mes loisirs, pag. 37.

N. B. A quoi donc celle-ci peut-elle servir ? Pourquoi multiplier les êtres sans nécessité ?

ARCESILAÜS, philosophe Grec ; pyrrhonien aimable et généreux. Pour n'avoir querelle avec personne, sur-tout avec l'ordre sacerdotal, tout puissant alors sur l'esprit du peuple, il professa un doute universel. Le doute est le manteau des Athées qui aiment la paix. Arcesilaüs eut une école nombreuse qui lui était fort attachée.

ARCHELAÜS, élève d'Anaxagore. Ce philosophe de la Grèce fut l'un des premiers qui introduisit la physique dans le sanctuaire de la philosophie. On lui fait un crime d'avoir avancé que le juste et l'injuste sont choses indifférentes. On ne dit pas qu'Archelaüs parlait ainsi pour montrer la monstruosité des conséquences où mènent les théologiens et les politiques, en donnant pour base à la morale publique et particulière, un Dieu, véritable mannequin que les prêtres et les magistrats posent et font mouvoir dans le sens qu'ils veulent.

ARÉTIN, (P.) dit *le Fléau des princes*, n'avait épargné Dieu dans sa publique médisance, que pour ce qu'il n'en connaissait point. *Lamothe Levayer.*

L'Arétin ne composait des œuvres de piété que pour.... appaiser les dévots irrités contre lui. *Lamonnoie.*

N. B. Nous citons Arétin, comme l'un des cent mille exemples qui prouvent la nécessité d'une doctrine double, tant que les lois feront la guerre à la pensée.

ARGENS. (d') Le consentement général de tous les peuples à reconnaître la Divinité, qu'on cite non-seulement comme une preuve de l'idée innée de Dieu, mais même comme une démonstration évidente de son existence, est une preuve non-seulement faible et peu solide, mais même fausse. . . .

Philos. du bon sens, tom. 2.

Dé

Dès qu'il y a eu des gens qui ont su faire des statues, il y a eu chez les peuples des divinités. *Lettres chin. XXXII.*

Convenons que c'est à la seule révélation que nous devons les connaissances de tout ce qui regarde l'éternité, la nature divine.... etc. *Note sur Ocellus.*

ARGENSON (d') disait : La religion est la philosophie du peuple.

Article fourni par Lalande.

Quelle philosophie !

ARISTAGORAS, philosophe Athée, de l'île de Mélos, et maître de Socrate.

Des critiques le confondent avec Diagoras, Mélien aussi, et qui donna des leçons au sage d'Athènes.

ARISTARQUE, astronome Samien, qui vivait avant Archimède : il fut poursuivi par les prêtres comme Athée.

N. B. Beaucoup de savans astronomes ont cherché Dieu dans le ciel, et ne l'y ont pas trouvé.

ARISTIPPE. (le jeune) Ce philosophe Grec n'admettait pour ses Dieux que la douleur et le plaisir, soutenant qu'il n'y avait point d'autre divinité que ce double mouvement d'impulsion et de répulsion physique et morale.

Cette sorte d'athéisme, déguisé tantôt sous les noms de Dieu et du diable, tantôt sous ceux du génie du bien, du génie du mal, tantôt sous ceux d'Oromase et d'Arhiman, ou des deux principes de Manès, se retrouve par-tout.

ARISTON, philosophe, insulaire de Co.

Divinarum rerum parum studiosus videtur fuisse.... etc. Lescalopier.

Il disait que la nature de Dieu n'est pas intelligible. Cela porte à croire qu'il negligeait absolument les choses divines. Car, puisqu'il abandonna la physique à cause qu'il n'y pouvait rien comprendre, il est vraisemblable que par la même raison, il abandonna la théologie.

Il était dans l'habitude de dire : *Quæ supra nos nihil ad nos.*

« Ce qui est au-dessus de nous, ne nous
« regarde pas ».

On attribue aussi ce mot sage à Socrate.

Excepté la vertu, tout était indifférent au sage Ariston. Il abandonnait Dieu aux disputes des hommes, sans s'en mêler. *Que m'importe !* disait-il.

ARISTOPHANES. Le savant J. Leclerc et Ant. Muret, ont écrit le nom de ce poëte avec un charbon noir, sur la liste des Athées.

ARISTOTE. Les idées qu'il se forme de la divinité tendent indirectement à la renverser et à la détruire.

L'incrédulité est la source de la sagesse, disait-il.

Aristote fut Athée, selon toutes les apparences, et enseigna clairement la mortalité de l'âme.
D'Argens. Mém. secrets de la Rép. des Lett.

Il a soutenu l'éternité de l'univers...

Aristote, pour assurer la liberté de l'homme, croyait ne pouvoir mieux faire que de nier la providence. En fallait-il davantage pour armer contre lui les prêtres intéressés du paganisme ?

Encyclopédie, au mot *Aristotélisme*.

Aristote fut accusé, de son vivant, d'impiété, et obligé pour ce sujet de s'enfuir d'Athènes. *Diog. Laert. V.*

Dans la préface de l'*Anti-Spinosa*, de

Vittichius, 1690, et dans celle de l'*In-vestigatio Epist. ad Hebr.* 1691, Hassel a soutenu, en Hollande, que la doctrine d'Aristote ne diffère pas beaucoup du spinosisme.

Si nous pénétrions bien dans Aristote, peut-être que nous trouverions qu'il a donné dans cette pensée, (la grande ame du monde.)

Bernier, Mém. sur le Mogol.

Aristote dit que tous les premiers habitans du monde ont cru la matière existante par elle-même, et indépendante d'aucune cause extérieure. *Physic. I.*

Aristote a tellement attaché son Dieu aux nécessités naturelles dans la direction et le gouvernement de l'univers, que la plupart a estimé qu'il ne reconnaissait point d'autre Dieu que la nature même.

Lamothe Levayer.

Pomponace soutint qu'on ne pouvait accorder l'immortalité de l'ame avec les principes d'Aristote.

Valérien Magni publia, en 1647, un ouvrage sur l'athéisme d'Aristote.

ARNAUD, élève d'Abailard, moine italien, fut brûlé vif à Rome pour avoir prêché dans les montagnes de la Suisse, que si Dieu existait, son règne et celui de ses ministres n'étaient point de ce monde; par conséquent que le Clergé ne devait posséder aucuns biens fonds.

S. Bernard est obligé de convenir, en parlant de l'éloquence d'Arnaud, que c'était un homme à tête de colombe. . . .

ARNAUD; (Antoine) dit le grand Arnaud.

Ce n'est pas sans quelque raison que ce théologien célèbre est rangé par Hardouin au nombre des Athées; l'auteur de ces paroles: *ens synonime convenit deo et creaturæ.*

C'est-à-dire : « L'être est un terme, une « expression convenable à Dieu et à la « créature ».

Ne peut échapper au spinosisme.

ARNAUD, (François) de l'Académie française, mort à Paris, en 1784, et l'un du très-petit nombre de ceux auxquels on peut appliquer l'épigraphe de ce dictionnaire : *Ecce VIR.*

ARNOBE. N'est-il pas beaucoup plus juste de ne croire aucuns Dieux, que de leur imputer des actions infâmes ?

Arnobe n'est ici que l'écho de Plutarque et de plusieurs autres écrivains de bon sens.

ARTHUR, (Jean) anglais, des montagnes de Galles, près Birmingham, mécanicien, qui remporta, à la Société d'émulation de Paris, le prix pour une voiture inversable. Il professa aussi l'horlogerie, et fut très-connu par sa belle manufacture de papiers peints.

Athée par principes et très-prononcé, pour en propager la doctrine, il fit réimprimer la belle Invocation à la Nature, qui occupe les dernières pages du *Système de la Nature*.

Il survit à son fils, Athée aussi, guillotiné dans l'affaire de Robespierre.

ASCLEPIADE. Grand médecin, de Pruse, en Bithynie, et contemporain de Mithridate. D'après l'inspection raisonnée du corps humain, il ne croyait point que l'ame fut distincte de la matière.

N. B. L'anatomie a fait bien des Athées.

ASPASIE....... Fut aussi Aspasia, accusée de ne point croire aux Dieux.

Tout le crédit de Périclès put à peine la sauver. *Plutarque-Amiot*.

Elle mérita d'avoir Socrate pour disciple.

N. B. Intenter un procès criminel à une femme pour cause d'athéisme ! . . . . On ne reconnaît pas dans ce procédé le peuple aimable d'Athènes. C'est que le fanatisme religieux dénature tout.

ATHANASE (S.) nous enseigne, *ad serapion*, que la divinité ne se persuade point par des raisonnemens.

Huet, évêque d'Avranches.

N. B. En ce cas, il ne reste qu'un parti à l'homme raisonnable, ne point croire à ce dont il n'est pas convaincu.

ATHÉE. L'athéisme est fort ancien. Aristote, dans sa métaphysique, assure que plusieurs de ceux qui ont les premiers philosophé, n'ont reconnu que la matière pour la première cause de l'univers, sans aucune cause efficiente et intelligente . . . .

Formey.

Le Xᵉ. livre des lois de Platon, Sextus Empiricus, et les lettres du rhéteur Alciphron, nous apprennent que le nombre des *Athées* était considérable.

Peut-être que tout ce qu'on a écrit sur ce sujet (*Dieu*), pour ou contre, n'est d'aucune utilité. Je crains bien qu'en parlant de l'existence de Dieu, nous ne ressemblions à ceux qui combattent la chimère...

Croyez au reste que s'il était des preuves claires de l'existence de la divinité, ceux qu'on nomme *Athées* deviendraient les plus zélés partisans de cette opinion, qui ne peut que flatter l'amour-propre et la paresse; ils n'attendent que la démonstration. Et par quelle fatalité s'obstine-t-on à la leur refuser, si elle est possible; ou à les persécuter, si le fait n'est pas vrai?

Dialogues sur l'Ame, par les interlocuteurs de ce temps-là, 1771. *Dial. VII.* p. 170. *Ad finem.*

N. B. Si les femmes entendaient leurs intérêts, elles préféreraient pour ami ou pour époux, un Athée à tout autre homme.

ATOMISTES (les) De la philosophie ou du système des atômes, comme des flancs du cheval de Troye, sont sortis tous les genres d'Athéisme connus.

Nous nous servons de la métaphore d'un savant allemand, historien des Athées.

ATTICUS (Titus Pomponius), était de la secte d'Epicure: on peut défier les plus ardens

ardens défenseurs du dogme qui établit que sans la crainte d'une providence il est impossible d'égaler, par rapport aux bonnes mœurs, ceux qui ont reconnu un Jupiter.... etc. de montrer un plus honnête homme qu'Atticus. *Bayle.*

AVERROËS, qui se surnomme le commentateur par excellence d'Aristote, comme celui qui a le mieux reconnu son génie, n'a jamais reconnu de cause première ny peu comprendre cette divinité.

Lamothe Levayer.

Quelque fondée que l'opinion d'Averroës puisse être sur Aristote, elle est dans le fond impie.... puisqu'elle conduit à croire que l'ame, qui est proprement la forme de l'homme, meurt avec le corps.

Averroës niait que la création fut possible.... Avicenne était du même avis.

Averroës s'écriait :

Moriatur anima mea, morte philosophorum!

C'est-à-dire : que mon ame meure de la mort des philosophes !

Il est sûr qu'il n'admettait point de peines et de récompenses après cette vie ; car, à proprement parler, il enseignait la mortalité de l'ame humaine.

AUGUSTIN. (S.) Dieu est un être dont on parle, sans en pouvoir rien dire.
En ce cas, grands docteurs, brûlez-donc tous vos livres.

Ce père de l'église croit en outre à la fatalité, car il pense que l'homme est déterminé invinciblement au mal ou au bien...

AURELIEN. Cet empereur Romain ne reconnaissait d'autre Dieu que le soleil.
C'est être spinosiste.

AUREOLUS. (P). Cet archevêque d'Aix a soutenu l'impossibilité de la création.
C'est être matérialiste.

BACON. (le chancelier)

L'Athéisme n'ôte pas la raison, ne détruit point les sentimens naturels, ne porte aucune atteinte aux lois ni aux mœurs...

Un Athée, loin de brouiller, est un citoyen intéressé à la tranquillité publique par l'amour de son propre repos... *Essais moraux*...

Les temps inclinés à l'athéisme, comme le temps d'Auguste et le nôtre, ont été temps civils et le sont encore là où la superstition bouleverse plusieurs États.

Un physicien doit faire dans ses recherches une entière abstraction de l'existence de Dieu, pour suivre son travail en bon Athée, et laisser aux prêtres le soin d'appliquer les découvertes à la démonstration d'une providence, et à l'édification des peuples.... *Augm. Scient. III. 5.*

Tout ce qui a le moindre rapport à la religion, est sujet à caution. *Nov. Organ. 1. 2.*

De toutes les erreurs, la plus dangereuse, c'est l'erreur divinisée.

Parmi les causes de l'athéisme, le philosophe anglais assigne les siècles éclairés et un temps de paix.

Prenons acte de l'aveu, et concluons :

Donc*, l'athéisme n'est point le produit des ténèbres, ni l'enfant de l'ignorance. Cela doit rassurer.

L'Athéisme laisse à l'homme le sens, la philosophie, la piété naturelle, les lois, la réputation, et tout ce qui peut servir de guide à la vertu...

L'athéisme ne troubla jamais les États, mais il en rend l'homme plus prévoyant à soi-même, comme ne regardant pas plus loin. *Bacon*, cité par *Lamothe Levayer*.

N. B. Le ci-devant supérieur d'un séminaire, (Emery) vient de publier, en 2 vol. *in*-8°. le *Christianisme de Bacon*. Ces deux volumes *in*-8°., joints à nos citations en sens contraire, prouvent que Bacon, ainsi que Pascal, et presque tous les philosophes de l'antiquité et de notre âge, ont cru et croient encore devoir professer deux doctrines en même temps ; ce qui n'est pas le plus beau côté de leur histoire.

BAGAVADAM. (l'auteur du) Plusieurs passages du Bagavadam ne nous permettent pas de douter que l'existence de l'ame du monde et le panthéisme, sont les principaux dogmes de la philosophie et de la religion des indiens.

BAL. 29

Le panthéisme a fait le tour du globe.

BALBUS, (G. L.) stoïcien. Rien n'existe que l'univers. Le monde est Dieu.

BALLIN, mathématicien français.

S'il était un Dieu dans le ciel, il n'y aurait point de tyrans sur la terre....

Quand un législateur annonce une loi, sans se mettre en peine de consulter celles de la nature, et qu'il veut la faire exercer au nom de Dieu, c'est qu'il sait que ce vain phantôme ne le démentira pas....

Puissent donc les peuples s'armer d'assez de courage pour braver et faire rentrer dans le néant la monstrueuse chimère dont les imposteurs ont fait le tyran du ciel !...

Extrait des manuscrits de ce philosophe modeste du XVIIIe *siècle.*

BANNIER. L'athéisme a commencé avant le déluge. *Mythologie*, tom. 1, in-4°. p. 154 et 155.

BARBARA, Imperatrix Hungriæ.

Quum ab omni religione destituta foret, superos et inferos esse negabat.... Et post mortem, cum nihil supersit, nullam deorum animorumque curam esse subeundam.

C'est-à-dire : cette impératrice de Hongrie, sans religion aucune, niait tout à plat qu'il y eut une divinité au ciel ou dans les enfers. Selon elle, après la mort, le néant; elle concluait qu'il ne fallait donc point se mettre en peine de son ame, pas plus que craindre un Dieu . . . .

BARON. (Théodore) Ce médecin de Paris, qui y mourut aveugle en 178 . . . professait l'athéisme dans l'intimité de ses amis.

Ubi tres medici, duo Athei.

Le docteur Baron, ancien doyen des médecins de Paris, disait que le proverbe latin serait plus vrai, ainsi amendé : *tres medici, quatuor Athei.*

Trois médecins valent 4 Athées.

BARONIUS, (C.) napolitain, bibliothécaire du Vatican.

Les siècles les plus savans ont été les plus infidèles . . . *Sine fide.*

N. B. La foi ou la croyance en Dieu, ne serait donc que le digne fruit des siècles ténébreux ou barbares ! Il faut bien qu'il en soit quelque chose ; car cette opinion n'a point l'évidence pour caractère. Dieu, enfant de la nuit, selon l'expression d'Hésiode, doit nécessairement se dissiper comme un phantôme, à mesure que le jour de l'instruction s'insinuera dans les yeux de l'homme. Plus nous grandirons, plus nous ferons d'infidélités à la théologie.

BARTHOLIN (Thomas). S. Anselme, archevêque de Cantorbéri, se voyant près de la mort, à l'âge de 76 ans, souhaita un petit délai, afin d'achever une question très-obscure qu'il avait commencé sur l'ame.

S'il eut obtenu encore 76 ans de vie, dit Bartholin, je doute qu'il eut pu venir à bout d'une question si obscure.

Bertholinus, de legendis libris, dissert. VI.

N. B. Quand on en est encore au doute sur l'ame, quelle idée peut-on se faire d'un Dieu ?

BASNAGE, *ministre de l'Évangile.*

Quelque générale que soit l'idée de la divinité, il faut avouer que les lois du bien et du mal sont encore plus profondément imprimées dans le cœur... c'est pourquoi on a vu quelquefois des impies dont la morale ne laissait pas d'être assez pure.

N. B. Prenons acte de l'aveu, et concluons : Donc, il ne faut plus d'échafaudage, quand la maison est bâtie ; donc, la conscience et l'instruction publique sont deux leviers puissans qui suffiraient pour remuer un grand peuple, qui compte plusieurs siècles de civilisation. Quoi qu'on en dise, une grande erreur, un préjugé sublime, ne vaudra jamais la plus commune des vérités.

BASSOMPIERRE, (le maréchal Fr.) n'était pas fort chargé de religion.
Encycl. Méth.

N. B. Mais il avait un caractère généreux, et beaucoup d'esprit.

BATTEUX, (l'abbé Ch.) *de l'Académie française.*

« La pierre qui se détache de la monta-
« gne, m'étonne, si elle connaît les lois
« qu'elle suit en tombant ; elle m'étonne
« encore plus, si elle les ignore . . . . ».
Préface de l'histoire des Causes premières.

N. B. Certes ! Spinosa n'eût point désavoué cette assertion hardie.

BAUDDISTES. (les) Sorte de brahmanes, dont l'opinion de la métempsycose a été universellement reçue, sont accusés d'athéisme. *Lettres édif. XXVI.*

Budda fut leur fondateur.

BA....U, de la secte politique des *économistes*. Athée très-prononcé.
BAYLE.

BAYLE,

Sera des bons esprits à jamais respecté.

Voltaire, Epit. sur l'Envie.

Bayle a fait une dissertation pour justifier les Athées.

On a ôté de l'édition de son *dictionnaire* de 1697, plusieurs articles sur les Athées.

Les philosophes qui niaient l'existence divine, n'ont jamais dogmatisé en faveur du crime ; ordinairement, ils se sont piqués de morale.

Rép. aux quest. d'un provinc. V. 16.

La crainte des hommes, fait que l'on s'abstient de mille choses dont on ne s'abstiendrait pas, si l'on ne craignait que la vengeance divine.

Dictionnaire, P. Arétin. Note AA.

C'est aux métaphysiciens à examiner s'il y a un Dieu ; les chrétiens doivent supposer que c'est une chose déjà jugée.

Il y a des erreurs plus grossières que de nier la providence.

Il n'y a jamais eu de malheur moins à craindre que l'athéisme.

La religion n'est pas nécessaire.

Le doute sur l'existence de Dieu n'est pas le défaut du peuple ; il est trop sot.

Sûrement, ce n'est pas le vice des femmes que l'athéisme.

Un prince qui se conduirait envers ses sujets, comme Dieu envers les hommes, ne remplirait pas l'idée que nous avons de la bonté. *Œuvres divers.*

Si les démons étaient Athées, ils seraient beaucoup moins méchans qu'ils ne sont.

Je suis protestant, car je proteste contre toutes les religions.

. . . . Il n'est pas vrai que les payens eussent les mêmes secours que les Athées pour conserver le repos de la république. *Rép. aux quest. d'un prov. t. IV. p.* 15, 19.

Les Athées peuvent se croire obligés à se conformer aux idées de la raison, comme à une règle de bien moral distingué du bien utile. *Cont. pens. sur la com.* 152.

Une société d'Athées pratiquerait les actions civiles et morales ; ils renonceraient aux voluptés du corps, et ne feraient tort à personne. *Œuvres div. t.* 3. *p.* 109. *in-f°.*

Bayle a essayé sa logique contre Spinosa ; et Bayle est lui-même spinosiste.

Boulainvilliers, analyse de Spinosa.

Pomponace, *Cardan* et *Bayle* s'accordent en ce point, que l'athéisme ne rend pas les hommes plus mauvais qu'ils ne seraient, s'ils avaient d'autres principes. *Encycl. méth.*

N. B. Les mœurs de ce philosophe (*Bayle.*) étaient à la hauteur de ses principes ; il n'a point démenti dans sa conduite la noble idée que ses écrits font concevoir d'un véritable Athée.

BEAUSOBRE. On humilie peut-être l'homme en donnant à la matière la force de penser; mais je ne puis démontrer qu'une idée humiliante soit une erreur.
Pyrrhonisme . . . .

N. B. Or,
Qu'-a-t-on besoin d'un Dieu, si la matière pense ?

BECANUS, (Martin) *Jésuite.*
Encore que les Athées ne croient pas une providence, ils ne laissent pas de suivre en bien des choses les règles de l'honnêteté. Ils ne dérobent ni ne tuent, ils abhorrent le mensonge, ils gardent la foi promise, ils détestent les guerres injustes, ils aiment la paix. *Opuscules théolog. tom. I.*

N. B. Un pareil témoignage n'est pas suspect. Que peuvent faire de plus les déistes ?

BEDAS. (les) Ces Tribus, dans l'île de

Ceylan, unies pour la défense commune, ont toujours vaillamment combattu pour leur liberté et n'ont jamais attenté à celle de leurs voisins.

On sait peu de chose de leur religion; il est douteux qu'ils aient un culte.

Raynal, Hist. philos. du com.

BELLARMIN. (Robert) Bellarmin ne croyait rien de ce qu'il faisait imprimer; c'était un franc Athée. *In Scaligeranis.*

N. B. Mais non un honnête Athée.

C'est ce jésuite qui soutint que les premiers magistrats d'une nation sont comptables à d'autres encore qu'à Dieu.

BELOT, (J.) avocat au conseil, sous Louis XIV.

.... On trouvera sujet d'étonnement et d'admiration, en examinant combien la connaissance de la théologie a fait d'Athées...

Apologie de la langue latine.

N. B. C'est à cause de cela que les théologiens mettent tous leurs soins à recommander la foi aveugle, ou le non usage de la raison. Le simple bon-sens est la pierre de touche infaillible pour reconnaître le mauvais titre de cette vieille monnaie qui circule au type d'un Dieu.

Les déistes ou les théistes, comme on voudra, qui ne sont que des théologiens honteux de l'être, semblent redouter moins les suites de la discussion ; mais pour l'ordinaire, au troisième argument, ils passent dans le camp des Athées, ou capitulent, afin d'éviter d'être confondus avec les docteurs qui combattent plus pour leurs autels que pour leur Dieu.

BEMBUS, (P.) noble vénitien, cardinal et poëte.

Il a été accusé d'avoir parlé de la parole de Dieu avec beaucoup de mépris.

Omitte, (dit-il à Sadolet), *omitte has nugas; non enim decent gravem virum tales ineptiæ.*

C'est-à-dire. « Laissez-là ces niaiseries ; « elles sient mal à un homme grave ».

Bembus ne croiait pas à l'immortalité de l'ame.

N. B. Ce n'est pas comme de véritables Athées et dignes de l'être que nous citons des cardinaux, des prêtres, des théologiens pris en flagrant délit, et abjurant avec leurs amis la doctrine qu'ils prêchent au vulgaire. Mais les autorités de ces gens-là prouvent du moins qu'ils n'étaient pas dupes, avant d'en faire. Elles expliquent en outre comment les préjugés se propagent ; c'est qu'il est des gens qui en vivent. C'est que la société civile est si mal organisée, que dans son sein et sous sa sauve-garde, il y a tout à gagner à être l'apôtre du mensonge, tout à craindre à se montrer l'ami de la vérité.

BERGAMASQUE. (l'auteur du) Bien des Athées étaient parfaitement honnêtes hommes, entr'autres *Épicure, la Mettrie, Spinosa, Hobbes, Bayle* . . . . *etc.*

Pag. 35 *du Bergamasque, ou l'Homme bon. A la Haye*, 1791, *in*-12.

. . . Le préjugé est si fort que, malgré l'expérience de tous les jours, l'on ne peut persuader qu'un *Athée* soit un honnête homme. Habitué à ne faire le bien que par crainte, le vulgaire s'imagine que l'esprit humain n'a pas d'autre mobile . . . . comme si la vertu n'était pas à elle-même sa récompense . . . . comme si un génie assez fort pour secouer les préjugés, n'annonçait point un caractère assez sublime, une ame assez noble pour faire le bien....

Un véritable *Athée* abandonne la religion, parce qu'il la croit humaine, et par conséquent fausse ; mais il respecte la vertu..... ect. *Idem*.

BERIGARD. (Claude) Subtil philosophe du XVII.ᵉ siècle, né à Moulins.

Malgré toutes ses précautions, il fut accusé d'irréligion et même d'athéisme; mais heureusement, il n'était plus. *Diderot.*

Villemandy le considère comme un grand fauteur du pyrrhonisme.

Quo tendit assumpta hæc Anaximandri hypothesis, quam Berigardus in circulis pisanis aristotelicæ longè præfert nisi eo ut in supremi numinis ejusq; providentiæ locum infinitam quamdam materiam, infinitis corporibus dissimilaribus, ex seipsis mobilibus conflatam, Hoc est in veri dei solam cœcam naturam substituat?

C'est-à-dire : à un Dieu suprême, à la providence, Berigard substitue la nature, ou la matière organisée de façon à produire tous les mouvemens, à l'aide de ses propres élémens.

Universam mundi fabricam sine providentiâ architectrice, extruxisse se putat philosophus. Samuel Parker, *Disput. de deo et provid.*

C'est-à-dire : ce philosophe pensait que le grand édifice de l'univers ne supposait pas un Dieu architecte.

Il prit la liberté de soutenir l'opinion de J. Zarabella, savoir, que l'existence d'un premier moteur ne peut se démontrer par aucune raison naturelle.

BERNARD. (P.-J.) Le *gentil Bernard*, dit Voltaire.

Poëte, épicurien de principes et de mœurs.

BERNIER, (Fr.) médecin. Le *joli philosophe*, dit Saint-Evremont.

Elève de Gassendi, il tenait pour Epicure.

BERKELEY, (G.) évêque irlandais. Son hypothèse, ou plus généralement la philosophie des *idéalistes*, poussée aussi loin qu'elle peut aller, conduit très-directement à l'athéisme.

BERT... ET, de l'Institut national de France.

BEZE, (Théodore) bourguignon, né à Verelai, en 1529.

Sturmius appliquait à Théodore Beze, par une gentille parodie, ce dicton de Socrate : *Hoc unum me scire scio, quod nihil scio:*

Hoc unum me credere credo, quod nil credo. Garasse, *doctr. cur.*

C'est-à-dire :

C'est-à-dire : je ne crois qu'une chose, c'est que je ne crois rien.

Beze ne voit pas plus un Dieu dans le ciel que dans le calice, dit un plaisant du temps.

BIBLIOTHÈQUE RAISONNÉE. (Le rédacteur de la) Tout ce qu'il y a eu de grands génies dans l'antiquité, et presque tous les auteurs, sur-tout les philosophes, n'ont point de foi. *Tom. I. p.* 73.

Le despotisme est fondé sur la religion.
Idem.

N. B. C'est pour cela que le gouvernement et le clergé ont presque toujours fait cause commune.

BIEL, (Gabriel) théologien.

Il y a long-temps qu'un très-fameux scholastique (*Biel*) a déclaré que toutes les preuves que la raison peut fournir de l'existence de Dieu, ne sont que probables.

G. Biel déclare que l'on ne connaît pas évidemment qu'il faut qu'il y ait un premier être.
Dissert. 2. *Quest.* 10.

N. B. De tels aveux, de la part des gens du métier, doivent multiplier beaucoup les incrédules.

BILFINGER, disciple de Leibnitz.

Natura est vis activa seu motrix ; hinc

natura etiam dicitur vis totius mundi, seu vis universa in mundo.

De Deo, anima et mundo: dilucidationes philosophicæ.

La nature est une force active et motrice.

On pourrait appeler la nature la force universelle . . . .

N. B. Spinosa avouerait ce passage du théologien Bilfinger.

BION de Scythie, ou le boristhénien.

Dixisse audivimus, re verá, nihil esse Deos.

Diogen. Laër.

C'est-à-dire : nous lui avons entendu dire, que dans le vrai, Dieu n'était rien.

Bion prétendait que la doctrine de l'empire de Dieu sur toutes choses, renferme des contradictions. *V. Plutarque.*

Il se permettait les bons mots, la plupart dirigés contre la religion.

On raconte que ce philosophe chanta la palinodie, en rendant le dernier souffle. Cela prouve seulement que dans l'homme, le flambeau de la raison peut s'éteindre avant celui de la vie.

BLANCHET, né dans le bourg d'Angerville, au pays Chartrain, en 1707, mort à St.-Germain en Laye en 1784; connu par la vie qu'en donna son ami Dussaux, qui se fit l'éditeur de ses ouvrages. (*Apologues orientaux, variétés morales* . . . .)

C'était un homme vertueux par caractère . . . . Il répondit à M. Merinville, évêque de Chartres, qui lui offrait un canonicat, sous la condition qu'il se ferait prêtre : « monseigneur ! je suis trop honnête homme pour cela. »

Cette phrase, susceptible peut-être de deux sens, n'en a qu'un, quand on saura, d'après son biographe, qu'en fait de religion Blanchet éprouva de grandes perplexités. *Il voulait croire* . . . . reste à savoir s'il crut en effet. Certains endroits de ses œuvres ne semblent pas favoriser l'affirmative.

BLOUNT, (Charles) philosophe anglais et sceptique.

Les hommes en général sont autant de perroquets religieux ; ils ont appris à dire qu'ils croient en Dieu ; . . . mais ils ne savent ni pourquoi, ni comment. Tout ce qu'ils savent, est que le ministre de leur paroisse leur a ordonné de croire....

Il professait le même symbole religieux que le célèbre *Herbert*, l'un des plus forts incrédules des trois Angleterres.

BOCACE. (J.) Pour la religion, je crois que Bocace n'en avait pas, et qu'il était parfait Athée. *G. Naudé.*

N. B. Bocace aimait trois choses : l'indépendance, le travail et les plaisirs.

L'athéisme n'éteignait point en lui l'imagination et la gaieté. *V. ses Œuvres.*

BODIN. (J.) Il se moquait également de toutes les religions. Aussi, n'en avait-il pas lui-même.... *Bayle, Répub. des lettres.*

.... D'autres assurent que Bodin mourut comme un chien, *sine ullo sensu pietatis*, sans être ni juif, ni chrétien, ni turc....
Idem, eod. loco 1684, *Juin.*

Bodin était un étrange compagnon en fait de religion. *Patin.*

Il a composé des dialogues qui se trouvent en manuscrit dans la biblothèque du roi de Prusse.

Jean Dicmanus nous a donné une connaissance parfaite de cet ouvrage dans un livre qui a pour titre :

De Naturalismo cum aliorum tum maxime joh Bodini ex opere ejus mspto et usque ad huc anecdoto : de abditis . . . .

Dans son traité *de la République*, il veut que le législateur consulte le climat, avant de donner un culte à une nation. Bodin soumet Dieu aux localités.

BOËCE, (A. M. T. S.) consul de Rome et chrétien, affirme l'éternité et l'incorruptibilité du monde ; ou, ce qui revient au même, un cours des choses constant et invariable.

N. B. Il voulut concilier Aristote et Jésus ; de cet amalgame il résulta que Boëce ne fut ni tout-à-fait philosophe, ni tout-à-fait religieux. Cependant, les premières impressions qu'avait faites sur son esprit le génie d'Aristote prévalurent comme malgré lui, sur les principes de spiritualité de la nouvelle secte que cet infortuné magistrat crut devoir embrasser.

BOINDIN, (Nicolas) né à Paris en 1676, et mort en 1751 ; il professait publiquement l'athéisme. La sépulture lui fut refusée ; un peu plutôt, Boindin eût été brûlé vif. Un peu plus tard, il en eût été quitte pour les petites persécutions reservées aux philosophes.

Boindin « fut Athée, dit-on; il n'y a
» rien d'impossible à cela, de la part d'un
» homme qui pense : mais il fut bienfaisant,
» généreux, bon ami : ce serait là son ex-
» cuse, s'il en avait besoin chez un peuple
» qui a reconnu solennellement la liberté
» des opinions.... ».

Alman. des Rép. p. 62.

BOLYNGBROCKE. (Pawlet) La théologie est la boëte de Pandore.

Œuvres posthumes.

BONCIARIUS, (Marc-Antoine) littérateur du XVIe. siècle. Il est auteur d'un livre intitulé : *Epicurus, sive dialogus de antiquâ philosophiâ.* Il y démontre qu'aucun ancien philosophe ne s'est plus approché de la vérité qu'Épicure.

Or, on sait qu'Épicure était Athée.

Voyez son article.

BON-SENS ; (l'auteur du) livre qui ne saurait être trop lu. Dès les premières pages, on trouve ce mot plein de sens :

« La théologie n'est que l'ignorance des
» causes naturelles, réduite en système ».

Et quelques lignes plus bas :

« La notion de cet être sans idée, (*Dieu*)
» ou plutôt le mot sous lequel on le dési-
» gne, serait une chose indifférente, si elle
» ne causait des ravages sans nombre sur
» la terre ».

Et plus bas encore :

« Pour démêler les vrais principes de la
» morale, les hommes n'ont besoin ni de
» théologie, ni de Dieu ».

Les docteurs de l'école ont trouvé à répondre, tant bien que mal, au philosophe métaphysicien ; ils n'ont eu rien à répliquer aux argumentations du bon-sens.

BONZES. Parmi eux, il y a une secte particulière d'*Athées*, fondée sur les dernières paroles de *Foë*, leur maître, à ses derniers momens. *Voyez Foë.*

S. François - Xavier rapporte que les Bonzes du Japon ne voulaient point croire qu'il y eut de Dieu, parce que, disaient-ils, s'il y en avait un, les Chinois ne l'auraient point ignoré.

Quod si esset unum verum omnium prin-

cipium, profecto sinas, non fuisse ignoraturos.

Les Bonzes du Japon enseignent des choses qui ont beaucoup de rapport à l'opinion de Spinosa.

On ne peut assez admirer que cette idée ait pu se former dans l'ame de tant de gens si éloignés les uns des autres, et si différens entr'eux en humeur, en éducation, en coutumes et en génie. *Bayle.*

BORCH, (le comte de) Polonais.
Auteur de l'*Orychtographie.*

BORNO. Les peuples de Borno n'ont ni loi, ni religion. *Dapper.*

N. B. Et ils n'en sont ni moins sages, ni moins heureux.

BOSSUET. On prétend que ce grand homme avait des sentimens philosophiques différens de sa religion.

Voltaire, siècle de Louis XIV.

Bossuet avoue que :

Les nations les plus éclairées et les plus sages, étaient les plus ignorantes et les plus aveugles sur la religion.

N. B. C'est tout ce que pouvait dire un prélat, qui s'était constitué le père de son église.

Les *pensées de derrière la tête* de Pascal (*V.* ce nom.) doivent

doivent mettre en garde sur la doctrine ostensible des théologiens qui ont un état dans le monde.

BOSSULUS, le Bossu (Jacobus) docteur en théologie, de Paris, sous Henri III.

Selon lui, le paganisme était un véritable athéisme.

N. B. Voilà notre dictionnaire bien étendu.

BOULANGER, (N.-A.) philosophe Parisien.

Dieu est un hors d'œuvre. *Despot. oriental.*

Toute loi surnaturelle énerve et affaiblit les lois naturelles, sociales et civiles. Celles-ci n'ont jamais tant de force et tant de vigueur que lorsqu'elles régissent seules le genre humain. *Eod. Loco.*

La physionomie de *Boulanger* ressemblait à celle de Socrate; il en avait aussi les mœurs.

Dict. des honnêtes gens. in-8°. 1791.

Après avoir vécu en philosophe, on le fait mourir en homme crédule. Cela peut être; et nous répéterons ici qu'on n'en doit rien conclure.

BOSC, (d'Antic) fils d'un médecin, et naturaliste.

N. B. Plus on étudie, mieux on connaît la nature, et plus on méconnaît un Dieu. On ne sait qu'en faire, dans un ordre de choses où tout se range de soi-même à sa place.

BOURDIN, procureur général des trésoriers de France, mort en 1752, faisait profession publique d'athéisme. Cela l'empêcha d'être de l'Académie française.
Note fournie par Lalande.

BRACMANES. (les) Ils croiaient que la matière est la propre essence de Dieu.

BRAHMES, (les) ou BRACHMANES. Ils prétendent que les âmes ne sont autre chose que les germes ou les semences des êtres.

Ils disent aussi, dans leur symbole : *l'ame est Dieu.* V. *Sonnerat, voyage aux Indes.*

Brahme vient du mot *brun*, qui, dans la langue savante des Indes, signifie un homme éclairé, prudent, qui sait se conduire lui-même.
Deslandes, Hist. cr. de la philosophie, t. 1.

N. B. Ces philosophes de l'Inde se piquent de pouvoir marcher droit, sans s'appuyer sur le bras invisible d'un Dieu.

BRAMES. (les) Tout ce qui paraît à

nos yeux, n'est qu'une seule et même chose, qui est Dieu même, comme tous les nombres

10
20
100
1000, etc.

ne sont qu'une même unité répétée.

Cette théologie numérique n'a point échappée à Pythagore, dans ses voyages aux Indes.

BREDENBURG, qui a réfuté Spinosa dans l'ouvrage intitulé : *Arcana athéismi revelata*, est mort lui-même spinosiste.

Recueil de littérature et de philosophie. in-12, *Amst.* 1730. p. 23.

N. B. Ces conversions sont assez fréquentes; mais on n'ose pas toujours en convenir.

BRÉSIL. Les habitans du Brésil n'avaient point de religion.

Nullos omnino colunt deos. Maffée.

BRIENNE. Les prélats accusent l'archevêque de Toulouse, (*Brienne*) ami de d'Alembert, de ne pas croire beaucoup en Dieu.

L'Observateur anglais, t. I.

BRISSOT, acteur malheureux dans le drame de la révolution française.

C'était un philosophe en théorie comme

dans la pratique, et digne d'un autre siècle. Il contribua de tout son pouvoir à la propagation des idées anti-religieuses.

BR . . E. (le général) Dans le temps qu'il était imprimeur à Paris, il professait l'opinion des hommes éclairés et honnêtes. Sans doute, il n'a point changé.

BRUNUS, (Jordanus) philosophe Napolitain.

L'immensité de Dieu n'est pas un dogme moins impie dans Jordanus-Brunus que dans Spinosa; ces deux écrivains sont unitaires outrés; ils ne reconnaissent qu'une seule substance dans la nature. *Bayle.*

D'habiles gens prétendent que Descartes a pris de Brunus quelques-unes de ses idées. Huet, l'évêque d'Avranches, est de cet avis.

Si l'on rassemble ce que Jordan - Brun a répandu dans ses ouvrages sur la nature de Dieu, il restera peu de chose à Spinosa qui lui appartienne en propre. *Encycl. Mét.*

J. Brunus fut brulé vif à Rome, l'an 1600, pour avoir enseigné que la vertu était la seule bonne, la seule véritable religion.

On donne le plan exact d'une ville, on

crayonne le portrait ressemblant de l'empereur;

L'effigie du souverain Être et la carte du ciel nous manquent, et vraisemblablement nous en serons privés à jamais.

Avertissement du Jordanus - Brunus Redivivus, ou Traité des erreurs populaires. 1771.

BRUNUS. (Jord. Redividus) Le premier bruit qui se répandit dans le monde sur l'existence de Dieu, dût jeter l'univers dans la plus profonde perplexité .... Ses partisans ont eu tous le temps convenable pour porter à sa perfection une hypothèse qui, ayant pour objet le bonheur de tous les hommes, sans exception, doit être d'une simplicité, qui soit telle que tous la puissent comprendre.

Il n'y a donc rien d'odieux dans le procédé d'un homme qui, de bonne-foi, demande des preuves de l'existence d'un être inconnu qu'on lui annonce .... etc.

Jord. Branus Red. p. 42 et 43.

BRUTUS. (Marc. Junius) Le principal des justiciers (meurtriers) de César.

On a blâmé ses dernières paroles contre la vertu.

Il n'avait pas tout le tort que l'on s'imagine.

Malheureuse vertu ! (s'écria - t-il,) que j'ai été trompé à ton service ! . . . . .

Bayle.

Certes ! un *Théiste* ne se serait pas exprimé ainsi.

BUCHANAM, (G.) fut parfaitement épicurien durant sa vie, et vrai athéiste à sa mort . . . .

Il expira en récitant l'élégie de Properce : *Cinthia prima* . . . . .

Garasse, *Doctr. curieuse.*

Moréri le fait mourir autrement, mais toujours en Athée.

BUDDA, le plus célèbre et le plus ancien des Samanéens (philosophes de la Bactriane) fut, sans doute, Boutta, ou Budda. Ses disciples l'honorent comme un Dieu . . .

Avant que de rendre le dernier soupir, il fit venir ses plus chers disciples (connus sous le nom de Baudistes) et leur assura qu'il avait caché jusqu'à ce moment la vérité sous des expressions figurées et métaphoriques; mais qu'il ne reconnaissait réellement d'autres principes éternels que la nature, d'où tout était sorti, où tout retournait.

Observ. prélim. de l'Ézour-Védam. Hist. des Huns. tom. 2, p. 224. etc.

N.B. Le curé Meslier crut devoir suivre en France, l'exemple de Budda. S'il y a peu de courage dans cette conduite, du moins, il y a de la franchise.

On demanda un jour au législateur des premiers Indous : « Pourquoi n'admets-tu » pas un Dieu ? ».

Il répondit :

« La matière occupe toutes les places; » je ne saurais où le mettre ».

BUDE, (Guill.) de Paris, estimait que disputer sur les questions les plus graves, les plus importantes de la théologie, était perte de temps mal employé. *Est. Pasquier.*

N. B. Donc, celui qui ne veut ni perdre son temps, ni le mal employer, doit laisser-là Dieu. Dieu ne mène à rien.

BUDDEUS. (J.-Fr.) *Quid vero mirum, quod successu fere careant susceptæ contra*

Atheos disputationes, cum forte plerique qui contra Atheos disputant in eandem classem sint referendi, licet ipsi hoc non credunt, nec sibi persuadeant.

V. de Spinosismo ante Spinosam.

C'est-à-dire : l'athéisme n'a pas encore été victorieusement réfuté, par la raison que la plupart de ceux-là mêmes qui se mettent en devoir de le faire, sont Athées dé à sans le savoir.

Prenons acte de ce naïf aveu.

Voyez sa dissertation :

De Pietate philosophicá, seu de religione naturali.

BUFFIER, (Cl.) né en Pologne, mort à Paris.

L'idée de Dieu n'est point innée.

Traité des premières vérités, p. 33.

N. B. Honorables lecteurs ! nous vous abandonnons le soin de tirer vous-mêmes les conséquences de cette vérité première.

BUFFON disait qu'il fallait une religion au peuple ; qu'il se servait par cette raison du mot *créateur*, au lieu de la *nature*, et qu'il donnait satisfaction à la Sorbonne.

C'était

BUL 57

C'était un persifflage, ajoute Lalande dans ses notes manuscrites communiquées.

N. B. La terreur qu'inspiraient l'inquisition à Rome et la Sorbonne à Paris, a fait écrire bien des sottises aux meilleures têtes pensantes de l'Europe.

BULIDON, né à Paris . . . .

BUONAPARTE, de l'Institut national. En 1798, les Anglais disent que Buonaparte est le général des Athées.
Note communiquée par Lalande.
V. le Mercure Britannique.
Les Anglais se seraient-ils cru autorisés à parler ainsi de Buonaparte, d'après son expression familière : *le Dieu de la fortune m'accompagne ?* César s'exprimait de même, et César n'était rien moins que religieux.
Voyez le Grand Condé.

BURRHUS, (Fr.-Jos.) de Milan, condamné à Rome, en 1672, aux galères à perpétuité, pour ses opinions, qui respiraient l'athéisme.

N. B. Jadis les rois envoyaient aux carrières le sage qui les contredisait. Les prêtres se sont constitués les singes des rois.

BUSBEC, (Auger-Gislen de) né à Commines, en 1522.

8

Politique excellent, grave et prudent, il aima aussi beaucoup les belles-lettres, et il fut sur-tout *très-curieux de la philosophie naturelle*.

Non solum politicus excellens, gravis ac prudens; sed mansuetiarum etiam musarum amantissimus; ac imprimis rerum naturalium cognoscendarum cupidissimus . . . .

Melchior Adam, *Miscellan*. Et Quenstedt, *de Patriis vir. illustr.*

N. B. Le lecteur saura apprécier ces trois mots soulignés.

Le goût des sciences exactes et des choses naturelles a enlevé bien des partisans aux idées religieuses. Il a servi en même-temps à caractériser, sans les compromettre, tous ces bons esprits, qui, sans heurter de front les préjugés populaires, ont consacré au naturalisme un culte assidu et paisible; c'est-à-dire: mettant de côté toute abstraction, ont cultivé la science des corps et professé les vertus purement humaines.

Ces bons esprits deviennent esprits forts, quand l'occasion se présente de rendre à la vérité un courageux témoignage.

CAAIGUES, (les) au Paraguai.

Reperi eam gentem nullum nomen habere quod deum et hominis animam significet; nulla sacra habet, nulla idola.

Nicol. Eltheco.

C'est-à-dire : ce peuple, sans idoles, sans culte, n'a pas même dans sa langue, d'expressions pour rendre ce qu'on croit entendre ailleurs par *ame* et *Dieu*.

CABANIS, médecin. Dans un ouvrage intitulé, du *Degré de certitude de la médecine*, il dit, page 52 :

La cause qui meut le monde dans son ensemble et dans chacune de ses parties, n'est autre chose que le principe général du mouvement, la puissance active, personnifiée chez la plupart des peuples sous le nom d'être éternel et infini, mais dont il est impossible de se faire d'autre idée que celle qui résulte directement des phénomènes de l'univers.

CABOMONTE. (les nègres de) Le voyageur Bosman demanda aux nègres de Cabomonte qu'elle était leur religion ?

Ils répondirent qu'elle consistait à bien obéir au roi et à leurs gouverneurs ; et qu'ils ne se mettaient en peine de rien autre chose. *XXII°. Lettre.*

CÉSAR. (J.) *Ne religione quidem ullâ à quoquam incepto absterritus unquam vel retardatus est.* Suetonius.

C'est-à-dire : la religion ne fut jamais pour lui un obstacle . . . .

César, en plein sénat, décide nettement, et sans la moindre réserve, que la mort met fin à tous nos biens et à tous nos maux ; c'est nier tout court l'immortalité de l'ame.

Ultrà neque curæ, neque gaudio locum esse. Bell. Catil.

C'est-à-dire : après la mort, il n'y a ni peine à craindre, ni plaisir à espérer.

Si le passage de Salluste est une preuve que César ne croiait point la providence, il faut dire aussi que *Cicéron* ne la croiait point non plus, lui qui, en pleine audience, assura aussi nettement que César, que la mort fait cesser toutes nos misères.

CALDERINUS, (Domitius) Véronais,

et littérateur à Rome, vers la fin du XV siècle. Bayle dit qu'il n'avait point de religion. Il appellait Dieu *communem errorem*; l'erreur populaire.

CALIGULA. (* C.) Il se trouve dans ce dictionnaire, non pas comme Athée; tout au contraire: on donne ici cet empereur Romain pour exemple que les plus perdus scélérats dont l'histoire fasse mention, ont reconnu la divinité. *Bayle*.

L'homme vertueux, seul, a le droit d'être Athée.
Sylvain, *Lucrèce français*.

CALLAIQUES. (les) *Callaïcos Hispanos* (les peuples de la Galice). *Nihil de diis sensisse perhibent.* Strabo. *Geogr. III*.

Quelques auteurs rapportent, que les Callaïques, peuple de l'Espagne, étaient Athées.

CALMET. (Aug.) Le nom de Dieu renferme toutes choses.
Dictionnaire de la Bible, au mot: *Jehovah*.

N. B. C'est ce que Spinosa disait avant dom Calmet.

CALVINISTES, (les) dans des thèses publiques, ont avancé cette opinion :

« Tout ce qu'on dit en faveur de l'im-
» mortalité de l'ame, est une invention
» pour faire bouillir la marmite du clergé ».
Ad statuendam suam culinam excogitatum.

CAMPANELLE, (Th.) de la Calabre. Cyprianus croit que dans le fonds Campanella n'avait point de religion . . . . . .

Il n'avait pas assez d'étoffe pour être Athée, dit Naigeon.

Son livre: *Atheismus triumphatus*, serait mieux intitulé: *Atheismus triumphans*.

Loin de combattre et de vaincre l'athéisme, il le ménage et le fait même triompher.

Vingt-sept années de prison et sept tortures, empêchèrent Campanella d'aller aussi loin qu'il aurait pu le faire.

CANARIES. La nature était l'unique divinité des anciens habitans des Canaries.
Herbert, voyageur Anglais.

CANAYE. (P.) *Point de raison, c'est la vraie religion!* fait dire St.-Evremont au père Canaye, conversant avec d'Hocquincourt.

CAP-VERD. Il serait sans doute mal aisé d'assurer quelle est la religion des peu-

rène. Défenseur de l'incertitude aussi ardent qu'*Arcésilas*, il était de ceux qui disaient qu'on ne peut rien comprendre.

Hormis la morale, dit Moréri, Carnéade négligeait toutes les autres choses.

N. B. C'est le parti auquel il faudra tôt ou tard revenir.

CARRA. L'homme est pour l'homme l'être par excellence...

C'est sous ce rapport que l'homme a conçu l'idée de la divinité...

N. Principes de physique. 1781, t. I, p. 1.

La philosophie, disent les poëtes, est fille du ciel; elle est pour moi fille du génie et de la vertu. *Idem.*

CARTÉSIENS. Les plus subtils d'entre ces philosophes soutiennent que nous n'avons point d'idée de la substance spirituelle.

N. B. On voit où cela mène.

On soupçonne d'irréligion les Cartésiens.... de sorte que, selon le sentiment d'une infinité de personnes, les mêmes gens qui ont dissipé dans notre siècle les ténèbres que les scholastiques avaient répandues par toute l'Europe, ont multiplié les esprits

ouvrage de Cardan touchant *l'immortalité* de l'ame, où l'on trouve mauvais qu'il ait dit que le destin et les conseils lui défendaient de déclarer tout ce qu'il pensait sur cette matière. C'est un signe, ajoute-t'on, qu'il ne publia ce livre que par politique.....

Del Rio, *disquisit.* Th. Raynaud, *erotem. de malis libris.*

Quelques paroles du traité de Cardan sur l'immortalité de l'ame, sont la pure impiété d'Averroës. *Scaliger.*

Cardan agite la question . . . .
Videamus an fortem ad bene beateque vivendum, animæ immortalitatem credere plurimum conferat . . . .

C'est-à-dire : examinons si l'opinion de l'immortalité de l'ame contribue pour beaucoup à nous faire vivre avec honnêteté et agrément.

Voici sa conclusion ; elle est négative : *atque ut video, nec in hoc utilis est hæc opinio.*

C'est-à-dire : cette opinion ne me paraît pas utile à cet objet.

CARNÉADE, philosophe Grec, de Cyrène

ples du Cap-Verd; il vaudrait peut-être mieux dire qu'ils n'en ont aucune. *Dellon, t. I. p.* 10.

N. B. On devrait appliquer textuellement cette observation à presque toutes les nations de la terre, tant anciennes que modernes.

On pourrait dire aussi que presque toujours, presque par-tout, le peuple professe un culte et n'a point de religion.

CARAMUEL. L'ignorance de Dieu est quelquefois invincible.

N. B. Cet aveu naïf est précieux.

CARDAN. (Jérôme) (*Voyez* ce mot.) *Homo nullius religionis ac fidei, et inter clancularios,* (Voyez ce mot.) *atheos secundi ordinis ævo suo facile princeps.*
Theoph. Raynaud, *de bonis ac malis libris.*

Cardan ayant comparé entr'elles et fait disputer l'une contre l'autre, les quatre religions générales, finit sans se déclarer pour aucune.

« Je laisse au hasard à décider de la victoire ». *Liv. II, de la Subtilité.*

Cardan avait composé un livre de la *mortalité de l'ame,* lequel il montrait quelquefois à ses bons amis. Ce livre n'a jamais été imprimé; au contraire, le public a un

forts et ouvert la porte à l'athéisme ou au pyrrhonisme.

N. B. Cela ne pouvait guère être autrement.

CATINAT, (Nicolas) maréchal de France, et philosophe épicurien, de l'école du Temple, à Paris.

CASSIUS, (Caius Longinus) l'un des justiciers (meurtriers) de César.

Il croiait, selon les principes d'Épicure, la mortalité de l'ame, et l'ame du monde.

CATON d'Utique. On ne voit pas que Caton d'Utique, cet homme si parfait, se soit appliqué à connaitre la divinité, et à lui rendre quelques devoirs.

Hist. de la Philos. ancienne.

N. B. C'est qu'il n'avait pas besoin de cela pour devenir parfait.

CATONS (les deux) sont placés par des hommes d'une autorité grave, au nombre des panthéistes, ou matérialistes.

CATULLE. (G. V.) Voici son brevet d'Athée :

Soles occidere et redire possunt,
Nobis, cum semel occidit brevis lux,
Nox est perpetuo una dormienda.

C'est-à-dire :

La nuit sans fin succède aux jours de notre vie.
Voyez Anacréon.

N. B. Car il n'est pas nécessaire d'avoir composé des in-f°. comme Bayle, des in-4°. comme Spinosa, pour être admis au portique des *hommes sans Dieu* : une morale douce, une philosophie pratique, et quelques vers aimables, enfans d'une imagination libre et dégagée de tout préjugé, doivent suffire pour caractériser l'Athée, ami des seuls plaisirs que donne la nature, en dédommagement des maux de la politique.

CAVALCANTE, gentilhomme Florentin, de l'ancienne famille des Cavalcanti, si féconde en grands hommes. Il avait beaucoup d'esprit, de valeur et de prudence.

Il était épicurien de mœurs et de principes.

CAVALCANTE, (Guido) son fils, poëte italien, contemporain du Dante. Il mourut à Florence, sa patrie, en 1300, soupçonné de pencher secrètement vers l'athéisme.

Il avait épousé la fille de *Farinata*.
Voyez ce nom.

Ce noble Florentin était un homme fort méditatif, habile philosophe, et qui témoigna beaucoup de constance dans ses malheurs. L'on disait que ses profondes spéculations avaient pour but de prouver qu'il n'y avait point de Dieu. *Bayle.*

Bocace le soupçonne d'avoir des doutes un peu trop forts sur la divinité.

Moréri, dict.

CAYLUS . . . . Les divinités sont les hommes bienfaisans et les rois courageux qui obtinrent, dans les premiers siècles, des autels long-temps après leur mort.

Antiquités, préface, t. V. in-4°.

N. B. Ce savant respectable n'en pouvait dire plus dans le temps où il écrivait. Une censure, qui n'était point celle de Caton, pesait alors sur la plume des amis de la vérité.

CELIUS.

Nullos esse Deos, inane cœlum
Affirmat Celius, probatque . . . .

Martial, épigr. IV.

C'est-à-dire : Celius affirme et prouve qu'il n'y a point de Dieu . . . .

CENRAVACH. La secte de ce nom, chez les Indiens, tient qu'il n'y a ni Dieu, ni paradis, ni enfer. *Monconys, Schouten.*

CERINTHE, disciple de Simon dit le Magicien, publia sa doctrine, à Antioche, en Syrie, vers la fin du premier siècle de l'ère chrétienne.

Il soutenait que le monde n'est pas l'ouvrage de l'être suprême, mais d'une espèce de force motrice, distinguée de Dieu, qui avait arrangé les différentes parties de la matière.

CESALPIN, (A.) renversa non-seulement la providence, mais aussi la distinction entre le créateur et la créature. Il s'est attaché au sens d'Aristote. Ses principes ne diffèrent guerres de ceux de Spinosa ; ce qui confirme la conformité de *Spinosa* avec *Aristote*.
Bayle.

L'auteur de la *Bibliographia curiosa*, compte Cesalpin parmi les plus grands génies. Il prétendait que l'ame des bêtes est une portion de la substance de Dieu.

Ce savant Athée était médecin.

CHALDÉENS. (les) La croyance de ce vieux peuple était un pur spinosisme ; ils disaient le monde éternel ; et ils opinaient pour une grande ame, infusée dans la matière. *V. Philon et Diodore, le sicil.*

CHAMPEAUX. (Guillaume de) Le sentiment de Guillaume de Champeaux était dans le fond un spinosisme non développé. Abailard fut son élève.

CHAPELLE, (E. Luillier) poëte épicurien, françois, né à la Chapelle près Paris. Il fut le maître de Chaulieu. *Voyez Catulle.*

CHARRON, (le Théologal P.) parisien; sage comme son livre *de la Sagesse.*

Dictionn. des honn. gens.

Le soleil était le Dieu sensible de P. Charron.

Toutes les religions ont cela, qu'elles sont étranges et horribles au sens commun.

De la Sagesse. II, 5.

Le P. Garasse accuse Charron de dire ouvertement que la religion est une sage invention des hommes pour contenir la populace dans son devoir.

Tout le discours de Charron, (dit le même) porte l'esprit de ses lecteurs à secouer la créance de Dieu.

. . . . Cette espèce d'athéisme, (c'est-à-dire, de ceux qui, tout à plat, nient la déité, et par discours veulent résoudre n'y avoir point du tout de Dieu), première, insigne, formée et universelle, ne peut loger qu'en une ame extrêmement forte et hardie....

Certes ! il semble qu'il faut autant et (peut-être,) plus de force et de roideur d'ame à rebuter et résolument se dépouiller de l'appréhension et créance de Dieu, comme à bien et constamment se tenir ferme à lui.
Des trois Vérités.

Il faut être simple, obéissant et débonnaire, pour être propre à recevoir religion .... Assujétir son jugement et se laisser mener et conduire à l'autorité publique.

C'est un abus de penser trouver aucune raison suffisante et demonstrative assez pour prouver et establir évidemment et necessairement que c'est que déité : de quoi l'on ne se doit pas esbahir ; mais il faudrait s'esbahir s'il s'en trouvait.....

Dieu, déité, éternité, toute puissance, infinité, ce ne sont que mots prononcés en l'air, et rien plus......

Des trois Vérités. 1. 5.

Beaucoup de gens s'élevèrent contre le livre *de la Sagesse*, et le décrièrent comme un séminaire d'impiété !

Le président *Jeannin* dit haut et clair que ce livre n'estait pour le commun et bas estage du monde, ains (mais) qu'il n'appartenait qu'aux plus forts et relevés esprits d'en faire jugement, et qu'il estait vrayement livre d'Estat.

CHATELET, (la marquise du) dans l'*avant-propos de ses Institutions de Physique*, le chapitre II. a pour titre : *de l'Existence de Dieu*. Il renferme ce qu'on a dit de mieux sur cette fameuse question. Il faut lui rapprocher le n°. 86, du chapitre V, désigné par ces mots : *de l'Utilité des abstractions*.

« Notre esprit (dit la savante du Chate-
» let) a le pouvoir de se former par abs-
» traction des êtres imaginaires, qui ne con-
» tiennent que les déterminations que nous
» voulons examiner . . . . etc. ».

N. B. Que pouvait-on dire de plus significatif pour des lecteurs qui savent lire ?

CHAULIEU. Ce poëte épicurien n'avait pas plus de religion qu'Anacréon. Cela nous valut de charmantes poésies, qui survivront à l'*Anti-Lucrèce*, aux deux poëmes de Racine le fils, aux vers sacrés de Lefranc de Pompignan,

pignan, et aux œuvres posthumes du cardinal Bernis.

Dieu n'a jamais été si bien servi par les poëtes, que l'Amour.

Chaulieu chanta le plaisir et l'amitié, sur les genoux de la philosophie.

Alm. des Rép. p. 119.

CHAUSSARD. Vôtre grand Être ressemble bien fort à la nature. — C'est elle-même. Vos prêtres ont menti.

Le nouveau Diable Boiteux, t. *I*, p. 137.

Le génie et la vertu brillent encore sur l'humanité. Voilà la seule providence. *T. II. p.* 55.

CHAUSSIER, professeur d'anatomie à l'école de Santé.

Voyez sa table synoptique de la force vitale.

S'il faut entendre par *Athée* l'homme tolérant qui s'élève au-dessus des préjugés, qui n'est d'aucune secte religieuse, qui n'admet d'autre culte que celui des lois, dont la vie consiste dans l'exercice des vertus sociales, la probité, la philantropie, la recherche du vrai, la perfection de la raison . . . . . . certes! le dictionnaire des Athées comprendra les philosophes de tous les temps, de tous les pays . . . . etc. Jusqu'à présent, ces mots d'*Athée* et d'*athéisme* ne sont réellement que des dénominations vagues, indéfinies, insignifiantes, qui ont servi de prétextes à toutes les sectes, à tous les sots, pour calomnier et persécuter ceux qui ne partagent pas leurs opinions, ceux qui n'encensent pas leurs idoles.

CHERCHEURS. Philosophes anglais, s'occupant sans cesse à *chercher* la véritable religion, et condamnant toutes celles qui sont établies. Ils n'en suivent eux-mêmes aucune, en attendant qu'ils aient trouvé la véritable.

Stoup assure que de son temps il y avait encore de ces philosophes en Angleterre et en Hollande.

Espèce de secte Anglaise, qui, sans avoir pris parti en matière de religion, était toujours en haleine pour trouver la vérité.

Histoire des Trembleurs, Liv. II.

CHEREMON, et les plus savans prêtres de l'Égypte, étaient persuadés, comme Pline, qu'on ne devait admettre rien hors le monde . . . . *Dupuis, Origine des cultes.*

Les Dieux, (dit Cheremon, sage d'Egypte) ne sont que les vertus de la nature, répandues dans tous les corps qui la composent. Porphyr. *ad Janeb. Epist.*

CHEVRIER. L'existence d'un Dieu est le plus enraciné des préjugés, et je crois avoir découvert sa source. La matière a toujours été présente à nos yeux, et nous avons été toujours trop curieux, pour ne pas chercher à la connaître; l'amour-propre souffrait trop à nous ignorer nous-mêmes. Nous nous sommes imaginé un Dieu créateur, principe de toutes choses. Il est bien vrai que nous ne comprenons pas mieux son origine que nous ne comprenons la nôtre. Mais il est plus éloigné de nous; nous ne sommes pas obligés d'être toujours avec lui, comme nous sommes avec nous, et la vanité se sauve par-là.

Nouvelles libertés de penser.

CHILI. (les peuples du) *Chilenses neque Deum norunt, neque illius cultum.... post obitum nihil hominis putant super esse.*

Murgravius, *VIII.*

C'est-à-dire: ils ne reconnaissent ni Dieu, ni culte. Après la mort, il ne reste rien de l'homme.

Dans le recueil des *Costumes civils actuels de tous les peuples connus*, in-4°. 1788, on lit, à l'article des mœurs et coutumes des

Indiens habitans les déserts du Chili, dans l'amérique méridionale :

Quant à la religion, c'est le moindre de leurs soucis. Le présent seul les occupe; ils ne sont pas plus jaloux de savoir d'où ils viennent, que d'apprendre où ils iront. Les causes finales n'excitent pas plus leur curiosité, que leurs origines. Ils existent; cela leur suffit. Le comment ni le pourquoi ne s'est jamais présenté à leur cerveau...

N. B. Beaucoup de gens en Europe pensent à-peu-près de même qu'au Chili, sans en rien dire.

CHINOIS.... Leur religion n'est, après tout, qu'un amas confus d'athéisme, et de politique... *Bossuet, Promesses faites à l'église.*

Plus de la moitié de ce peuple est Athée... *J.-J. Rousseau, Réponse au roi de Pologne.*

Trois sectes partagent la Chine : la troisième, la seule autorisée par les lois de l'État et professée par les savans, ne reconnaît d'autre divinité que la matière ou plutôt la nature.

Deslandes, Hist. de la Philos.

Les Chinois ont aussi leurs spinosistes, dont c'est-là le principe; *omnia sunt unum*;

et ils sont en grand nombre, au rapport même de Trigault.

Tous les missionnaires, si on en excepte les jésuites, ont enseigné que les Chinois étaient Athées; encore y a-t'il plusieurs jésuites qui l'ont écrit.

CHRÉTIENS. (les) Quelques chrétiens, théologiens de leur métier, ont nommé Dieu, *tout*; comme quand ils affirment que l'univers n'est autre chose que Dieu répandu par-tout. *Introd. Hist. univ. t. I.*

Quelques sectes modernes de chrétiens font profession aujourd'hui de croire la matière incréée; dans la supposition des Stoïciens, qu'il n'y a dans l'univers d'autre substance que le corps.

Cudwort. Intell. syst. p. 197.

CHRISTIANISME dévoilé (l'auteur du), levant enfin le masque, a déclaré nettement qu'il ne faut point d'autre religion que les lois civiles et l'autorité du gouvernement.

CHRYSIPPE. On voit clairement que selon ce philosophe stoïcien, Dieu est l'ame du monde, que le monde est l'extension

universelle de cette ame, que Jupiter est la nécessité fatale, et par conséquent, que l'ame de l'homme est une portion de Dieu.
Cicero, de nat. deor.

La seule définition que Chrysippe donne de Dieu, suffit à faire comprendre qu'il ne le distingue point de l'univers. *Bayle.*

Chrysippe reconnaissait le monde pour Dieu. *Dupuis.... Origine des Cultes, in-4°.*

CHRYSOSTOME. (S.) Chrysostome dit, *Homél.* 22, *in epist. ad el.* qu'on ne sait point par la raison si le monde a été créé du néant, et si Dieu n'a point eu de commencement.
Huet, évêque d'Avranches.

CHUN, l'un des premiers empereurs de la Chine.

Ce prince était spinosiste; il fit composer un grand nombre d'hymnes religieux, qui s'adressent au ciel, au soleil, aux astres, enfin, à la nature dans ce qu'elle a de plus brillant.

La mémoire de ce monarque philosophe est en vénération.

CICÉRON. Si l'on ne peut comprendre

que ce qui tombe sous les sens, on ne se formera nulle idée de Dieu...

Tusculan. L. Olivet.

Virtutem nunquam Deo acceptam nemo retulit, nimirum recto.

Jamais personne n'a cru que la vertu vint de Dieu, et on a eu raison.

Cicéron abandonnait à sa femme et à ses enfans le soin de prier Dieu...

V. Epist. Therentiæ et Tulliolæ.

... *Atque illum quidem parentem hujus universitatis invenire difficile ; et quum jam inveneris, indicare in vulgus nefas.*

Timæus, *sive* de universo *fragmentum.* Cap. 2.

C'est-à-dire : il est difficile de trouver le père de l'univers ; et après l'avoir trouvé, il n'est pas permis de le montrer au peuple.

Ceux que l'on appèle Dieux, dit Cicéron, ne sont que les natures des choses.

Cicéron ne pouvait comprendre un être purement spirituel.

Quand on demande : y a-t'il des Dieux ? n'y en a-t'il point ? J'avoue qu'il est dif-

ficile de nier qu'il y en ait, quand on parle en public et devant une assemblée nombreuse. Mais telle question s'agite-t'elle en particulier et avec des philosophes instruits ? rien n'est plus aisé que de le nier.
De nat. Deor. 1.

N. B. Malheureuse nécessité d'une double doctrine ! combien tu as retardé les progrès de la perfectibilité humaine !

Magna stultitia est rerum Deos facere effectores, causas rerum non quærere.
De divinatione. 11.

C'est-à-dire : c'est une grande folie d'aller à la quête des Dieux fabricateurs de toutes choses, au lieu d'en rechercher les véritables causes.

Quelques personnes, et entr'autres Saint Augustin, (*Cité de Dieu. V. ç.*) ont soupçonné que, dans le cœur, Cicéron penchait vers l'athéisme. *Olivet, aux additions de sa trad. de la nat. des Dieux.*

N. B. Consultez tout l'ouvrage *de la Nature des Dieux* de Cicéron. C'est-là qu'on trouve un arsenal où les Athées pourront s'armer de pied en cap. Il semble, dit Isaac Jaquelot, que Cicéron ne l'ait composé que pour affermir l'athéisme sur ses bases.
Robustus

Robustus animus et excelsus omni est liber curâ et angore, cum et mortem contemnit, quâ qui affecti sunt, in eâd. Causâ sunt, quâ ante quam nati. Fin. bon et mal.

C'est-à-dire : un esprit ferme et éclairé est sans inquiétude; il méprise la mort qui remet les hommes au même état où ils étaient avant que de naître.

CLAMCULAIRES. Nom des philosophes qui prétendent que dans les discours publics sur la religion, on ne doit pas s'écarter de la façon de penser commune et ordinaire; et qu'il faut réserver les opinions particulières pour les entretiens privés.

Leur nom vient du mot latin *clam*, qui signifie *en secret*.

N. B. Et voilà comme nous ne parviendrons jamais à la vérité ! Le chapitre des considérations fait bien du tort à l'esprit humain.

CLARKE, (Samuel) Anglais.

Descartes, Pascal, le docteur Clarke lui-même, ont été accusés d'athéisme par les théologiens de leur temps.

Clarke, Mallebranche, et plusieurs autres, ont soutenu que notre intelligence ne pouvait venir que d'un être intelligent lui-même, qui nous l'avait communiquée. Ce principe me semble conduire au spinosisme.

De la Nature, par Robinet, V^e partie.

Vouloir que Dieu ne soit pas même tout ce qu'il y a de plus subtil; insister sur son immatérialité absolue; en faire un esprit pur; c'est l'égaler à rien ; c'est l'assimiler au néant ; c'est nier son existence ; c'est être Athée. *Clarke*, dans ce sens, et tous ceux qui pensent comme lui, sont des Athées.

Philos. de la politique . . . . tom. II p. 2. in-8°. an V, (1797). Par F.-L. Déscherny, comte du Saint-Empire.

CLAVIGNI, (Sainte-Honorine) écrivain catholique.

Moins nous avons de lumières, plus nous montrons de soumission pour la foi.

N. B. On a observé déjà que selon Hésiode, Dieu est fils de la nuit.

CLÉANTHES, disciple de *Zénon.*

Ipsum mundum Deum dicit esse . . . .

Cléanthes admettait le dogme de la divinité de l'univers.

Chrysippe fut l'un des principaux élèves de ce stoïcien, philosophe dans ses actions comme dans ses paroles.

CLITOMACHUS, philosophe académicien; il était d'Afrique.

A Theophilo, lib. III. ad autolycum, iis connumeratus qui varia et periculosa de atheismo intulerunt.

C'est-à-dire : Théophile le range parmi ceux qui ont avancé des opinions d'athéisme . . . .

Clitomaque avait quarante ans, quand il fréquenta l'école de Carnéade. C'est l'âge d'être philosophe.

CLOOTZ, (Anacharsis) neveu du savant *Paw*, qui prenait le titre d'*Orateur du genre humain*, guillotiné en 1794, à Paris.

La religion ne réprime pas les femmes, quoique faibles et crédules . . . .

Les Espagnols, Portugais, Italiens sont dévôts; mais faute de lois et de police, ils assassinent . . . .

Ce n'est pas l'incrédulité qui, dans les croisades, porta les chrétiens aux débauches et aux excès les plus horribles . . . .

Lettres manuscrites à mad. Cheminot.

La religion naturelle, tout comme la

religion révélée, peut être une affaire de géographie . . . . .

Certitude des preuves du mahométisme, tom. 2.

CLOUET le chimiste, fondateur d'un établissement à la Guyane.

CODE DE LA NATURE. (l'auteur du) Ce n'est point le spectacle de l'univers, ni les réflexions sur notre intelligence et la sienne, qui nous mènent à l'idée de quelque chose de divin. *Pag.* 162. *in*-12.

COLLINS, (A.) philosophe Anglais, devenu impie par bonté de caractère, disent ses biographes.

N. B. En effet, il n'y a que les ames sensibles et profondément pénétrées des maux que l'homme endure par sa crédulité, qui puissent prendre chaudement le parti de la raison, dans l'espérance de ramener sur ses pas les vertus naturelles, depuis si long-temps exilées de la terre.

COLUMELLE, (L.-J.-M.) croiait à l'ame du monde, à un esprit de vie; il appelle les grands secrets de la nature, l'union de l'univers avec lui-même, sans faire mention aucune d'un être surnaturel.

Voyez son traité d'Agriculture. Initio.

COMMINGES, de Toulouse, imprimeur à Paris. A son sujet ont été composés les vers suivans, qui se trouvent vers la fin du *Lucrèce français*.

Premier des Arts, si cher à la philosophie !
Sublime invention ! vaste Typographie !
Tu ne devais servir qu'aux seules vérités.
Hélas ! dès ton berceau, les prêtres éhontés,
Au mensonge pieux t'ont donné pour organe.
De sots inquisiteurs déclarèrent prophane,
Condamnèrent au feu de la terre et du ciel,
Le hardi typographe, audacieux mortel,
Propageant la raison par des canaux sans nombre.
Le lévite ombrageux, et le despote sombre,
Pour remuer le monde, en se l'asservissant,
S'emparèrent bientôt de ce levier puissant.

De la pensée humaine, ô vous ! Types mobiles !
Vous êtes devenus des instrumens dociles
Aux ordres de la fraude, aux ordres des tyrans ;
Des coupables erreurs, complices innocens.

Artistes libéraux ! compagnons du génie !
Liguez-vous, fiers enfans de la Typographie !
Jurez de consacrer vos bras industrieux,
Aux méditations du sage studieux,
N'écrivant qu'au flambeau de la seule évidence.
Refusez de donner le jour et l'existence
A l'œuvre ténébreux des imposteurs sacrés.
De la vérité sainte, amans jaloux, jurez

De réduire plutôt vos presses en poussière,
Que de les prophaner, en mettant en lumière
Les sophismes honteux des esclaves gagés.
Jurez guerre éternelle à tous les préjugés.

CONDÉ (le grand) n'avait point de religion. Il dit un jour à un prêtre : « Passez ! » passez, monsieur ; vous êtes un homme » sans conséquence ».

CONDILLAC. Ce grand métaphysicien n'a pu prouver autrement l'existence de Dieu, qu'en le comparant à un horloger, et l'univers à une montre. C'est de cette seule comparaison qu'il tire tous ses argumens. Il s'y attache tellement, qu'il semblerait que, s'il n'y avait pas de montre, l'existence de Dieu ne pourrait être prouvée.

Lablée.

CONDORCET. Voyez sa *lettre à un théologien*, et sa correspondance avec Voltaire.

On assure que la *veuve* de cet infortuné philosophe partage ses sentimens.

CONFUCIUS. On attribue au philosophe Confucius quatre livres qui sont d'une grande autorité parmi les Chinois.

Dans les trois premiers, l'on ne trouve que l'athéisme ; car c'est le ciel qui y tient lieu de la plus haute divinité ; et on n'y promet d'autre bonheur que dans cette vie.

Dictionn. hist. et crit. par l'abbé Baral, 1758, *in-8°*.

. . . . Quelques-uns de vos auteurs (jésuites), disent qu'ils ne sont tombés (les *lettrés* Chinois) dans l'athéisme que pour avoir laissé perdre les belles lumières de leur philosophe *Confucius* : mais d'autres, qui ont étudié les matières avec plus de soin, comme votre père Longobardi, soutiennent que ce philosophe a dit de belles choses touchant le monde, mais qu'à l'égard de Dieu, il a été comme les autres.

Arnaud.

Les ouvrages même de Confucius confirment le sentiment de ceux qui croient qu'il ne connaissait point de Dieu, puisque le suprême Être, selon lui, est le ciel, le ciel matériel.

La Lonbere prouve (*Voyage de Siam, t. I.*) que Confucius n'avait point d'idée de la divinité.

CORBINELLI. (J.) L'on ne savait de quelle religion était Corbinelli ; c'était une religion politique, à la Florentine ; mais il était homme de bonnes mœurs, et de merveilleux jugement. *Thuana*.

On le regardait comme un homme du caractère de ces anciens Romains, pleins de droiture et incapables de la moindre lâcheté. Il eut beaucoup de part à l'estime du chancelier l'Hospital.

CORDILIO, philosophe stoïcien, qui préféra l'estime de Caton d'Utique, aux faveurs de la cour. *Alman. des Rép. p.* 60.

CORNIADE, l'un des amis d'Épicure; épicurien voluptueux.

COSMO-THÉISTES. (les)... Appellons Pline .... un Cosmo-Théiste; c'est-à-dire: qui croit que l'univers est Dieu. De ce sentiment ont été presque tous les grands physiciens.

Poinsinet, note sur le 2e. *liv. c. I, de l'Hist. nat. de Pline.*

COTTA, (C-A.) de la secte des académiciens, et ami de Cicéron.

Cicéron met dans la bouche de *Cotta*, cet argument contre l'existence de Dieu:

Comment pouvons-nous le concevoir, ne
lui

lui pouvant attribuer aucune vertu ? Car, dirons-nous qu'il a de la prudence ? mais la prudence consistant dans le choix des biens et des maux, quel besoin peut avoir Dieu de ce choix, n'étant capable d'aucun mal ? Dirons-nous qu'il a de l'intelligence et de la raison ? mais la raison et l'intelligence nous servent à découvrir ce qui nous est inconnu par ce qui nous est connu ; or, il ne peut y avoir rien d'inconnu à Dieu. La justice ne peut aussi être en Dieu, puisqu'elle ne regarde que la société des hommes ; ni la tempérance, parce qu'il n'a point de voluptés à modérer; ni la force, parce qu'il n'est susceptible ni de douleur, ni de travail, et qu'il n'est exposé à aucun péril. Comment donc pourrait être Dieu, ce qui n'aurait ni vertu, ni intelligence ?

De la nature des Dieux, liv. III.

Equidem arbitror multas esse gentes . . . apud eas nulla suspicio deorum sit.

Cicero, de Nat. Deor.

C'est-à-dire : Je pense bien qu'il existe beaucoup de nations qui ne soupçonnent pas même l'existence des Dieux.

CRABUS. Une affreuse sécheresse désolait la Lydie. Moxus, roi des Lydiens, pour apaiser les Dieux, résolut de détruire la ville de *Crabus*, dont les habitans faisaient profession ouverte de l'athéisme. Ils soutinrent le siège avec beaucoup de courage; la place néanmoins fut prise d'assaut; et on noya dans le lac voisin ceux qui la defendaient.

L'a. Sevin, t. V, p. 252, in-4°. des Mém. de l'Acad. des Inscript.

CRÉMONIN. (César) Crémonin a passé pour un esprit fort, qui ne croiait point l'immortalité de l'ame. *Bayle, Dictionn.*

Il était éloigné de toute religion.
Idem, eod. loco.

Voici l'épitaphe qu'il se choisit lui-même:
CÆSAR CREMONIUS HIC TOTUS JACET.

C'est-à-dire:
César Crémonin gît ici tout entier.

CRITIAS. Il y a un père de l'église (Théophilus) qui a mis Critias, disciple de Socrate, au rang des Athées. Il n'en avait pas les mœurs pures.

Critias prétend que les anciens législateurs voulant empêcher que personne ne fit du tort en cachette à son prochain, feignirent qu'il y a une providence .... et c'est ainsi, concluait-il, qu'un habile homme fit accroire aux autres l'existence d'une divinité.

Sext. Empyricus.

Non ne utilius erat Carthaginensibus jam inde ab initio Critia *vel Diagora ad condendas leges adhibito decernere nullum esse Deum, nullum genium : quam talia sacra facere, qualibus illi saturno operabantur* . . . .

C'est-à-dire : combien encore eût-il été meilleur pour ceux de Carthage, d'avoir eu pour leurs premiers législateurs un Critias et un Diagore, qui ne croiaient ni Dieu, ni esprit, que de faire à Saturne les sacrifices qu'ils lui faisaient.

CRITOLAUS de Phasclide. Selon ce philosophe, Dieu n'était qu'une portion très-subtile d'éther ; l'espèce humaine dattait de toute éternité ; le monde existait de lui-même . . . . etc.

Dogma de sempiternitate mundi decendit.

C'est-à-dire : il soutint la *sempiternité* du monde.

CUBIÈRES (Dorat) serait Athée, dit-il ; mais il nous faut des Dieux, à nous autres poëtes.

N. B. En effet, les Muses ne vivent que de fictions.

CUDWORTH, (Rod.) savant anglais, a proposé contre l'existence de Dieu et de la providence, des objections si fortes, que bien des gens prétendent qu'il n'y a nullement répondu.

Dryden : note du traducteur de Shafisbury, t. I, p. 207, in-8º. 1769.

Les Lexiques peignent Cudworth comme assez incertain dans ses opinions religieuses.

CUJAS. (J.A.) Ce grand jurisconsulte Toulousain, était d'avis que le magistrat ne devait pas se mêler de la religion; *nihil hoc ad edictum prætoris.* Cela ne le regarde pas plus que la couleur des habits qu'on porte. Dieu n'est devenu une puissance dans l'ordre social que par l'importance que ses ministres ont eu l'adresse de lui faire donner.

CUPER, (Fr.) de Roterdam, auteur d'une espèce de justification sous la forme d'une réfutation du systême de Spinosa.

Arcana Atheismi revelata. Roterdam, 1676.

CYC

CYCLOPES, esprits forts de la haute antiquité; métallurgistes qui, semblables à nos minéralogistes, à nos chimistes modernes, croiaient d'autant moins aux Dieux, qu'ils étudiaient davantage les forces vitales de la nature.

CYPRIEN, (S.) évêque africain.

De Deo etiam vera dicere periculosum.

C'est-à-dire : Il y a des inconvéniens à dire la vérité touchant un Dieu.

N. B. Tous ces savans timorés n'ont pas avancé la science.

S'il est avec le ciel des accommodemens,
Molière, Tartuffe,
on ne devrait pas s'en permettre aux dépens de la raison.

CYRANO, (Sav.) répandit dans son Agrippine (tragédie,) quelques impiétés qui la firent interdire.

En voici un échantillon.

AGRIPPINE.
D'un si triste spectacle, es-tu donc à l'épreuve ?
SEJANUS.
Cela n'est que la mort, et n'a rien qui m'émeuve.
AGRIPPINE.
Et cette incertitude où mène le trépas !

SÉJANUS.

Étais-je malheureux, lorsque je n'étais pas ?
Une heure après la mort, notre ame évanouie,
Sera ce qu'elle était une heure avant la vie. etc.

Ce poëte se montra sectateur d'Épicure.

CYROPHANÈS .... Les Dieux sont nés de la première statue faite à la ressemblance d'un homme. Cyrophanès, le premier des statuaires Égyptiens, peut passer pour le fondateur du premier culte.
Fulgentii Mythologia.

Et Cyrophanès était loin de croire à des Dieux, son ouvrage.

CYRUS, (le grand roi de Perse).

Voici quelques-unes des dernières paroles qu'il proféra, en mourant :

« .... Pour mon corps, mes enfans,
» lorsqu'il sera privé de la vie, rendez-le
» promptement à la terre .... conviez
» tous les peuples et mes alliés, de venir
» autour de ma tombe, pour se réjouir
» avec moi, de ce que désormais je serai
» en état de ne plus rien craindre, que je
» m'en aille avec les Dieux, ou que je sois
» réduit au néant ». *Cyropédie*, *L. dernier.*

N. B. Cyrus et César étaient matérialistes . . .

DAHRIENS, ou *éternalistes* ; nom de quelques savans mahométans qui professent l'opinion de l'éternité du monde.

Ils passent en même-temps pour incrédules et Athées. *d'Herbelot*, *Bibl. or.*

DAME *Nature à la barre de l'Assemblée nationale*, (l'auteur de) 1791, in-8°.

On a mêlé la religion à la morale, comme on jette des épices dans les viandes d'un homme qui a le palais blâsé. *Page* 21.

La piété filiale est la seule religion qui convienne aux hommes. Une divinité invisible, et composée d'abstractions, ne laisse aucune prise à des êtres matériels. La religion est un alliage funeste aux bonnes mœurs. *Page* 22.

DAMILAVILLE. Dans son *Mercure Britannique*, n°. XIV, vol. II. p. 358, in-8°. (mars 1799), Mallet Dupan donne pour auteurs au *Système de la Nature*, Diderot et *Damilaville*.

DAMIS. Les anciens mettent encore au nombre des Athées *Damis*, *Diogène le phrygien*, *Hypon*, *Sosias*, etc., dont on ne sait presque rien, sinon qu'ils n'ont point connu de Dieu.

DANTON: au tribunal Révolutionnaire, on lui demande sa demeure?

« Bientôt *dans le néant*, et mon nom au panthéon de l'histoire ».

DARTIGNY. L'astronomie cultivée dès les premiers siècles, par les philosophes de Chaldée et d'Égypte, est la véritable source des *superstitions*.

Nouv. Mémoires, tom. I, in-12.

E R R A T A.

Dans les livres imprimés sous le règne des censeurs de police, par-tout où se trouve le mot *superstition*, lisez *religion*.

DAVID, de Dinant, élève *d'Amaulri*.

Jordan-Brun montre dans un de ses dialogues, que David de Dinant avait raison de considérer la matière comme Dieu.

Asseruit Deum esse materiam primam.

Au commencement du XIIIe. siècle, David de Dinant ne mettait nulle distinction entre Dieu et la matière première.

DAVISSON, anglais. L'on est incertain si

si l'on doit plus admirer l'aveuglement des peuples, ou la hardiesse de ceux qui les trompent.

A true picture of popery.

Tableau fidèle des Papes. *Initio.*

DEBRAS, (Charles) Bourgueville, de Caen.

..... D'aucuns philosophes anciens n'ont eu connaissance de Dieu ..... et ils ont tant vertueusement vescu ....

Proëme de l'Athéomachie, in-4°. 1564.

Atheos est un terme Grec, lequel terme en français vaut autant à dire comme *dénie Dieu. Idem.*

DÉISTES. (les) Le *déisme* n'est que l'athéisme déguisé, a dit quelqu'un.

DELACROIX (Louis-Etienne) ... Où le sieur Collet, (docteur et professeur en théologie) a-t'il vu que la connaissance de Dieu fut naturelle ? ...

Pourquoi tant d'Athées, de matérialistes, si la connaissance de Dieu est naturelle, est propre à l'homme ?

La Vérité rétablie, 1778, *in-*12 *p.* 121, 122.

Il y aurait bien moins d'Athées, s'il n'y avait point de philosophes. *Idem*, p. 217.

Dieu est la végétation, la gravitation, le poids qui fait tomber la pierre..... (*Voyez* Batteux). Dieu se charge en nous des fonctions animales; de sorte que c'est lui qui digère, et non l'estomac.... Il est cette ame animale admise en nous par les Grecs. *Idem*, p. 195.

DELAULNAYE. Si l'homme fut toujours demeuré dans l'état de simple nature, il est plus que probable que jamais il n'eût conçu l'idée de la divinité.

Discours prélim. de l'Histoire des Religions, p. 4. in-8°.

DELEYRE, mort en 1797. Homme de lettres, ami de J.-J. Rousseau, et député à la Convention nationale : il publia *l'Analyse de Bacon*..... etc.

DÉMOCRITE. Le système de Démocrite était composé de l'ancienne philosophie des atomistes, et de la pensée où il était qu'il n'y a dans le monde que des corps. Cette manière de philosopher est un pur athéisme.
Naigeon.

Il soutenait qu'il n'y a rien de réel que les atômes, et que tout le reste ne consiste qu'en opinion.

Il n'était rien moins qu'orthodoxe, touchant la nature divine.

Il pensait, suivant Lucien, que l'ame meurt avec le corps.

Démocrite est suspect d'athéisme aux payens mêmes. *Olivet.*

Les pas que Démocrite, et les autres antagonistes de la providence, faisaient dans l'investigation des effets de la nature, étaient plus rapides et plus fermes, par la raison même qu'en bannissant de l'univers toute cause intelligente, et qu'en ne rapportant les phénomènes qu'à des causes mécaniques, leur philosophie n'en pouvait devenir que plus rationelle . . . . *Multo solidior fuisse, et altius in naturam penetrasse.* Bacon. Augm. Scient. III. 4.

Il s'est trouvé aussi des Athées de système chez les philosophes. Démocrite est mis dans ce rang par l'épicurien Veilleius.

Il admettait bien le nom de Dieu ; mais c'était pour en rejetter la réalité. Il donnait ce nom aux images des objets, et à l'acte par lequel notre entendement les connaît.

J'ose bien dire (s'écrie Bayle à ce sujet) que cette erreur ne sera jamais celle d'un petit esprit, et qu'il n'y a que de grands génies qui soient capables de les produire.

N. B. Il eut les honneurs des funérailles publiques, et d'une statue; ce qui est assez rare dans l'histoire des Athées, pour être remarqué.

DENARE, de Cavantous, médecin à Vierson, et Athée, disait à Orléans, où il séjournait en 1770 :

« Le saut d'une puce cause un ébranlement » dans tout l'univers »

Ce philosophe périgourdin naquit vers l'an 1730.

DENIS d'Halicarnasse ne paraît pas très-persuadé de l'immortalité de l'ame. Quand il en parle, il ajoute : *comme quelques-uns le disent.* Antiq. Rom. *Lib. VIII.*

DENIS, d'abord membre de l'aréopage, puis évêque d'Athènes :

« Dieu est tous les êtres, et pas un des » êtres ».

Spinosa eût avoué cette opinion.

DESBARREAUX, (Jacques Vallée)

conseiller au parlement de Paris, où il naquit l'an 1602, mort en 1674.

Il passait pour un homme sans religion. Ce fut les liaisons de Desbarreaux avec le poëte *Théophile* qui le rendirent impie.

Voici son épitaphe :

> Ci-dessous gît le fameux Desbarreaux,
>   Patriarche des indévôts ;
> Et qui, mourant pieux comme un apôtre,
>   Croiait en Dieu tout comme un autre.
> *De Laplace.*

On me vient de dire que Desbarreaux est mort, belle ame devant Dieu, s'il y croiait ! au moins, il parlait bien comme un homme qui n'avait guère de foi pour les affaires de l'autre monde.... Sa conversation était bien dangereuse.... Desbarreaux a vécu de la secte de Crémonin ; point de soin de leur ame. *Lettres de Guy-Patin.*

Desbarreaux était un honnête homme, homme d'honneur, il avait un bon fond d'ame et de cœur ; il était officieux, charitable....

Desbarreaux prétendait qu'il n'y avait rien de si difficile à un homme d'esprit que de croire. *Bayle.*

N. B. Aussi, on ne nous recommandait rien tant que le sacrifice de notre raison ; d'où est venu sans doute ce mot :

Croire est une courtoisie. Proverbe.

C'est l'*obsequium fidei* des théologiens.

DESCARTES, (René) philosophe Tourangeau, a fait croire que la religion ne le persuadait pas. *Saint-Évremont.*

Descartes estimait qu'un particulier ne devait jamais entrer en dispute contre les Athées, s'il n'était assuré de les convaincre.
Baillet. *Vie de Descartes.*

Pour ce qui est de l'état de l'ame après cette vie, j'en ai bien moins de connaissance que M. Digby... Je confesse que par la seule raison naturelle, nous pouvons bien faire beaucoup de conjectures à notre avantage, et avoir de flatteuses espérances; mais non point aucune assurance.

Lettre de Descartes à la princesse Elisabeth.

Je dis hardiment qu'il est très-aisé à quiconque suit entièrement le système de Descartes, de devenir spinosiste....
Philosophie du bon sens, tom. *I*.

Lorsque Spinosa se fut tourné vers les

études philosophiques, il se dégoûta bientôt des systêmes ordinaires, et trouva merveilleusement son compte dans celui de Descartes.

« Dieu n'est que l'être; l'être de tout ce » qui a l'être ; l'être de tout ce dont on » peut dire : *cela est*.... en physique, » mathématique, morale...

» Dieu, c'est l'être.
» L'être, c'est Dieu ».
» L'Être est son nom essentiel ».

D'après ces propositions, certes! Hardouin a raison; Descartes est Athée, si les spinosistes le sont.

Hardouin appèle les principes de Descartes, *la philosophie des Athées*.

DESCOUTURES, (le baron) traducteur de Lucrèce ; il pensait comme ce philosophe sur la plupart des premiers principes des choses.

Il croiait la matière éternelle, à l'exemple de tous les anciens.

Voltaire, siècle de Louis XIV.

DESHOULIÈRES N. Hainaut, poëte et Athée, a montré à madame Deshoulières tout ce qu'il savait. On prétend qu'il y

paraît dans les ouvrages de cette dame;
par exemple:

Nous irons reporter la vie infortunée,
   Que le hasard nous a donnée,
Dans le sein du néant d'où nous sommes sortis.

Bayle.

DESIVETEAUX, (N. Vauquelin) poëte français, épicurien de principes et de mœurs. Il mourut au son de la musique, disent les uns; au sein de la religion, disent les autres. Mais alors, il était nonagénaire.

DESLANDES, (A.-Fr.-B.) né à Pondicheri, bon philosophe et bon citoyen.

D. D. H. G.

Il mourut en incrédule, comme il avait vécu, sans se démentir.

Lorsque c'est la religion qui fait haïr, il n'y a point de haine plus forte, ni plus injurieuse. *Hist. de la philos. t. II*, p. 226.

Plusieurs philosophes anciens ont préféré l'athéisme à la superstition. *tom. IV.*

C'est ordinairement à force d'étudier sa religion, qu'on se trouve engagé à ne rien croire.

N. B. C'est pourquoi les théologiens bien avisés ont

ont introduit sur leurs bancs la trop fameuse formule de l'école pythagorique :

Jurare in verba magistri.
Le maître l'a dit : *magister dixit.*

DEVOIRS. (l'auteur des) Presque tout le monde est Athée de fait, les trois quarts de sa vie ; et j'avoue que le moindre mal aux dents m'est infiniment plus sensible que la présence de Dieu.

Page 313 de l'ouvrage imprimé à Milan, en 1780, in-8°. au monastère impérial de Saint-Ambroise.

DIAGORAS,
EVHEMERE,
HIPPON,
NICANOR,
THÉODORE,

Philosophes dont la vertu a paru si admirable à Saint Clément d'Alexandrie, qu'il a voulu en décorer la religion et en faire autant de théistes, quoique l'antiquité les reconnaisse pour des *Athées* décidés.

DIAGORAS, l'un des plus francs et des plus déterminés Athées du monde, n'usa point d'équivoques ni d'aucun patelinage, et nia tout court qu'il y eut des Dieux. Il donna des lois aux Mantinéens, aussi justes que celles de Solon et de Lycurgue. *Bayle* . . .

Les Athéniens firent promettre, à son de trompe, un talent à celui qui tuerait Diagoras, et deux talens à celui qui l'amenerait vivant. Ce décret fut gravé sur une colonne de bronze. Athènes persuada à toutes les villes du Péloponèse d'en faire autant.

Diagoras devint Athée, dit le Scholiaste d'Aristophane, parce que les Athéniens avaient subjugué sa patrie.

Diagoras l'atheiste par excellence, se moquait publiquement des Dieux, et dogmatisait qu'il n'y avait point de divinité au monde autre que la bonne nature . . . . . On a voulu soutenir que cet athéiste avait fort bon esprit, et que d'introduire l'athéisme n'est pas marque de bestise . . .

Garasse.

DIAGORE alla plus loin que Protagore; il ne douta pas simplement s'il y avait des Dieux, il nia positivement leur existence. Il fit un livre, dans lequel il rendit raison de ses sentimens.

Diagoras fut un impie. Il ne renferma

point sa façon de penser, malgré les dangers auxquels il s'exposait en la laissant transpirer. Le gouvernement mit sa tête à prix...

Notre Athée donna de bonnes lois à la ville de Mantinée, et mourut tranquillement à Corinthe. *Diderot.*

DICÉARQUE, géographe et philosophe Sicilien, élève d'Aristote.

Cicéron et son bon ami Atticus Pomponius en faisaient grand cas ; et même leur estime s'étendait jusque sur l'ouvrage où il combattait l'immortalité de l'ame. Selon Dicéarque, l'ame n'est point distincte du corps ; ce n'est qu'une vertu également répandue sur toutes les choses vivantes, et qui ne fait qu'un seul et simple être avec les corps qu'on nomme vivans....

Il croiait que l'ame était l'harmonie des quatre élémens.

Selon ce sage de Messine, le genre humain n'a point commencé, et l'ame périt avec le corps.

Il tenait pour maxime qu'on doit faire ensorte d'être aimé de tout le monde ; mais qu'il ne faut lier une amitié très-étroite qu'avec les honnêtes gens.

DIDEROT était *Athée*, et même un Athée très-ferme et très-réfléchi. Il était arrivé à ce résultat d'une bonne méthode d'investigation par toutes les voies qui conduisent le plus directement et le plus sûrement à la vérité; c'est-à-dire, par la méditation, l'expérience, l'observation et le calcul. *Naigeon.*

Dans le livre du *Système de la Nature*, par d'Holback, 1770, il y a un bel article de Diderot. *Note manusc. de Lalande.*

Celui qui ne croit pas en Dieu, n'en est que plus obligé d'être honnête homme et bon citoyen. *Entretien sur le Fils naturel.*

Pour être convaincu qu'il y a du profit à être vertueux, il n'est point nécessaire de croire en Dieu.
Essai sur le Mérite et sur la Vertu, p. 118.

Les lumières de la conscience peuvent subsister dans l'esprit de l'homme, après même que les idées de l'existence de Dieu en ont été effacées.

La morale peut être sans la religion.

La pensée qu'il n'y a point de Dieu n'a jamais effrayé personne. *Pensées.*

Qu'est-ce que Dieu ?

Question qu'on fait aux enfans, et à laquelle les philosophes ont bien de la peine à répondre. *Idem.*

Les doutes en matière de religion, loin d'être des actes d'impiété, doivent être regardés comme de bonnes œuvres. *Idem.*

DIEU. Il est difficile de démontrer, par les seules lumières de la raison, l'existence de Dieu. *Pyrrhonisme du sage.*

Non est philosophi recurrere ad Deum.
       Axiome latin.

Les prêtres eux-mêmes sentent l'insuffisance de la divinité qu'ils mettent en jeu, en plaçant dans la bouche de leur Dieu ce proverbe : *Aide-toi, et je t'aiderai.*

Pensées libres sur les prêtres, p. 33.

Quand quelqu'un veut exprimer une action mal faite ou faite avec tiédeur, il dit: — *comme pour l'amour de Dieu.* —

D'après ce proverbe, aura-t-on bonne grâce de dire que le peuple est né religieux; que pour le contenir, il faut l'idée d'un Dieu qu'il craigne et qu'il aime? De quel frein peut servir au peuple la divinité sur le compte de laquelle il se permet de penser et d'agir ainsi ? *Pensées libres sur les Prêtres.*

La plus grande atteinte qu'on ait pu porter à la liberté naturelle des hommes, a été de supposer un Dieu . . . . etc.

Entre les partisans d'une première cause, il en est peu qui soient d'accord sur sa nature et sur ses attributs. Et cette diversité n'est pas une faible présomption de la vanité de leur hypothèse.

Dialogues sur l'ame, par les interlocuteurs de ce temps-là, 1771. *p.* 146 *et* 150.

Il est bien plus aisé de faire un Dieu qu'un code.
Sylvain, Lucrèce français.

Quel fut le téméraire ou l'insensé qui le premier osa faire un Dieu à la ressemblance de l'homme ? Cette conception hardie coûta cher à l'espèce, et eut les plus fatales conséquences. De cette époque, naquit la superstition, et le despotisme qui en est la suite.

Préface des Fragmens d'un poëme sur Dieu, ou du Lucrèce français.

LIVRE A FAIRE:

Histoire philosophique et politique de Dieu....
Ce livre est sur le métier.

DIODORE, de Sicile, qui commence son ouvrage (*Biblioth. Univ.*) par le dénombrement de tout ce qui se disait alors de plus raisonnable touchant l'origine de l'univers, ne dit pas un mot de la divinité, et ne fait pas même mention d'un auteur intelligent.

Hume, Histoire naturelle de la religion.

La religion est une supercherie employée par tous les législateurs, chez tous les peuples du monde. *Bibl. hist. L. IX. IV.*

DIOGÈNE, d'Apollonie. Il résulte de son système de philosophie, qu'il ne différait presque point du spinosisme. *Bayle.*

Ce philosophe Crétois prit des leçons d'Anaximènes.

DIOGÈNE, le Babylonien, rapportait toute la Mythologie à la nature ou à la Physiologie. *Dupuis* . . . . *Orig. des cultes.*

<small>N. B. Il n'était pas philosophe, seulement dans ses opinions.</small>

DIOGÈNE, le Cynique, disait :

Cuncta plena Deo sunt: tout est plein de

Dieu. Ces trois mots renferment tout le système des *spinosistes*.

Le principe, dit Bayle, par où il prouvait que tout appartient aux sages, ne m'empêcherait pas de croire qu'il ne fût Athée.

« Tout appartient aux Dieux ».

« Or, les sages sont les amis des Dieux, et tou-
» tes choses sont communes entre les amis »;
» Donc tout appartient aux sages ».

Dans la bouche d'un moqueur tel que Diogène, ce raisonnement ne garantit pas sa religion.

Remarquez bien que cet homme dont la foi à l'égard de l'existence de Dieu est, en effet, très-incertaine, n'a pas laissé de donner de très-excellens préceptes de morale.

Sénèque l'appele *virum ingentis animi*.

Diogenes, Cynicus dicere solebat Harpagum qui temporibus illis prædo felix habebatur, contra Deos testimonium dicere, quod in illâ fortunâ tam diu viveret . . . .

Improborum igitur prosperitates redarguunt, ut Diogenes dicebat, vim omnem deorum et potestatem. Cicero.

C'est-à-dire: la longue prospérité d'Harpagus, le brigand, porte témoignage contre l'existence de Dieu.

DISSERTATIONS

DISSERTATIONS mêlées, (l'auteur des) Amsterdam, 1740, *in*-12.

Le nombre des philosophes qui ont eu recours à un être véritablement intelligent pour la formation du monde, est très-peu considérable. *T. I. p.* 44 . . . .

DIVINITÉ. (la) En dernière analyse, tous les noms de la divinité reviennent à celui d'un objet matériel quelconque . . . .

Volney, les Ruines, note 81.

DOLET, (Etienne) né d'Orléans, brûlé à Paris, place Maubert, le trois Août 1546, fête de Saint-Etienne, son jour natal.

Calvin et Prateolus, parlant des Athées : associent e. Dolet à *Diagoras, Evemerus, Théodoret, Agrippa, Villeneuve.*

Dans la poëtique de Scaliger, on voit Dolet puni du dernier supplice, non pas pour ce qu'on appellait luthéranisme, mais pour athéisme.

DRUIDES, (les) dans la forêt des Carnutes, aujourd'hui Chartres, ne reconnaissaient qu'une divinité, *la Vierge qui enfante*; et c'est ainsi qu'ils désignaient la nature.

N. B. Les prêtres catholiques ne se doutent

peut-être pas qu'ils ne sont que les échos des prêtres Gaulois, leurs devanciers ; *l'eucharistie* semble être la fille perdue de la doctrine secrette des Druides. Ce pain consacré, qui est Dieu, et les miettes de ce pain rompu entre les doigts du célébrant, qui sont autant de Dieux, n'offrent-ils pas l'hyéroglyphe de la nature, divinité suprème des Druides, et des élémens, Dieux subalternes de la nation Gauloise, et fractions du grand Tout divinisé . . .

DUCHOSAL, poëte et littérateur français.

DUDOYER de Gatel, auteur dramatique ; Athée avec ses amis, pyrrhonien en public.

DUHAMEL, (J.-B.) de Vire, en Normandie, secrétaire de l'Académie des sciences en 1666. Ce savant, (qu'on appellait le saint prêtre), professait le doute philosophique ; c'est une espèce d'athéisme. Le sage Duhamel posait toutes les questions sur l'ame humaine, sur les passions, et se faisait comme un devoir de rester flottant au milieu des opinions diverses . . . .

DUJON, (Franç.) professeur en théologie à Leyde, fut pleinement Athée.
Bayle.

Il comparait la religion à une p....n.

Lui et son fils méritèrent l'estime universelle pour la pureté de leurs mœurs, leur amour du travail, et leur érudition.

DUMARSAIS, philosophe français, l'un de ceux qui, depuis cinquante ans, travaillaient dans le silence à émanciper l'esprit humain.

Toutes les opinions religieuses et politiques des hommes, ne sont que des préjugés. *Essai sur les préjugés.*

La morale est fondée sur l'intérêt du genre humain; fondez-la sur la religion, vous la rendez vague, incertaine et flottante. *Idem.*

En matière de religion, les hommes n'ont jamais raisonné. *Idem.*

DUMAS, l'Ingénieur-hydraulique.

DUMAS, (L.) grammairien et philosophe de Nîmes; il était l'ami de Boindin.

DUMOULIN. (Pierre) .... Je n'estime que toutes les raisons que nous avons alléguées puissent prouver que cette énonciation:

Il y a un Dieu,

soit du nombre de celles qui sont connues de leur nature....

Le tout est plus grand que ses parties.

Il n'y a personne qui se puisse jamais persuader le contraire. Or, l'énonciation,

Il y a un Dieu,

n'est point de cette nature. Car il s'y en est trouvés qui, entendant la signification des mots, ont nié qu'il y eût un Dieu.

Traduit par Drelincourt.

DUPERRON. (le cardinal) Au dîner du roi, Duperron fit un brave discours contre les athéistes, et comme il y avait un Dieu, et le prouva par plusieurs belles raisons... Duperron, s'oubliant, va dire au roi:

« Sire, j'ai prouvé aujourd'hui, pour
» bonnes raisons, qu'il y avait un Dieu;
» demain, s'il plaît à votre majesté, je
» prouverai, par raisons meilleures, et vous
» montrerai qu'il n'y a point *du tout* de
» Dieu ».

Le cardinal Duperron était le plus ardent et le plus incrédule des convertisseurs.

Agrippa, Théodore d'Aubigné.

N. B. Il était d'usage dans les écoles de souffler

ainsi le froid et le chaud, pour exercer l'entendement. Il arrivait de-là qu'en quittant les bancs, on était devenu ergoteur et pointilleux. Mais les têtes saines y trouvaient l'avantage de reconnaître la vanité des opinions religieuses, et la nécessité de s'en tenir aux seules vérités de fait. On n'a jamais argumenté pour ou contre les quatre règles de l'arithmétique.

DUPLESSIS, (Lucile) l'épouse infortunée de l'infortuné Camille-Desmoulins, disait souvent : « Je ne conçois pas que mon » mari, homme d'esprit, ait la sottise de » croire en Dieu . . . . . ».

Note communiquée par P...d.

N. B. On a prétendu qu'il fallait de bonne heure parler d'un Dieu aux enfans ; que les idées religieuses sont la pierre angulaire d'une bonne éducation, comme de toute autre institution humaine. L'intéressante femme dont le nom se trouve ici, fut élevée loin de tout culte ; elle assistait quelquefois au service divin, comme à un spectacle populaire, sans y prendre d'autre part que celle de la curiosité. Tous les devoirs, toutes les vertus domestiques étaient pratiqués par elle, sans contrainte, sans efforts ; c'était l'ouvrage de sa mère. Dieu n'y fut pour rien.

DUPONT, (Jacob) des Jumeaux, mathématicien.

Le 14 Décembre 1792, à la tribune de la Convention nationale de France, il s'est déclaré Athée. Voici l'extrait de son discours, d'autant plus remarquable, que depuis César et Cicéron, tous deux matérialistes en plein sénat, personne n'avait osé en faire une profession de foi plus solennelle.

Copie tirée du Moniteur, 1792, n°. 351.

. . . . Le grand livre de la nature, ouvert à tous les yeux, et où tous les yeux peuvent et doivent lire leur religion . . . . Quoi ! les trônes sont renversés, et les autels restent debout encore ! (*murmure subit de quelques membres. L'abbé Ichon demande que l'opinant soit rappelé à l'ordre*). Des tyrans outragent la nature, brûlent sur les autels des Dieux un encens impie ! (*Mêmes rumeurs ; la grande majorité de l'assemblée les couvre par des applaudissemens*) . . . . Croyez-vous donc, citoyens législateurs, fonder et consolider la république avec des autels autres que ceux de la patrie ? (*De nombreux applaudissemens s'élèvent dans toute l'assemblée et dans les tribunes. Quelques membres s'agitent avec violence. On demande que les évêques qui interrompent soient rap-*

pelés à l'ordre. — *Vous nous prêchez la guerre civile*, s'écrie l'abbé Audrein. J. Dupont veut continuer. Mêmes interruptions de la part d'un petit nombre de membres. Ducos : *je demande que la liberté des opinions soit prohibée, attendu qu'elle pourrait être extrêmement funeste à certaines personnes*). J. Dupont : la nature et la raison, voilà les Dieux de l'homme ; voilà mes Dieux. L'abbé Audrein : — *on n'y tient plus* — Il sort brusquement de la salle. On rit. Admirez la nature, cultivez la raison ; et vous, législateurs ! si vous voulez que le peuple Français soit heureux, hâtez-vous de faire enseigner ces principes dans vos écoles primaires . . . . Il est plaisant de voir préconiser une religion dans laquelle on enseigne qu'il vaut mieux obéir à Dieu qu'aux hommes . . . . Les prêtres sont d'autres tyrans qui étendent leur domination à une autre vie, dont ils n'ont pas plus d'idée que des peines éternelles auxquelles des hommes ont la trop grande bonté d'ajouter quelque croyance. (*Applaudissemens*). En vain Danton nous disait-il piteusement, il y a quelque jours, à ce sujet, que le peuple avait besoin d'un prêtre pour rendre le dernier soupir. Eh bien ! pour détromper le peuple, je lui dirois : Danton veut vous laisser asservi à la volonté de ce prêtre qui vous trompe et qui ne trompe pas Danton. Et pour vous prouver que ce prêtre n'est pas toujours nécessaire à la dernière heure, contre l'avis de Danton, je lui montrerai Condorcet fermant les yeux à d'Alembert. (*Mêmes applaudissemens*)..... Je l'avourai de bonne foi à la Convention, je suis Athée. (*Il se fait une rumeur subite; les exclamations de plusieurs membres prolongent le tumulte. — Peu nous importe, s'écrie un grand nombre d'autres. Vous êtes honnête homme*) — J. Dupont : mais je défie un seul individu parmi les vingt-cinq millions qui couvrent la surface de la France, de me faire un reproche fondé. Je ne sais si les chrétiens pourraient se présenter à la face de la nation avec la même confiance, et oseraient faire le même défi. (*On applaudit*). .... Avec quel plaisir je me représente nos philosophes, qui ont tant rendu de services à l'humanité, à la révolution, et qui en rendront tant encore à la république, malgré la calomnie ! avec quel plaisir je me représente, dis-je, nos philosophes, dont

les

les noms sont connus dans toute l'Europe, Pétion, Sieyes, Condorcet et autres, entourés dans le panthéon, comme les philosophes Grecs à Athènes, d'une foule de disciples venus des différentes parties de l'Europe, se promenant à la manière des Péripatéticiens, et enseignant, celui-là, le systême du monde, développant ensuite les progrès de toutes les connaissances humaines ; celui-ci, perfectionnant le système social . . . (*De nombreux applaudissemens s'élèvent dans l'assemblée presqu'entière et dans les tribunes.* etc.).

Depuis, J. Dupont donna, sur les places publiques, des leçons de morale et d'athéisme.

N. B. Il n'en résulta aucun désordre. Ce fait répond à bien des calomnies.

DUPUIS, de l'Institut national, professeur au collège de France, et auteur de l'*Origine des cultes*, III vol. in-4°.

Dans l'*Abrégé* de cet ouvrage, I vol. in-8°. 1798, ce philosophe savant établit, p. 417, que la religion est inutile et même dangereuse.

Dupuis parait Athée. Il dit, p. 385 de son *Abrégé de l'origine des cultes*,

La chimère d'un Dieu.

Note de Lalande.

Dans le grand ouvrage, on lit :

Il est certain que tout le cérémonial religieux des anciens était fondé sur les phénomènes de la nature. *Tom. I.*

N. B. Cela devait être ainsi, les anciens n'ayant d'autre divinité qu'elle.

Ce sont les femmes, les enfans, les vieillards et les malades, c'est-à-dire, les êtres les plus faibles qui sont les plus religieux, parce que chez eux la raison décroit en proportion de l'affaiblissement du corps.

Le culte ne peut jamais être qu'une invention moderne dans l'éternité.

La religion, telle qu'elle a presque toujours existé, est incontestablement le plus grand fléau qui ait affligé les hommes.

Note qqqq, tom. I. Orig. des cultes.

N. B. Le nombre des livres augmente dans une progression effrayante. Dans peu, il faudra nécessairement y porter le flambeau de la critique. On commencera sans doute par les monstreuses biblio-

thèques de la théologie. L'*Origine des cultes* dédommagera amplement de ce sacrifice. Cet ouvrage renferme tout ce qu'il importe de savoir sur Dieu, et sur les religions, filles verbeuses d'un père muet.

DUVERNET. (J.) Pourquoi cette longue querelle entre les philosophes et les théologiens ? Le voici :

Les sages, les hommes instruits de tous les pays, ont dit à tous les théologiens du monde : parlez clairement, parlez raisonnablement ; et nous vous croirons.

Il ne s'agit pas ici de raison, ont toujours répondu les théologiens.

Note, Histoire de la Sorbonne, t. II.

N. B. Pouvaient-ils répondre autre chose ? Qu'ont de commun, en effet, la raison, le bon sens, avec un Dieu incompréhensible à ceux-là mêmes qui se consacrent à l'étude des choses divines ?

Il faut être Athée, ou Sorbonniste.

EBUMOSTEM. Ce personnage célèbre qui parvint à transférer le kalifat, de la famille des Ommiyach à celle des Abbás, passe pour avoir cru que toutes choses finissent par retourner dans un principe commun, ou Dieu. Opinion que les anciens Arabes appellent la métempsycose de la résolution, et que nous qualifions de pur matérialisme.

N. B. Nous croyons avoir déjà remarqué que les Arabes sédentaires, peuple éclairé depuis long-temps, ont professé la plus haute philosophie. C'est de l'Orient que nous vient la lumière.

ECBATANE, (les mages d') ville de Perse. Ils ne reconnaissaient point d'être supérieur à la lumière.

Foucher, Mém. de l'Ac. des Inscript.

Ils faisaient profession de ne voir, de n'admirer dans la nature que la nature.

N. B. Ils avaient une moralité aussi pure que leur doctrine. C'étaient de véritables sages.

ECEBOLE, l'un des instituteurs de l'empereur Julien. Indifférent sur le chapitre des religions, pour vivre tranquille, il se rangea toujours du côté de la dominante; c'est n'en avoir aucune. Cette sorte d'athéisme a toujours compté beaucoup de partisans. On craint plus les hommes que Dieu. Beaucoup d'honnêtes gens aiment à reposer la tête sur leur oreiller, sans avoir l'appréhension d'en être arrachés par des fanatiques. C'est ce qui empêcha toujours une foule de bons Athées de se déclarer.

N. B. Nous l'avons éprouvé dans la rédaction de cette honorable nomenclature.

EFENDI, (Mahomet) turc Athée, exécuté à Constantinople, dit en mourant, « qu'encore qu'il n'eut aucune récompense » à attendre, l'amour de la vérité l'obligeait à souffrir le trépas pour la soutenir ».

L'athéisme a eu aussi ses martyrs, dit le chancelier Bacon.

EGNATIUS, (J.-B.) savant littérateur Vénitien du XVIe. siècle.

Peu de temps après son trépas, arrivé à l'âge de quatre-vingt ans, on publia une lettre où on l'accuse de n'avoir eu nulle religion, ni pendant sa vie, ni à l'heure de sa mort.

Il avait reçu des leçons d'A. Politien.

N. B. Ils sont deux fois sages ceux-là qui se conduisent de manière à ne craindre la persécution qu'autour de leur tombeau : mais ils ne sont sages que pour eux.

ÉGYPTIENS. (les) Jablonski, à l'article du *Phtha*, dépeint les Égyptiens comme Athées, dont le système ressemblait tellement à celui de Spinosa, qu'il n'est pas possible, dit-il, de s'y tromper, pour peu qu'on ait de pénétration.

Ægyptiorum scandalosus est atheismus potius, quam theologia.

Eusebius Præpar. évang.

Olent spinosismum. Reimmannus.

Les Égyptiens ne remontaient pas au-delà du monde visible, dans la recherche des causes. *Cheremon.*

N. B. Est-ce pour cela qu'ils ont été qualifiés de sages ?

La philosophie Égyptienne suppose que l'homme et les autres animaux avaient toujours été avec le monde ; qu'ils étaient un de ses effets, éternels comme lui.

Euseb. præpar. évang. l. 7.

Les Égyptiens ont deux théologies, l'*ésotérique*, ou secrette, et l'*exotérique*, ou externe : la première consistait à n'admettre d'autre Dieu que l'univers, d'autres principes des êtres que la matière et le mouvement.

Diderot, Encyclop.

N. B. C'est cette doctrine qu'on dévoilait aux initiés, après les plus rudes épreuves, pour s'assurer de leur discrétion. Car dès ce temps-là, comme encore aujourd'hui, on ne trouvait pas qu'il fût prudent de tout dire au peuple. On produisait pompeusement sur les autels l'erreur et le mensonge; on cachait la vérité au fond des puits creusés tout exprès derrière le sanctuaire des temples de Memphis et de Thèbes.

Politique misérable ! elle ne tend qu'à distribuer la pauvre espèce humaine en deux castes : celle des dupes, et celle des fourbes.

L'instruction publique ! l'instruction publique ! voilà le cri de guerre de tous les bons esprits.

ÉKCLES, (Salomon) habile musicien anglais : après avoir été *quakre*, il reconnut lui-même la vanité de ses prophéties, et passa le reste de ses jours dans le repos, mais sans religion.

Histoire des Trembleurs, III.

N. B. Son exemple a fructifié.

ÉLÉATES. (les) Les philosophes de ce nom étaient tous matérialistes, ainsi que les Pythagoriciens avec lesquels on les confond, à cause de la conformité de leurs principes.

ÉLH-ELTAHKIK, ou *gens de certitude, hommes de vérité* : secte mahométane.

Il n'y a point d'autre Dieu que les quatre élémens.... Il n'y a pour tout que les quatre élémens qui sont Dieu, qui sont l'homme, qui sont toutes choses....

EMPEDOCLES, poëte, médecin, et philosophe de la secte pythagorique. Suivant lui, les dieux immortels ne sont que les sages après leur mort. Sa grande divinité était l'éther pur où l'ame des hommes allait se perdre. Lucrèce en fait le plus grand éloge.

.... *Vix humana videatur stirpe creatus.*
Nat. rer. lib. I. V. 727.

ENCYCLOPÉDISTES. (les) Le fanatisme a fait beaucoup plus de mal au monde que l'impiété. *Dictionn. au mot Fanatisme.*

Sur cet article (la religion), l'intolérance, le manque d'une double doctrine, le défaut d'une langue hiéroglyphique et sacrée, perpétueront à jamais les contradictions, et
continueront

continueront à tacher nos plus belles produc-
ductions. Un homme s'enveloppe dans des
ténèbres affectées; ses contemporains mêmes
ignorent ses sentimens.

T. V, au mot Encyclopédie, p. 648, in-f°.

N. B. Les encyclopédistes ont prêché d'exemple:
écrivant sous le règne d'une double inquisition,
politique et religieuse, ils ont mis tout leur art à
dire à-peu-près tout ce qu'ils devaient dire, sans
trop se compromettre ; et ils n'ont pas toujours
réussi.

L'expérience nous force à croire que plusieurs philosophes anciens et modernes ont
vécu et sont morts dans la profession *d'a-
théisme.*

ENFANT. Un nombre infini de gens se
persuadent qu'un enfant élevé exprès, sans
lui enseigner aucune chose, ou exposé dans
un désert, parviendrait de lui-même à
connaître Dieu . . . .

L'expérience combat cette prétention;
et Bayle à ce sujet rapporte l'histoire du
jeune homme de Chartres, en 1703, citée
par Fontenelle, dans les Mémoires de l'A-
cadémie des sciences . . . .

V. Rép. aux quest. prov. t. IV, ch. 16.

17

ENNIUS, (Q.) poëte épicurien. Il pensait comme Évehemere, que les Dieux du peuple ne furent d'abord que des hommes célèbres.... La reconnaissance pour les services rendus par eux pendant leur vie, leur valut un culte après la mort.

N. B. Cette origine des Dieux n'est pas seulement poëtique.

On a dit :

Le premier qui fut roi, fut un brigand heureux.

Voltaire.

On pourrait dire, avec autant de justesse :

Le premier qui fut Dieu, fut un père adoré.

La piété filiale fut la première et devrait être la seule religion.

ÉPICHARMIS, philosophe et poëte Sicilien.

Cet élève du sage Pythagore appele Dieux le soleil, les astres, la terre, l'eau, le feu; en un mot, il divinise l'univers.

ÉPICTÈTE. Ce célèbre philosophe, stoïcien parfait, d'Hiérapolis, en Phrygie, désigne la nature sous les noms de génie, démon, Dieu-physique.

Il dit que la mort n'est que le moment

où les matériaux dont l'homme est composé, vont se résoudre dans les élémens d'où ils ont été originairement empruntés . . . .

ÉPICURE était un véritable homme de génie. On lui donna de grands éloges, en avouant qu'il était un grand Athée.
 Encycl. artic. Épicuréisme.

Il disait qu'il y avait des Dieux, par pure politique, et pour ne pas exciter la haine qu'un athéisme reconnu lui aurait attiré.
Naigeon, d'après Posidonius le stoïcien.

Nullos esse Deos Epicuro videri, quæque ille de diis immortalibus dixerit, invidiæ detestandæ gratiâ dixisse . . . .

Ce sage semble ne reconnaître des Dieux que pour plaisanter.
Deos, jocandi causâ, induxit Epicurus....

L'athéisme ne paraît ordinairement que masqué . . . . *Naigeon.*

Il est difficile de nier qu'il y ait des Dieux : oui, en public. Mais discourant en particulier, rien de si facile.

Nous avons vu que Cicéron était du même avis qu'Épicure.

N. B. Presque tous les philosophes ont sacrifié

à la peur. Presque tous du moins ont préféré leur tranquillité personnelle au triomphe de la raison. C'est ce qui fait que la philosophie ancienne, et la moderne aussi, sont pleines de tant de contradictions. Il faut une clef, pour pénétrer dans le vrai sens des systèmes de la plupart des sages. On les croit inconséquens ; ils ne sont que dissimulés. Ils ont peur.

Tertulien et Saint Augustin, soutiennent qu'Epicure disait que la nature divine était composée d'atomes.

Ce qu'Epicure enseigne sur la nature des Dieux est très-impie . . . .

On ne saurait dire assez de bien de l'honnêteté de ses mœurs, ni assez de mal de ses opinions sur la religion.

Une infinité de gens sont orthodoxes et vivent mal ; Épicure, et plusieurs de ses sectateurs, au contraire . . . . *Bayle* . . .

Épicure, (dit Garasse dans son style) Epicure, qui était tout de lard, croyait que l'ame fut matérielle et corporelle.

Le plus grand et le plus parfait Athée de l'antiquité, qui avait banni toutes les raisons de l'existence de Dieu, y substitua celle du consentement général, pour tromper et abuser le peuple. Il la croiait d'autant plus mauvaise, qu'il avait un très-grand mépris pour l'autorité populaire et le consentement universel. Mais l'appréhension qu'il avait de l'Aréopage l'obligeait à quelque ménagement.

d'Argens, philos. du bon. sens, tom. II.

Parmi les apologistes d'Épicure, il y en devait avoir, ce me semble, quelques-uns qui, en condamnant son impiété, s'efforçassent de montrer qu'elle coulait naturellement et philosophiquement de l'erreur commune à tous les payens sur l'existence éternelle de la matière. *Bayle.*

Après un passage de Cicéron sur la secte d'Épicure, (*de finib. I. 20*), Bayle s'écrie :

Qu'on nous vienne dire, après cela, que des gens qui nient la providence ne sont nullement capables de vivre en société, que ce sont nécessairement des traîtres, des voleurs, etc.

Toutes ces belles doctrines ne sont-elles pas confondues par ce seul passage de Cicéron ? une vérité de fait, comme celle que Cicéron vient d'alléguer, ne renverse-t-elle pas cent volumes de raisonnemens spéculatifs ? Voici la secte d'Épicure, dont la morale pratique ne s'est nullement démentie pendant quelques siècles ; et nous allons voir qu'au lieu que les sectes les plus dévotes étaient remplies de querelles, etc., celle d'Épicure jouissait d'une paix profonde.

N. B. appliquons au sage Épicure l'*ecce* VIR de notre épigraphe.

Cudworth traite Épicure d'Athée et d'homme qui ne parlait des Dieux que pour éviter la haine du peuple.

Épicure disait de Cherestrata, sa mère, qu'elle avait eu dans son corps cette quantité d'atomes, dont le concours est nécessaire pour former un sage. *Plutarque* . . . .

ÉPICURIENS. Selon eux, un législateur, plus rusé que tous les autres, imagina les Dieux . . . . *Plutarch. de plac. pphor.*

Les épicuriens niaient toute providence. *J.-J. Rousseau, Rép. au roi de Pologne.*

ÉRASME. Luther, dans ses *Colloques de table*, page 377, parle bien mal d'Érasme. Il le dépeint comme un épicurien et un Athée.

Il en était quelque chose.

ESCHERNY, (F.-L. d') comte du Saint-Empire.

Le penseur qui parvient à l'athéisme par la route de la méditation, peut être un homme très-estimable . . . . il a pu conserver une morale et des principes purs et irréprochables. *De l'Égalité*, t. II, p. 154.

Il est certain que l'idée de Dieu nous échappe de tous côtés; qu'elle se dérobe à toutes nos recherches . . . .

De l'Égalité, ou la Philosophie de la politique, tom. II, p. 4, in-8°. an V. (1797).

J'ai vécu avec bien des Athées . . . . je leur aurais confié mon honneur, ma vie et ma fortune. Je n'en dirai pas autant des dévots . . . . *Idem*, p. 9.

L'Athée peut se passionner pour la vertu.
Idem, p. 63.

N. B. Non-seulement il le peut; il le doit même, pour être conséquent à ses principes.

ESCHYLE, le poëte tragique Grec.

Il ne ménagea pas assez la religion dans ses tragédies; ce qui le fit condamner comme un impie, à être lapidé. On lui fit grâce, à cause d'une main qu'il avait perdue au service de la république d'Athènes. *Bayle*.

Le docte Saumaise, rebuté des difficultés qu'il rencontrait dans les pièces d'Eschyle, déclare que ce poete est plus obscur que l'écriture sainte.

ESPAGNE, (Jean d') ministre protestant, au XVIIe. siècle.

Nous l'honorons d'une place dans ce dictionnaire, sous la condition qu'il ait parfaitement rempli le titre d'un de ses opuscules :

Erreurs populaires ès points généraux qui concernent l'intelligence de la religion.

Nous n'avons point vu ce livre, dont l'étiquette est si philosophique.

L'auteur nous est recommandé par Bayle, puisqu'il le juge assez digne d'être lu.

ESPAGNOLS. (les) . . . . Parmi les Espagnols, on compte une foule d'Athées, qui ne croient rien, absolument rien, et qui soutiennent tout haut que l'existence de Dieu est un préjugé . . . .

Delangle, voyage en Espagne, tom. II, in-12, p. 11, seconde édition.

Ils ont un proverbe, qui pourrait servir d'axiome aux matérialistes :

Dios

Dios es todo y lo demas nada.

C'est-à-dire :

Dieu est tout ; le reste n'est rien.

ESPÉRANCE. (Cap de Bonne) Mandelslo et Thomas Rhoé prétendaient que les habitans du Cap de Bonne-Espérance étaient sans religion, et n'avaient aucune connaissance de Dieu.

Je n'ai remarqué, dit G. Schouten, aucune trace de religion parmi eux.

ESPRIT (l') des Esprits, ouvrage qui parut en 1777, *in-*12.

Un peuple ne croirait point du tout en Dieu, si on ne lui permettait d'y croire mal.
194°. *Pensées*, *p.* 97.

ESPRITS-FORTS. (les) C'est le nom que l'on donne aux Athées ; ils ne le désavouent pas. Il leur faut en effet une certaine force d'esprit pour lutter contre un préjugé devenu imposant par sa haute antiquité, et par son influence presque générale. Mais :

L'erreur, pour être vieille, est-elle moins l'erreur ?

ÉTHIOPIENS. (les) *Ex iis qui torridam habitant non nulli sunt qui Deos esse non credunt.* Strabo. Geogr. III.

Quelques Éthiopiens croient qu'il n'y a point de Dieux.

Diodore de Sic. Bibl. Hist. III.

L'Éthiopien s'est entendu quelquefois traiter d'*homme sans Dieu*, parce que dans l'une de ses provinces, on ne consacre un culte qu'aux seuls bienfaiteurs de la nation.

Strabo. Geogr. Lib. XVII.

N. B. Idée toute naturelle ! . . . malheureusement on lui donna trop de latitude. La reconnaissance envers les mortels bienfaisans, dégénérée en religion envers des immortels que l'on crut sur parole, fut le premier pas vers la dégradation de l'homme ; laquelle suivit les progrès de la civilisation.

ÊTRE-SUPRÊME. L'un de ces nombreux Athées qui se contentent de l'être, sans se soucier de le paraître, visitait la Cité, le plus ancien quartier de Paris. Il y rencontre un vaste édifice public; et sur le frontispice, il lit, en lettres dorées :

A L'ÊTRE SUPRÊME,
PROTECTEUR DE LA RÉPUBLIQUE FRANÇAISE.

L'honnête homme pha les épaules, disant :

« J'aimerais mieux qu'on m'eût donné à
» lire :

AU BON-SENS,

LÉGISLATEUR DE LA RÉPUBLIQUE FRANÇAISE.

Consultez une excellente brochure où Naigeon, l'Athée, démontre l'inconvenance de la formule banale : *sous les auspices de l'Être suprême*, à la tête de la constitution d'un peuple éclairé.

EUCLIDE, de Mégare, disciple de Socrate :

Lui et *Eubulide*, *Alexinus*, *Diodore*, ses élèves, (car il fit école), enseignaient qu'il n'y a point de puissance séparée de son acte ; c'est-à-dire, qu'une cause qui ne produit pas actuellement un effet, n'a pas le pouvoir de le produire. C'est un des paradoxes impies des spinosistes. *Bayle*.

Quelqu'un lui demandait quelle était la nature des Dieux ? Je l'ignore, répondit-il. Ce que je sais, c'est qu'ils haïssent les curieux.

EVHEMERUS .... *Planè rejecit non*

tantum Gentilium Deos, sed omne numen.
Perizonius.

C'est-à-dire : Evhemere, sur-nommé Athée, rejettait, non pas seulement les Dieux des gentils, mais même toute divinité.

EUPHRATE. Ce philosophe, du bas empire de la philosophie, eut la folie de vouloir concilier la trinité des chrétiens avec le *monde* unique d'Ocellus Lucanus, dont il avait adopté le système.

Voyez le dictionn. des Hérésies par Pluquet.

EURIPIDE. Célèbre poëte dramatique Grec.

Aristophane introduit une bouquetière qui dit : « Depuis qu'Euripide a persuadé » aux hommes, par ses vers impies, qu'il » n'y avait point de Dieux, je ne vends » plus de couronnes. »

Plusieurs ont observé qu'Euripide fit souvent paraître dans ses tragédies qu'il suivait les opinions d'Anaxagoras son maître.

Il fut nommé *le philosophe du théâtre.*

Il aimait à débiter plusieurs sentences, pleines d'une bonne morale; et il se peignait lui-même par-là. Car c'était un homme grave et de mœurs sévères.

Brown, dans sa *Religion du Médecin*, fait passer Euripide pour Athée.

L'Athée Euripide, n'osant marquer sa pensée, parce qu'il craignait l'Aréopage, l'insinua en introduisant Sisyphe qui niait qu'il y eut des Dieux.

Plutarque, opinions des anc. sur Dieu.

Plutarque attribue absolument le même système de *Critias* à Euripide, qu'il fait débiter sur le théâtre.

Il n'y a rien de plus utile aux hommes qu'une sage incrédulité. *Hélène, sc. V.*

EXAMEN de la Nature humaine (le Gentilhomme, auteur anglais de l') Londres, chez Wiston, 1779, *in-8°*. seconde édition.

On ne peut pas démontrer l'existence d'un créateur, qu'on ne démontre auparavant que la matière ne peut être éternelle et qu'elle peut s'anéantir.

EXAMEN impartial des principales religions du monde. (l'auteur de l')

Dieu n'est qu'une opération de notre esprit. *Page 164. Voyez ci-après Fréville.*

F.

FABRE D'ÉGLANTINE, très-habile poëte dramatique français, était Athée d'opinion : il n'en pratiquait pas les mœurs irréprochables.

FAMILLE D'AMOUR; (la) société d'épicuriens anglais, soutenant que l'ame des hommes du peuple meurt avec celle des femmes et des chevaux.

Nous n'avons pas de plus amples détails touchant ce cercle de philosophes qui n'existe plus en Angleterre ; ils n'ont laissé de traces que dans les sarcasmes qu'on s'est permis contr'eux, et dans les souvenirs de la reconnaissance ; car ils faisaient beaucoup de bien. *Voy. Maison.*

FAMILLES. Nous connaissons plusieurs familles (Nous pourrions les citer.) dont les enfans ont été et sont élevés dans l'ignorance absolue d'un Dieu ; la pureté des mœurs est le doux fruit de cette éducation anti-religieuse. Une ville entière, tout un peuple d'Athées vertueux, a paru aux bons esprits dans l'ordre des choses possibles et très-naturelles ; l'expérience journalière confirme cette conjecture dans l'intérieur de plusieurs ménages : car, enfin, une nation, une cité, n'est qu'une grande famille, ou la réunion de plusieurs familles.

FARIABI, (Al.) philosophe mahométan, et Athée, ou de la secte des Eternalistes. (*Dahriens*).

Plusieurs l'ont accusé d'impiété, dit Herbelot. On le range avec Avicenne, son disciple, parmi les philosophes qui ont cru l'éternité du monde... ce qui passe chez les mahométans pour un pur athéisme.

Bibl. or.

N. B. Malgré ses opinions anti-religieuses, Fariabi jouit d'une haute estime, et d'une grande renommée parmi ses compatriotes.

FARINATA, chevalier Florentin, de l'illustre famille des Uberti, chef des Gibelins.

Doué d'un grand courage, de beaucoup d'esprit et de sagacité, il donnait dans des idées singulières et impies. Il croyait que l'ame périt avec le corps.

Le Dante place Farinata dans son *enfer*.

Voyez chant VI.

FATALISTES. (les) S'il y a un mot

vide de sens, dans la langue de ceux qui admettent le *fatalisme*, c'est certainement celui de *providence*, ou plutôt celui de *Dieu*, dont la providence n'est qu'un attribut.

Naigeon.

Le dogme du fatalisme est le principe destructif de toute religion.

Helvétius, de l'Esprit.

FAUSTO DA LONGIANO, auteur Italien.

J'ai commencé un autre ouvrage, intitulé: *le Temple de la Vérité*.... On y verra la destruction de toutes les sectes, de la juive, de la chrétienne, de la mahométane, et des autres religions, à prendre toutes ces choses dans leurs premiers principes. *Lettre à l'Arétin.*

N. B. L'ouvrage n'a pas été achevé, mais l'intention de l'auteur est suffisamment connue; il ne voulait d'autre culte que celui de la vérité.

FEMMES. Bayle pense qu'il n'y a que quatre ou cinq femmes en France qui aient donné dans l'athéisme.

Ménage a remarqué que l'histoire parle de très-peu de femmes Athées ou incrédules.

N. B.

FEM

N. B. Cela n'est pas surprenant ; d'ailleurs, les femmes ne doivent pas plus avoir d'opinion en théologie qu'en politique. Qu'elles se contentent d'être l'idole du premier sexe, la divinité tutélaire des bons ménages et la providence de leur naissante famille ! Elles n'ont d'autre culte à remplir que celui du temple de l'Hymen. Des questions métaphysiques sont tout-à-fait étrangères à leur esprit léger, à leur ame sensible. La piété filiale, la tendresse conjugale et l'amour maternel, composent la seule religion digne de leur cœur.

Belles ! où courez-vous, dès le lever du jour ?...
Eh, quoi! vous connaissez d'autres dieux que l'amour!
L'amour et son bandeau, Vénus et sa ceinture,
Du flambeau de l'hymen la flamme égale et pure,
Voilà les seuls objets dignes de votre cœur.
Qu'allez-vous faire aux pieds d'un prêtre suborneur ?..
Si l'on vous interdit l'arbre de la science,
Conservez sans regret votre douce ignorance,
Gardienne des vertus et mère des plaisirs.
A des jeux innocens consacrez vos loisirs,
Et dédommagez-nous des maux du fanatisme.
Sous votre empire aimable on ne voit aucun schisme.
On doute . . . . on doute encor de la divinité,
En tous temps, en tous lieux, on crut à la beauté.

La superstition vous doit son origine.
Sans peine la beauté parut chose divine :
D'entre vous la plus belle eut les premiers autels.

Mais la beauté périt, et des Dieux immortels
Furent imaginés pour remplir votre place.
Votre empire détruit, dupes de cette audace,
O femmes ! on vous vit adorer à genoux
Un Dieu précaire et vain qui tenait tout de vous ;
Et l'erreur fut, depuis, par vous, accréditée....
L'homme serait, sans vous, peut-être encore Athée....
Sylvain, *Lucrèce français*.

FÉNÉLON et Bossuet, (Fr. Salignac de la Motte)

L'abbé Irail, dans son livre *des Querelles littéraires*, avance que Fénélon et Bossuet avaient sur la religion des sentimens bien différens de ceux qu'ils ont professés, une façon de penser toute philosophique ; et que s'ils étaient nés à Londres, ils auraient donné l'essor à leur génie, et déployés leurs principes, que personne n'a bien connus.

N. B. Ils avaient, comme Pascal, *leurs pensées de derrière la tête*. D'ailleurs, ils étaient tous deux archevêques, tous deux à la cour, tous deux contemporains de Molière, persécuté pour son *Tartuffe*. L'un, né ambitieux, voulait se conserver la dictature de l'église gallicane. L'autre, doué d'une ame plus douce, d'une imagination plus poétique, avait besoin d'illusions. Et puis, les hommes de génie, pour la plupart, tels que Corneille, Racine, le bon Lafontaine, et autres, tout occupés d

FEU

leurs conceptions sublimes, ne daignent pas descendre de la hauteur où ils sont placés, pour éplucher les articles de foi de leur enfance. Ils aiment mieux croire sur parole, et s'en rapporter à l'opinion commune. Cela est plus commode et plus sûr. Ils ont besoin de tranquillité. *Pacem amant musæ* . . . .

Helvétius a dit : le crédulité des hommes est l'effet de leur paresse . . . .
De l'Esprit, disc. III.

Suivant le même philosophe : bien peu de gens osent dire ce qu'ils pensent.
Eod. loco.

FEU. Les habitans de la Terre de Feu occupent un petit archipel voisin du pays des Patagons.

Une heureuse insouciance, les a empêché jusqu'à présent d'imaginer des Dieux . . . .

FICHLER, professeur en l'université de Berlin, destitué de sa place, à cause de son opinion.

N. B. En ce moment, dit-on, (la fin du XVIIIe. siècle), l'empire littéraire de l'Allemagne est divisé pour et contre Dieu.

FLORENTINS . . . . Parmi les Florentins, il y a une société secrette de hardis penseurs ; mais ils ne se distinguent de leurs compatriotes que par leur amour pour l'étude, le goût de la retraite, la tolérance et la retenue. Bornés à leur sphère obscure, mais paisible, on ne les rencontre pas sur le chemin de l'intrigue, dans l'anti-chambre des gens en place. Ils aiment à méditer dans le silence . . . .

Costumes Civils actuels de tous les peuples connus, in-4°. 1788.

FLUD, (Robert) *de Fluctibus*, philosophe Écossois du XIVe. siècle.

La grande ame du monde était sa doctrine . . . .

Membre de la société anglaise des *Chercheurs*, (*Voyez* ce mot.) il se porta le défenseur des frères *Rose-Croix*.

FO. Foï, ou Foë, Chinois célèbre, qui mourut à soixante-dix-neuf ans.

A sa mort, il commença de déclarer son athéisme.

La doctrine intérieure de ses disciples est qu'il n'y a qu'une seule et même substance.

Foë est antérieur à Confucius de beaucoup, et compte ce moraliste illustre parmi ses disciples.

FONTENELLE, (Bovier) sage digne de servir de modèle aux philosophes, disait :

Il y a des momens pour croire.

Le témoignage de ceux qui croyent une chose établie, n'a point de force pour l'appuyer ; mais le témoignage de ceux qui ne la croyent pas, a de la force pour la détruire. *Hist. des Oracles.*

N. B. Nous laissons à nos lecteurs le soin de l'application à la croyance en Dieu.

L'auteur du *Dictionnaire critique* insinue que Fontenelle manque de religion. Il était de la secte nombreuse des *Prudens*.

FOPPIUS. *De Atheismo philosophorum gentilium celebriorum.*

FOUCAULT du Viviers, élève du médecin *Petit* ; Athée prononcé. Il a laissé manuscrit un commentaire sur Spinosa. Il mourut jeune, (30 ans.) vers l'année 1774.

FOUR, (du) femme aimable, élève de *Beaulieu*, l'économiste. Poursuivie par le chagrin, elle se poignarda, à Paris, âgée de près de trente ans.

FOURC...X, savant chimiste, de l'Institut national de France.

N. B. D'ordinaire, les savans ne croient pas ; mais ils seraient bien aises qu'il n'y eut qu'eux d'incrédules. Semblables aux amans exclusifs et jaloux, on dirait qu'ils ne craignent rien tant que de voir leur doctrine devenir populaire. L'amour-propre, plus que l'amour de la vérité, est le premier chapitre de leur philosophie.

Faciamus experimentum in animâ vili, disent quelques Athées avec les médecins ; et c'est mal. La vérité, ce semble, ne saurait être trop, ni trop tôt connue.

FRANCE. J'ai connu en France quelques Athées, qui étaient de très-bons physiciens. *Voltaire, dictionn.*

Ce n'est pas seulement aux études de la philosophie que l'on impute l'irréligion, c'est aussi à celle des belles-lettres ; car on prétend que l'athéisme n'a commencé à se faire voir en France que sous le règne de François Ier. *Bayle et Clavigny.*

FRANCKLIN, (Benjamin) le Pythagore du nouveau monde, et le second fondateur de la liberté américaine.

FRANÇ..S, né dans le duché de Luxembourg, peintre de portraits, à Paris, et quelquefois poète.

FRANCS-MAÇONS. En Allemagne, et ailleurs encore, quelques Athées, amis de la paix, prennent ce nom pour se réunir, sans causer d'ombrage, et sans essuyer de persécution.

N. B. On peut bien croire que dans leurs *à-parte*, il n'est pas question de ces ridicules épreuves, admises dans les loges maçonniques ordinaires.

FRASSEN, cordelier. Ce *maître en divinité*, (On appelait ainsi les théologiens de métier, ou docteurs en théologie). n'ayant rien changé à la doctrine de Scot, (*Voyez* le capucin Casimire de Toulouse). a donc professé un spinosisme non développé.

FRÉDÉRIC II, fils de Henri VI, élu lui-même empereur en 1218.

Il avait l'esprit extrêmement pénétrant. Il était courageux, magnifique.

Pour faire voir que Frédéric était impie jusqu'à l'athéisme, on lui imputa le livre des Trois Imposteurs. *Moréri, dictionn.*

FRÉDÉRIC II, (Charles) roi de Prusse.

Frédéric ne gardait point de mesure sur le chapitre de la religion, et heurtait toutes les convenances. A ses repas du soir, la liberté de penser se donnait carrière, sans presque point de bornes. Aucun préjugé n'y était respecté. *Galerie Univ. in-4°. p. 10 et 11.*

La crainte donna le jour à la crédulité.
Frédéric II.

Apôtre décidé de l'athéisme, il appellait *vieilleries* l'opinion de l'existence d'un Dieu.

Frédéric, (le grand) roi de Prusse, composa l'éloge funèbre de la Mettrie, l'Athée, et le fit prononcer dans une séance publique de l'Académie de Berlin, par un secrétaire de ses commandemens.

N. B. L'athéisme entrait dans ses vues politiques.

FRÉNAIS, homme de lettres, traducteur estimable de plusieurs ouvrages anglais. Il avait été attaché à la maison du cardinal de Rohan.

N. B. Plus on s'approche des prêtres, plus on s'éloigne de l'idée d'un Dieu.

FRÉRET, (Nic.) de l'Académie des inscriptions, philosophe parisien, l'élève de de Bayle, dont il étudia les principes, pendant sa détention à la Bastille.

Quelques soient nos opinions sur la divinité, substituons la morale de la raison à celle la religion. *Lettres à Eugénie.*

Si nous examinons sans préjugé la source d'une infinité de maux dans la société, nous verrons qu'ils sont dûs aux spéculations fatales de la religion . . . . etc. *Idem.*

Le temps des grands crimes est toujours le temps de l'ignorance : c'est dans ce temps où communément aussi l'on a le plus de religion. *I*ᵉ. *Lettre à Eugénie.*

Que dirons-nous des Athées ? Sera-t'on en droit de les haïr ? Non, sans doute . . . .

L'éducation, l'opinion publique et les lois, bien mieux que les chimères de la religion, montreront à l'homme ses devoirs . . . . . . Les notions surnaturelles n'ajoutent rien aux obligations que notre nature nous impose. *Lettres à Eugénie.*

J'ai parcouru toutes les contrées de l'univers ; j'ai examiné les mœurs, les usages, les coutumes de tous les pays qui le composent . . . . J'ai rencontré l'homme par-tout, et n'ai trouvé Dieu nulle part.

N. B. Ce mot philosophique est tout aussi éloquent pour le moins que le passage de Bossuet tant de fois cité ; il s'agit de la religion Égyptienne :

« Tout était Dieu, excepté Dieu même ».

Hist. univ.

FRÉVILLE, l'économiste, et le traducteur d'ouvrages anglais. Il professait l'*athéisme* à Paris, dans les cercles, dans les cafés. Il laissa quelques manuscrits sur cette matière.

Voici un de ses argumens :

L'objet d'une idée abstraite intellectuelle n'existe pas ;

Or, Dieu est l'objet d'une idée abstraite intellectuelle :

Donc Dieu n'existe pas . . . .

N. B. Et voici le développement ou plutôt la démonstration de ce raisonnement, auquel le fameux métaphysicien de Genève, Charles Bonnet, qui en eut communication pour y répondre, ne répondit point cathégoriquement. Cette pièce inédite nous a paru digne de toute l'attention des bons esprits.

De l'existence de Dieu.

Les objets de nos idées sont réels ou idéaux.

Il est une règle certaine, pour juger de

la réalité ou de l'idéalité de ces objets.

Il suffit, pour en juger, de connaître la nature de l'idée.

Il est deux classes d'idées ; les idées sensibles et les idées abstraites.

Une idée sensible est le pur résultat de l'action d'un objet sur les organes des sens. L'objet de l'idée sensible est donc un être réel, un être qui a une existence individuelle ; car, pour agir, il faut exister.

Une idée abstraite se forme de la comparaison des idées sensibles, par la réflexion. L'objet de l'idée abstraite est nécessairement un être idéal ; c'est que l'idée ne résulte plus de l'action de l'objet, mais de la comparaison que nous faisons entre nos idées sensibles.

Dans cette comparaison, nous apercevons le rapport qu'ont entr'elles ces idées sensibles. Ce rapport, nous parvenons, par un acte de notre attention, à le séparer des idées comparées, à le représenter par un signe, ou à l'exprimer par un terme. Et ce rapport, ainsi détaché des idées sensibles, représenté par un signe, ou exprimé par un mot, est l'objet de l'idée abstraite.

Il est évident que ce rapport, auquel le

signe ou le terme qui le représente, donne une sorte d'existence, ne peut réellement exister que dans l'entendement.

On conçoit donc que l'idée abstraite consiste dans la perception et l'expression du rapport qu'ont entr'elles deux ou plusieurs idées sensibles. L'objet d'une telle idée n'est donc jamais qu'un être idéal, dont l'exemplaire n'existe point dans la nature.

Dès-lors, l'existence de Dieu cesse d'être un problème. Montrons-en la solution.

L'idée de Dieu est une idée abstraite. Il est impossible de n'en pas convenir. En voici l'origine et la formation.

En dernière analyse, l'idée de Dieu, est celle de l'être que nous croyons être la cause de toutes les choses qui sont.

L'idée de Dieu n'est donc que l'idée de l'être, unie à celle de la cause.

L'idée de Dieu est donc une idée abstraite complexe, ou composée de deux idées générales. Les rapports qui sont les objets de ces idées sont faciles à découvrir.

Le premier de ces rapports est la qualité d'être, commune à toutes les choses qui existent. Et il n'est point entre les êtres divers de rapport plus général. A l'aide de l'attention, on sépare ce rapport des objets ; on désigne par le terme *être*, la perception de cette qualité commune à toutes les choses existentes, et l'on a dans l'esprit l'idée générale de l'être.

Le second rapport est celui de *cause*. Nous exprimons par ce terme, la capacité d'agir, que nous observons être commune à tous les corps. Nous détachons des corps cette qualité commune ; nous l'exprimons par le mot *cause*, qui en devient le signe représentatif, et par-là, nous parvenons à fixer dans notre entendement, l'idée de la cause en général.

L'idée générale de cause, ainsi que celle d'être, ne sont donc que deux idées abstraites.

Mais c'est de la réunion de ces deux idées, qu'on se forme l'idée complexe, que nous disons être l'idée de *Dieu*.

L'idée de Dieu n'est donc qu'une idée générale abstraite.

L'idée de Dieu ne nous représente donc qu'un être idéal, composé de deux rapports généraux, que l'entendement découvre dans les divers êtres qui agissent sur les organes des sens.

Ces idées abstraites, l'esprit ne les acquiert que par la comparaison qu'il fait entre ses idées sensibles. Les objets de ces idées ne sont que les rapports qui existent entr'elles. Les objets de ces idées ne sont donc pas des êtres réels, mais seulement des êtres idéaux.

Or, l'idée de Dieu, comme on vient de le voir, est de la classe des idées abstraites.

Si quelqu'un pouvait en douter, je ne voudrais, pour l'en convaincre, que lui faire comparer cette idée, avec quelques-unes des idées sensibles dont elle est tirée.

Il vous est aisé d'observer, lui dirais-je, que tous les objets qui vous environnent, ont une qualité commune, celle d'être. Dirigez votre attention uniquement sur ce rapport général que soutiennent entr'eux les objets divers : détachez ce rapport des objets ; exprimez-le par le terme *être*. Alors vous aurez l'idée de l'être en général.

Remarquez ensuite, que tous les corps qui s'offrent à vos yeux, en agissant les uns sur les autres, produisent des effets divers. La propriété de produire certains effets est donc une propriété commune à tous les corps. Détachez, par un acte de votre attention, ce rapport général qui existe entre tous les corps ; désignez-le par le terme *cause*, et alors vous aurez dans l'esprit l'idée abstraite de la cause, ou l'idée de cause en général.

On comprend donc comment on peut s'élever, de la considération d'un corps particulier, aux idées générales d'être et cause.

Or, remarquez, ajouterais-je, que c'est de la réunion de ces deux idées, qu'on forme l'idée de Dieu. Vous êtes donc forcé de reconnaître que l'idée de Dieu est une idée abstraite. Donc, devez-vous conclure, Dieu est l'objet d'une idée abstraite. Donc, Dieu n'est qu'un être idéal. Donc, Dieu n'a point une existence individuelle. Donc, l'existence de Dieu n'est qu'une idéalité. Donc, l'existence réelle d'un tel être est impossible.

Ceci est d'une parfaite évidence : car il est impossible que le même être soit à la fois idéal et réel.

Mais c'est-là ce qui arriverait à l'égard de Dieu. Par la supposition, cet être serait une réalité ; et ce même être, étant l'objet d'une idée abstraite, ne serait, par la nature des choses, qu'une idéalité. Il faudrait donc que cet être fût et ne fût pas en même-temps, ce qui implique contradiction.

Il est donc démontré que Dieu n'est point un être qui ait une existence individuelle. Les philosophes qui ont eu l'idée de Dieu, n'ont réalisé l'objet de cette idée abstraite, que parce qu'ils n'ont pas fait attention à l'origine et à la génération de cette idée. Ils n'ont pas vu ce qu'elle est dans la nature des choses ; mais ils ont cru le voir, et ils n'ont eu qu'une vision !

N. B. Quod erat demonstrandum.

FR....LE, l'instituteur. Dans son *Temple de la Morale*, ou *Recueil de pensées gnomiques*, il a inséré, avec une sorte de prédilection, quantité de vers de la plus haute philosophie, tirés des *Fragmens sur Dieu*, et dans le genre de celui-ci :

Non, je n'ai pas besoin d'un Dieu pour être sage.

FUEGO. Les habitans de la *Terre Del-Fuego* n'ont point la moindre étincelle de religion...

GAFFAREL,

G

GAFFAREL, (Jacques) bibliothécaire du cardinal Richelieu.

Il y a beaucoup d'apparence qu'il avait des *opinions fort particulières*, ... dit Bayle... en parlant de la religion de ce savant.

N. B. Cela veut dire, dans la langue de Bayle, que Gaffarel mérite les honneurs de notre dictionnaire.

Dans le sien, Bayle se sert souvent d'expressions propres à le mettre à l'abri de l'animadversion des ministres du saint évangile. Leur intolérance l'obligeait à certaines circonlocutions, à certaines formes préservatrices de la liberté de sa plume et de sa personne.

GALADIN, (Mahomet) empereur du Mogol; illustre par ses belles qualités personnelles, et par son administration toute paternelle, n'eut vraisemblablement pas de religion; car il mourut, l'an 1605, sans qu'on ait jamais pu savoir de quel culte il avait été.

N. B. Un homme d'état, digne de ce titre, ne doit croire qu'à la vertu des lois. Malheur à une nation dont les magistrats suprêmes n'auraient d'autre frein que la crainte de Dieu ! Ce serait le règne des prêtres.

GALIEN, (Cl.) de Pergame, n'a pas seulement douté de l'immortalité de l'ame; mais il l'a même niée en plusieurs endroits de ses écrits.

La Religion du Médecin, note, p. 89.

Immortalitatis animæ negator. Naturalista, Epicuræus, enfin, *Atheus*, disent les Lexigraphes.

.... Voilà la véritable science, (La philosophie hermétique.) que Galien et ses sectateurs n'ont pu, ni voulu connaître, puisque, *ne reconnaissant pas un Dieu, auteur de la nature*, ce grand mystère leur a été et sera pour toujours caché.

Éclaircissement sur la Philos. hermét.

N. B. Pour l'ordinaire, les alchimistes et les astrologues sont dévots : les chimistes et les astronomes ne le sont pas.

GANGE. (les philosophes du)

Les brahmes (Successeurs des gymnosophistes, sur les bords du Gange). croient le monde éternel et sans principe. Un pur esprit ne leur paraît pas possible.

Anquetil, note du disc. prél. Zendavesta, p. 139, in-4°.

Quand on leur demande à voir Dieu, ils

tracent un cercle, comme pour dire : Dieu n'est autre chose que le grand cercle de la nature. *Voyez les Voyages de Dellon.*

Ils disent que nos ames sont des parcelles de l'ame générale, comme nos corps sont des parties de l'univers.

Brucker, Historia philosophiæ, in-4°.

Les lettres Jésuitiques sur ce qui se passe en Orient, datées de l'année 1626, témoignent qu'il se trouve encore aujourd'hui des peuples sur le Gange, lesquels ne reconnaissent aucun esprit supérieur.

Lamotte Levayer, de la Divinité.

N. B. L'athéisme s'est prononcé dans l'Inde et à la Chine plus que par-tout ailleurs. Les lumières datent, chez les Orientaux, d'une époque à laquelle les autres nations ne peuvent atteindre.

Voyez les Lettres de Bailly à Voltaire.

GARASSE, (Fr.) jésuite, auteur de la *Doctrine curieuse des Beaux Esprits de ce temps*;

Il sçut en peu de temps que, selon le jugement du public, son livre était bien plus propre à fomenter l'athéisme qu'à le ruiner. *Bayle.*

N. B. Le tort de Garasse et de Hardouin n'est

pas la calomnie. Ceux qu'ils donnent pour Athées, le sont en effet, soit au positif, soit indirectement, par suite de leurs principes. Mais nos deux jésuites intolérans sont coupables d'avoir transformé une opinion en délit; et ils ont légué leur mauvais esprit à beaucoup de leurs successeurs.

GA . . T, littérateur français, de l'Institut national de Paris.

On nous assure qu'il est digne de se voir placé dans cette honorable nomenclature.

GARNIER, de Lyon; poëte français. Il vécut en épicurien et mourut en Athée, à Paris, l'an 1783 ou 1784. Il était jeune encore.

GARTH, (Samuel) excellent poëte et médecin anglais, né au comté d'Yorck, mort le 18 janvier, $171\frac{8}{9}$.

Pope l'appele : le meilleur des hommes.

On l'a accusé d'irréligion pendant sa vie et à sa mort.

GASSENDI. (P.) Morin publia hautement que Gassendi n'avait point de religion, et qu'il déguisait ses sentimens par pure politique et dans la crainte du feu. *Metu atomorum ignis.*

La philosophie de Gassendi n'est qu'un développement, une réparation du dogme d'Épicure.

d'Argens, Philos. du bon-sens, t. II.

Gassendi, au lit de mort, après s'être bien assuré que personne ne pouvait l'entendre, dit à un ami :

« Je ne sais qui m'a mis au monde, et
» j'ignore pourquoi l'on m'en retire ».

Réflex. sur les grands Hommes morts en plaisantant, p. 97.

On révoque en doute ce récit ; il est peut-être inexact : mais l'athéisme est une conclusion du système embrassé par ce savant recommandable ; et ceci est applicable à plusieurs autres systêmes de philosophie.

GAULARD, gentilhomme Bourguignon, dont Tabourot, seigneur des Accords, célébra les naïvetés, disait :

Si j'étais roi, je défendrais qu'on parlât de Dieu dans mon royaume, ni en bien, ni en mal.

N. B. En Allemagne et en Suisse, plusieurs gouvernemens embrassèrent autrefois ce parti, sans doute pour prévenir les querelles religieuses, qui ressemblent au festin de Lapithes ; on finit presque toujours par ne plus s'entendre et par se battre.

Il faudra bien un jour faire main basse sur la métaphysique, sur l'ontologie, la pshycologie, l'idéologie. . . . etc. et réduire toute la philosophie à la physique expérimentale et à la morale pratique. Pour nous entendre, simplifions nos études, émondons l'arbre des connaissances humaines ; et c'est à quoi tend l'athéisme.

GAULOIS. Le premier objet du culte des Gaulois, à l'exemple des plus anciens peuples, fut l'univers entier.

Beneton, Éloge hist. de la chasse, p. 18, in-12, 1734.

La religion des Gaulois n'était dans le fond qu'une espèce de spinosisme.
Bibl. Germ. p. 147, tom. XXXVII, 1733.

N. B. Nos théologiens français sont encore Gaulois sur ce chapitre, mais sans le savoir, ou du moins sans vouloir en convenir.

GAUTHIER, abbé de Saint-Victor.

Écoutez-les, (théologiens), vous ignorerez bientôt s'il y a un Dieu, ou s'il n'y en a point.

GÉANS, (les) gigantes.

Impia gens, Deos negans.
Macrob, *Saturn. c.* 20.

C'était vraisemblablement une société d'hommes instruits et courageux, véritables héros, qui voulurent renverser l'échaffaudage de la religion, et rappeller l'homme à la nature.

N. B. Un véritable Athée, au milieu de la gent crédule, est un géant parmi des nains.

GEBELIN, (Court de) né à Nismes : auteur du *Monde primitif.*

L'abbé Legros prouve, dans l'*Analyse* de ce grand ouvrage, 1786, *in*-8°. que Gebelin, qui ne reconnaît rien de spirituel dans l'espèce humaine, doit être placé à la suite des pyrrhoniens et des matérialistes, à la tête des *déistes physiques.* Page 227.

Dans le système de Gébelin, tout rentre dans la sphère des choses matérielles. Tout est matière et ressort purement mécanique.
Page 126.

GEOFFRIN, (la veuve) l'amie de d'Alembert ; philosophe française, morte à Paris en 1777.

N. B. On essaya de tourner en ridicule jusqu'aux bienfaits de cette femme, parce qu'elle ne faisait pas le bien au nom de Dieu.

GER.., (Don) Ce procureur des Chartreux, qui figura un moment dans la révolution, s'occupe, depuis plusieurs années, d'un ouvrage dans lequel il renverse toute espèce d'opinions religieuses.

Note communiquée par P . . . d.

GERMANUS. (Moses) Ce juif professa l'athéisme sous le voile de la cabale.

Il eut des imitateurs.

GERSCHOM. (Lévi Ben–) Ce Rabin soutint publiquement, dans des livres imprimés, l'éternité du monde... etc.

N. B. L'éternité du monde, comme on sait, est un athéisme. Dieu et l'Univers, *co-éternels*, répugnent. Il faut reconnaître un Dieu matière, ou la matière sans Dieu.

GESSIUS, célèbre médecin du Ve siècle. Nous le réclamons, puisqu'il a dit que le monde vient nécessairement de Dieu, comme l'ombre d'un corps.

Docuit diserte mundum ab æterno fuisse et fore in æternum, eumque necessario a Deo esse productum ut umbra a corpore.

GILBERT

GILBERT de la Porée, évêque de Poitiers, sa ville natale.

A force de vouloir analyser son Dieu, ce théologien le réduisit à une pure abstraction ; c'est-à-dire, à rien.

... Il examina quelle différence il se trouve entre l'essence des personnes et leurs propriétés, entre la nature divine et Dieu, entre la nature et les attributs de Dieu. Gilbert estime que l'essence ou la nature de Dieu, sa sagesse, sa bonté, sa grandeur, n'est pas Dieu, mais la forme par laquelle Dieu est Dieu. Il regarde les attributs de Dieu, et la divinité, comme des formes différentes ; et Dieu, ou l'être souverainement parfait, comme la collection de ces formes. *Voyez Pluquet, Dictionn. de Her.*

N. B. Notre théologien abstrait ne manqua pas d'être condamné par le concile de Réims, et de se rétracter. Il y allait tout au moins de sa prélature.

GLISSONIUS, (Fr.) médecin anglais. Voyez le livre *in-4°.* qu'il publia à Londr. sous le titre : *De naturâ substantiæ energeticâ, sive, de vitâ naturæ.* 1672.

GNOSIMAQUES. Ce nom, composé de

22

deux mots grecs, (*gens qui combattent la science*), fut donné à certains philosophes qui condamnaient toutes sortes d'études et de recherches, sur-tout celles qui avaient pour objet la religion. Ces Athées-pratiques prétendaient que l'homme doit se borner à faire de bonnes œuvres.

Bénis soient les Gnosimaques!

GNOSTIQUES, (les) espèce de philosophes pythagoriciens, dont le système *sapit spinozismum*, sent le spinosisme.

Nous ne parlons que des premiers Gnostiques. Les autres, d'une morale relâchée, ne sont pas dignes de figurer ici.

GONTAUT, (Armand et Charles de) ducs de Biron. Le père n'avait guère de religion.

Le fils (dit V. Cayet), s'est moqué plusieurs fois de toute religion.

GORDON, (Th.) philosophe anglais.

. . . . Je crois qu'on ne sera point damné pour ne pas croire ce que l'on ne peut point croire. *Symbole d'un laïque*, 1720.

GOUSSIER, principal auteur de la *Physique du Monde*, dont le second titulaire est Le b. Marivetz.

GRA

Mort, âgé de soixante-dix-sept ans, à Paris, où il était né en 1722.

GRAMONT, (le duc de) colonel des Gardes-Françaises, prit chaudement le parti du philosophe la Mettrie, violemment persécuté à cause de son livre de l'*Histoire Naturelle de l'ame*, où l'impiété respire à chaque page.

GRAPIUS. (Zach.) *An atheismus necessariò ducat ad corruptionem morum ? dissertatio.*

C'est-à-dire : l'opinion de l'athéisme conduit-elle nécessairement à la dépravation des mœurs ?

N. B. Bayle, et mieux encore que lui, les bonnes mœurs des véritables Athées de tous les siècles et de tous les pays, ont répondu à cette question impertinente.

GRECS. (les) Il faut que la question de l'immortalité de l'ame soit dangereuse à approfondir : car jamais il ne s'est vu un plus grand nombre d'Athées et d'incrédules parmi les *Grecs* qu'au temps où cette question y était le plus agitée . . . . . etc.

Dans ce temps parurent ces fameux

Athées, qui osèrent se roidir contre le torrent des opinions populaires et les réfuter par leurs raisonnemens ; un *Évhemere*, un *Théodore*, un *Protagore*, un *Diagoras*, si connu par ses bons mots impies, un *Hippon* de Melos . . . .

La savante Grèce était pleine d'Athées.
J.-J. Rousseau. *Rép. au roi de Pologne.*

Les anciens Grecs n'ont aucune notion de l'être immatériel.
Du Monde, *son origine* . . . . etc.

La première idée que les hommes ont eue de l'ame, est celle d'un être matériel.
Eod. loco.

N. B. Et de Dieu, aussi. L'une tient à l'autre.

GRÉGOIRE de *Nazianze*, sur-nommé le *théologien*. Il ne faut que du babil pour en imposer au peuple. Moins il comprend, plus il admire. . . .

Nos pères et docteurs ont souvent dit, non ce qu'ils pensaient, mais ce que leur faisaient dire les circonstances et le besoin.
Lettr. à Jérôme.

N. B. Le bon Grégoire rapporte les nouvelles de l'école. Son témoignage n'est pas suspect. Il était initié.

GREGORIUS. (D.) *Deus manet intra omnia* .... *Interius penetrans* ....
  Homel. XVII, sup. Ezech.

Le bon saint Grégoire était assurément spinosiste, quand il écrivait ceci :

Dieu réside en toutes choses ; il pénétre dans l'intérieur de l'univers....

GRESSET, (J.-B.-L) poëte d'Amiens, de l'Académie française.

Dans sa comédie de *Sidney*, il transporta sur le théâtre les maximes d'une philosophie hardie....

GRET..., de Liége ; s'il n'est point de la force de la plupart des illustres incrédules de l'Institut national de France, ce célèbre compositeur a du moins prêté, de la meilleure grâce du monde, le charme de sa musique aux paroles d'un opéra joué sur le grand théâtre, et parmi lesquelles on lit :

UN INTERLOCUTEUR.

Que mettrons-nous à la place des prêtres ? ...

RÉPONSE.

De bons magistrats, point menteurs.

GRI

L'INTERLOCUTEUR.

A la place des Dieux, tant craints de nos ancêtres ?

RÉPONSE.

De sages lois, de bonnes mœurs . . . . etc.

GRIFFET de la Bau . . , petit neveu du P. Griffet, jésuite; et homme de lettres, à Paris.

GRIFFITH, écrivain anglais.

On a défini l'homme de plusieurs façons : on l'a appelé un animal.... *religieux* .... j'y ajouterais, moi, le titre de *consciencieux*, et je le crois moins équivoque que l'autre.

Ire. note de la scène VIII, de l'acte V, de la vie et de la mort de Richard III, par Shakespeare.

GRINGORE, (Pierre) vieux poëte moraliste français, mort à Paris, au commencement du XVIe. siècle. Il avait pris pour devise :

Tout par raison ; raison partout.

GROTIUS, (Hug.) savant de Hollande. Grotius a judicieusement remarqué qu'il y aurait quelque obligation naturelle, quand même on accorderait qu'il n'y a point de divinité. *Léibnitz*.

On dit qu'au lit de mort, il ne répondait à celui qui l'exhortait que par un *non intelligo*.

Grotius était de la *religion des prudens* ; c'est-à-dire, de ces sages qui ne croient que ce qu'ils jugent convenable, et qui ne s'en vantent pas.

Dans la *Bibliothèque Polonaise*, une de ses *lettres* au Socinien Crellius, donne de violens soupçons sur sa religion. Il était sur ce chapitre d'une indifférence tout-à-fait philosophique.

La religion de Grotius était un problême pour bien des gens.

Burigny, vie de Grotius.

Grotius est mort comme un Athée, sans avoir voulu faire profession d'aucune religion. *Voyez l'Esprit de M. Arnaud.*

GRUET, (J.) de Genève ; décapité dans cette même ville, au milieu du XVIe. siècle, à cause de ses opinions fortement prononcées, non pas seulement contre

Calvin, mais contre toute religion quelconque.

GRUNEBERG. (Joh.-Petr.) *De Atheorum religione prudentum.*

Ce livre est à traduire.

GRUTER. (Jean) ou JANUS GRUTTERUS. Ce savant d'Anvers, ... dans le *forum* de sa conscience, ne rendait un culte qu'à la vertu. Ostensiblement, on pouvait le croire de la religion dite protestante.

GRUTTERUS, fut accusé d'irréligion. *Notus est quippe ejus atheismus.* Ph. Paretus.

Sa froideur pour la religion, et son athéisme, sont connus .... *Theologiæ ignarus.* Idem.

GUARDIAN, (les auteurs anglais du) ou le *Mentor moderne.*

N'est-il pas certain que presque toutes les disputes savantes roulent plutôt sur des sons, que sur des idées ? Toutes les controverses des théologiens ne concernent-elles pas les différens sons qu'on peut donner aux paroles ? *Disc. XXXV*, tom. *I.*

GUDIN, de la Brunelerie, homme de lettres

lettres et l'ami de Beaumarchais, n'est que pyrrhonien. *Note de Lalande.*

GUÈBRES. (les) Encore aujourd'hui, ils révèrent dans la lumière le plus bel attribut de la divinité.

Le feu, disent-ils, produit la lumière; et la lumière est Dieu.

Dupuis, Orig. des cultes.

GUETTARD, médecin : Matérialiste dans ses excellens *mémoires* imprimés au recueil de l'Académie des sciences, dont il était membre ; et par une inconséquence qui n'étonne pas de la part des hommes, janséniste dans sa vie animale.

GUICCIARDINI, (Fr.) historien, né à Florence : Possevin le blâme d'attribuer au destin et à la fortune les révolutions des États ; il veut bien lui faire grâce de croire que ce style n'est point en lui un effet de quelqu'*erreur de l'entendement.*

On sait où tend un reproche de cette nature. Guicciardini est soupçonné d'irréligion, quoiqu'il fut toujours très-circonspect dans ses paroles comme dans ses actions.

GUYT... de M... au, chimiste, et membre de l'Institut national de France.

GUNDLINGIUS. Ce savant a soutenu thèse pour prouver l'athéisme du père des médecins, *Hippocrate.* Voyez ce nom.

GYMNOSOPHISTES. (les) Plusieurs d'entre les Gymnosophistes indiens faisaient profession ouverte d'athéisme, et vivaient avec beaucoup de retenue.

Cette secte d'Athées subsiste encore.
Deslandes, Hist. de la Philos.

Toujours accusés d'athéisme, et toujours respectés pour leur sagesse, les Gymnosophistes remplissaient, avec la plus grande exactitude, les devoirs de la société.
Helvétius, de l'Esprit, disc. II.

N. B. Les Athées doivent être de meilleurs citoyens que le reste des membres d'un état politique; par la raison qu'ils n'obéissent point à deux maitres, Dieu et la loi : ils ne reconnaissent que celle-ci au-dessus d'eux.

HAC..TE, professeur à l'école Polytechnique. *Note communiquée par P...d.*

HAGUET, (Guill.) sectaire anglais, du XVIe. siècle.

Hæc fuit ultima oratio.

Deus cœli, potentissime Jehovas, alpha et omega, domine dominorum, rex regum, æterne Deus.... libera me ab inimicis meis: sin minus, cœlos succendam, et te à trono detractum manibus meis lacerabo.

C'est-à-dire : voici la prière qu'il fit en mourant :

« Dieu du ciel, très-puissant Jéhova !
» l'alpha et l'oméga de l'univers ; seigneur
» des seigneurs, roi des rois ; éternel
» Dieu ! délivre-moi de mes ennemis :
» sinon, j'embrâserai les cieux, et t'ar-
» rachant de ton trône, je te dilacérerai
» de mes propres mains..... »

N. B. Cette éjaculation donne la mesure de la religion de Haguet, et prouve qu'il n'était point dupe. Les ames pieuses ne traitent pas ainsi leur idole.

HALL, (Joseph) évêque anglais, et surnommé le Sénèque de l'Angleterre.

Son indifférence pour les religions, en fit un prélat modéré et tolérant. Il disait que le livre le plus utile à faire serait celui-ci :

De paucitate credendorum.

C'est-à-dire : du petit nombre des articles de foi.

Que pouvait dire de plus un évêque, sans se compromettre ?

HANNIBAL. Ce général des armées Carthaginoises contre les Romains, au dire de Tite-Live, n'avait aucune crainte des Dieux; c'était un franc Athée.

. . . . *Nullus divûm pudor*, dit un poëte latin.

N. B. Presque tous les grands capitaines sont Athées. Les guerres, même les plus justes, témoignent contre une providence.

HARDOUIN, (le P.) prétend que les ouvrages des *Pères de l'église*, et particulièrement ceux de *saint Augustin*, ont été faits par une société d'Athées, qui voulaient détruire le christianisme.

Il a fait un *in-f°.* d'une bonne grosseur, pour prouver qu'*Arnaud*, *Pascal*, le P.

HAR

Thomassin, *Ambroise Victor*, *Descartes*, étaient des Athées parfaits, et plus dangereux que *Spinosa*....

d'*Argens*, *Philos. du bon-sens.*

Le P. Hardouin a joint à tous ces Athées, *Nicole*, *Jansénius*, *Quenel*, *Antoine Le grand*....

Voy. *ces différens noms, voyez aussi Garasse.*

N. B. Jean Hardouin aurait dû clorre par son propre nom la liste de ses *Athées découverts. Athei detecti.* Car, en reprochant à ses compagnons d'école qu'ils font de Dieu une abstraction; que veut-il donc qu'il soit ? Si Dieu n'est point une abstraction, il est donc un corps. Il faut opter. Dans les deux cas, Hardouin et ses adversaires sont Athées ou spinosistes.

HARLAI, (le président Achilles de) mort en 1712.

Ce grave magistrat s'égayait par fois aux dépens de ce qu'on appèle vulgairement l'*Être suprême*; il disait :

Dieu soit loué, et nos boutiques.

N. B. Peu de sujets fournissent davantage à la plaisanterie. Une opinion, pour quelque grave qu'on la donne, si elle est absurde, si elle répugne à la nature, prête le flanc au sarcasme.

HEBERT. ★ Au sujet de la fête de la Raison, imaginée par Hébert et autres meneurs de la trop fameuse commune de Paris, un poëte déiste fut converti à l'athéisme, et s'écria :

Je ne veux plus d'un Dieu qu'un Hébert peut proscrire.

HELVÉTIUS, (Cl.-Adr.) philosophe parisien.

On ne finirait pas, si l'on voulait donner la liste de tous les peuples qui vivent sans avoir l'idée de Dieu. *De l'Esprit.*

Les peuples sans idée de Dieu peuvent vivre en société plus ou moins heureusement, selon l'habileté plus ou moins grande de leur législateur. *Idem.*

Il est peu de gens que la religion retienne . . . . *Eod. loco.*

Peu de philosophes ont nié l'existence d'un *Dieu-physique* . . . . il n'en est pas ainsi du *Dieu moral.* *De l'Homme.*

Rien de commun entre la religion et la vertu. *Eod. loco.*

N. B. Et c'est ce qu'il faut répéter jusqu'à la satiété. Dans aucune circonstance, dans aucune saison de la vie, l'homme, pour être sage et heureux, n'a que faire d'autres divinités que de sa tête et de son cœur. L'homme est son Dieu. Rien de commun entre ce qui se fait au ciel et ce qui se passe sur la terre.

L'homme, disait Fontenelle, a fait Dieu à son image et ne pouvait faire autrement.
Helvétius, de l'Homme.

..... Si par Athées, on entend des hommes guidés par l'expérience et le témoignage de leurs sens, qui ne voyent dans la nature que ce qui s'y trouve réellement; si par Athées, on entend des physiciens qui, sans recourir à une force chimérique, croyent pouvoir tout expliquer par les lois du mouvement ..... il n'est pas douteux qu'il existe bien des Athées, qu'il y en aurait bien davantage, si les lumières de la saine physique et de la droite raison étaient plus répandues.

Page 74 et 75, du Vrai sens du système de la Nature, ouvrage posthume de M. Helvétius, Londres, 1774.

Dans l'enfance du monde, le premier usage que l'homme fait de sa raison, c'est de se créer des Dieux. *De l'Esprit, disc. II.*

La religion payenne n'était proprement que le système allégorisé de la nature.
De l'Homme.

Voyez la Religion universelle par le savant Dupuis.

Helvétius dit que tous les hommes de lettres sont Athées. *De l'Esprit, tom. I.*

Il ajoute que tous les jésuites, qui certainement n'étaient pas des sots, avaient soutenu cette opinion.

Helvétius appellait la morale, la seule religion du monde entier.

Il disait : le mal que font les religions est réel, et le bien imaginaire.

Les religions sont utiles, mais c'est aux prêtres et aux tyrans.

Helvétius mérite le mot : *Ecce* vir.

HÉNAUT. (N.) Ce poëte se piquait d'athéisme. Il avait fait le voyage de Hollande, tout exprès pour voir Spinosa.

Voici de ses vers :

On meurt, et sans ressource, et sans réserve aucune.
S'il est après ma mort quelque reste de moi,
Ce reste, un peu plus tard, suivra la même loi,
Fera place à son tour à de nouvelles choses,
Et se replongera dans le sein de ses causes.
Hénaut.

Hénaut avait composé trois différens systèmes de la mortalité de l'ame. Cette matière était de son goût. Dans une épitre dédicatoire, il s'exprime ainsi :

« . . . . . Vous savez que je suis un
» homme tout intérieur, que je ne me
» félicite guère de l'opinion d'autrui, que
» mes maximes ou mes erreurs sont assez
» différentes de celles du reste du monde ».

Voici encore quelques autres vers de ce poëte Athée :

Tout meurt en nous, quand nous mourons ;
La mort ne laisse rien, et n'est rien elle-même ;
 Du peu de temps que nous durons
 Ce n'est que le moment extrême . . . . . etc.

M. d'Hénaut, (imprima-t'on, à la tête de quelques-unes de ses poésies), était estimé de tout le monde . . . . C'était un parfaitement honnête homme.

Ce poëte philosophe, qui avait entrepris la traduction française de Lucrèce, brûla ce qu'il en avait fait, par déférence pour son confesseur ; et c'est une grande perte, à en juger d'après la belle invocation qui nous reste.

N. B. Le vandalisme des prêtres a fait bien du mal aux Muses et aux lettres.

24

HÉRACLITE. Philosophe Éphésien.
Il avait écrit *de la Matière,*
de l'Univers,
de la Théologie . . . .

Comme ses opinions sur la nature des Dieux, n'étaient pas conformes à celles du peuple, et qu'il craignait la persécution des prêtres, il avait eu la prudence de se couvrir d'un nuage d'expressions obscures et figurées. *Diderot.*

N. B. Diderot lui-même ne l'a que trop imité.

Héraclite disait :
Qu'est-ce que c'est que les hommes ?
Des Dieux mortels.
Qu'est-ce que les Dieux ?
Des hommes immortels.

HÉRAUT de Sechelles.
Voyez son voyage à Montbard.
Magas. encyclo. 1795.

HERBERT, (E.) non pas le poëte et curé de ce nom, mais le philosophe anglais, précurseur de Hobbes, de Blount et de Spinosa, dans la carrière du *naturalisme.*

HERIMANN. (Conrard)
Ordines Belgii præstantissimos atheismi præ-

fidenter arcessit (Conr. Herimannus), nec religionem curæ habere dicit, nisi quatenus ad ampliandum imperium utilis esse videtur. Berneggeras, *Tuba pacis.*

D'après ce passage, il parait que par-tout et toujours, la religion ne fut considérée par les administrateurs politiques, que comme un levier pour remuer le peuple à leur profit.

N. B. Ne serait-il pas bien temps que ce charlatanisme indécent et grossier cessât, pour faire place enfin à une bonne législation ? Point de mœurs, tant qu'on tolérera publiquement les *filles* et les *prêtres* . . . . Qu'on ne se récrie pas sur cet accouplement. Les ministres du Christ n'ont-ils point divinisé l'adultère ? Marie est-elle autre chose que la patrone des épouses infidelles ? Joseph, le patron des maris trompés ?

Quand donc finira ce scandale ?

HERMIAS, le Galate, soutenait le matérialisme de Dieu, et l'éternité de l'univers. L'enfer, aux yeux de ce philosophe, n'était autre chose que ce monde, dans lequel, en effet, les philosophes ne sont pas très-à leur aise. La résurrection, que la nouvelle secte du Christ, fondée par saint Paul, commençait à prêcher, (c'était au

IIe. siècle de l'ère commune). La résurrection de la chair n'était, selon Hermias, que le mariage ou la propagation des familles. Hermias fit école.

HERMITAITES, (les) Sectaires, partisans de la doctrine d'Hermias. Ils eurent quelque temps une existence dans le pays des Galates. Ils voulaient rapprocher les nouveaux dogmes des christolâtres, de l'opinion des stoïciens matérialistes.

HERMOGÈNE était un philosophe matérialien. *Voyez ce mot.*

Stoïcien d'abord, il embrassa par la suite le christianisme; ou plutôt il espéra pouvoir concilier les deux doctrines. Il en résulta un athéisme mitigé, que Tertulien réfuta comme il put.

Il faut distinguer notre savant africain du rhéteur qui porte le même nom.

HÉRODOTE. Plutarque accuse Hérodote d'impiété

Ce premier des historiens connus dans la Grèce, professait la doctrine commune à tous les anciens.

HERTZBERG, (le baron de) qui succéda au comte de Finckenstein, dans le ministère des affaires étrangères, à Berlin.

HÉSIODE, dont les écrits, avec ceux d'Homère, composent le système canonique du paganisme, pose en fait que les Dieux et les hommes sont également produits par les forces inconnues de la nature.

Hume, Histoire naturelle de la religion.

Hésiode avait dans le fond les mêmes principes que les Athées matérialistes.

Naigeon.

HIÉROPHANTES, (les) souverains pontifes à Thèbes, disaient à leurs initiés : « Toute la sagesse Egyptienne consiste » dans l'étude et l'admiration des choses » naturelles. Nous n'admettons que l'exis- » tence d'une seule matière organique; et » c'est-là notre divinité, si l'on exige que » nous en ayons une ».

Voyez Regnaut, Origine ancienne de la Physique nouvelle, tom. I, p. 36.

HIPPOCRATE semblait reconnaitre pour Dieu, la chaleur qui est répandue par tout le monde : ce système approchait de celui de Spinosa . . . .

Philos. du bon-sens, tom. I.

Hippocrate avait sur l'ame des idées peu *spirituelles* : il la confondait avec les esprits animaux.

HIPPON, de Mélos. Ce philosophe fit trophée de son athéisme, même après sa mort.

Il ordonna que l'on mît sur son tombeau cette épitaphe ironique, composée par lui-même :

Ci-gît Hippon,
Que la parque,
En le privant du jour,
A rendu semblable
Aux Dieux immortels.

Voyez *Clément d'Alex. Coh. Ad. Gent. et du Monde et de l'Ame.*

HIRE. (Philippe de la) Ce savant et laborieux mathématicien, de l'Académie des sciences de Paris, avait, dit Fontenelle, *la circonspection, la prudente timidité* des italiens. Il avait contracté ce caractère lors de son voyage à Rome, contrée où l'on croiait le moins, où l'on feignait de croire davantage. La Hire était fort réservé, et s'arrêtait tout court au point où la religion empiéte sur la physique. Notre académicien aimait à vivre en paix.

HEYRNHAYM. (Jérôme) Sans la révélation, ce chanoine de Bohême eût douté de l'existence divine ; selon lui, point de milieu ; croire tout ou ne rien croire. Une telle opinion mènerait bien des gens droit à l'athéisme.

HOBBES, (Th.) était bon citoyen, bon parent, bon ami, et ne croyait point en Dieu. *Diderot, traduction des Recherches sur la Vertu, de Shaftsbury, note* 21.

Si, dans une république où l'on ne reconnaîtrait point de Dieu, quelque citoyen en proposait un, je le ferais pendre.

Hobbes, en parlant de Dieu, dit :

Tout ce qui n'est ni corps, ni accident d'un corps, n'existe point. Il n'y a point de substance distincte de la matière.

Tout ce que nous concevons est fini, dit très-bien Hobbes : le mot *infini* est donc vide d'idées. Si nous prononçons le nom de *Dieu*, nous ne le comprenons pas davantage. *De homine, cap.* 3.

Hobbes définit la *théologie*, avec sa précision ordinaire, *regnum tenebrarum*, le royaume des ténèbres.

Hobbes mit tout en œuvre pour nous faire

voir qu'il n'y avait rien qui nous portât naturellement à une vie religieuse.

Shaftsbury, *Essai sur la Raillerie.*

Il pensait avec beaucoup de liberté, et s'exprimait avec beaucoup de hardiesse. Il haïssait tous ceux qui cherchent à entretenir la crédulité populaire. . . .

Deslandes. Grands hommes morts en plaisantant.

Le monde est corporel; il a les dimensions de la grandeur, savoir : longueur, largeur et profondeur. Toute portion d'un corps est corps, et a ces mêmes dimensions : conséquemment, chaque partie de l'univers est corps, et ce qui n'est pas corps, n'est point partie de l'univers; mais comme l'univers est tout, ce qui n'en fait point partie n'est rien, et ne peut être nulle part . . . . *Leviathan, ch. XLVI.*

N. B. On dit que Hobbes mourut dévot ; il était plus que nonagénaire. Nécessairement le génie se ressent de la caducité du corps, et cela même confirme et justifie le matérialisme du philosophe.

La religion est une affaire de législation, et non de philosophie.

Hobbes, Encycl. méth.

Toute

Toute religion, fondée sur la crainte d'un pouvoir invisible, est un conte. *Hobbes*.

S'il ne fut pas Athée, il faut avouer que son Dieu diffère peu de celui de Spinosa.
Diderot.

De toutes les vertus morales, il n'y a guères que la religion qui fut une matière problématique dans la personne de Hobbes...

Il a passé pour Athée. *Bayle*.

Sa longue vie a toujours été celle d'un parfaitement honnête homme. Il aimait sa patrie.... Il était bon ami, charitable, officieux. *Ecce* vir.

HOLCROFT, (Thomas) poëte anglais, né vers 1760.

HOMÈRE peut être regardé comme Athée, puisqu'il donnait pour origine aux Dieux l'Océan ou la matière fluide.

Théodoret assure que non-seulement Diagoras, Théodore, Evhemère, qui ont pleinement nié qu'il y eut des Dieux, sont Athées, mais qu'*Homère*, Hésiode, etc. le sont aussi.

De Curat. Græc. affect. serm. III.

Homère, en annonçant la toute puissance

du Dieu des Dieux, fit connaître qu'il le regarde comme la matière subtile.

Martin de Busgy.

HONNÊTES GENS du Paganisme. (les)

Deos ea facie novimus quâ pictores et fictores voluerunt.

« Nous ne connaissons les Dieux que
» par le visage qu'il a plu aux peintres et
» aux sculpteurs » . . .

Disaient les honnêtes gens du paganisme.

Bayle, dictionn. Flora.

HOQUINCOURT. (le marquis d') . . .
Le diable m'emporte, si je croyais rien.
Depuis . . . . je me ferais crucifier pour la religion. Ce n'est pas que j'y voye plus de raison ; au contraire, moins que jamais : mais je ne saurais que vous dire, je me ferais crucifier sans savoir pourquoi.

N. B. Persifflage ou non, ces paroles conviennent à beaucoup d'autres encore qu'au marquis d'Hoquincourt.

HORACE. Ce poëte épicurien appartient aux Athées. Son seul Dieu était le plaisir.

Il tira tout le meilleur parti possible de la vie ; bien convaincu qu'elle n'est point suivie d'une autre.

HORN. Les insulaires de Horn sont sans connaissance de Dieu, et sans religion.
Mercure Français, 1617, *p.* 154.

HOTMAN, (Fr.) jurisconsulte, né à Paris, en 1524.

On lui reprocha d'être un élégant maitre de l'athéisme de Cicéron. Hotman ne répondit point à cette accusation.

HOTTENTOTS. (les)

Les Hottentots refusent d'adorer Dieu, parce que, (disent-ils), s'il fait souvent du bien, il fait souvent du mal.

Laloubère raconte qu'il a vu un grand nombre d'Hottentots, mais qu'il n'en a point trouvés qui eussent la moindre idée de Dieu . . . . Les Anglais en prirent un, le baptisèrent, le ramenèrent en son pays; mais alors il dépouilla avec ses habits les sentimens de la religion. Toute la raison qu'on put tirer de lui, c'est que le Dieu d'Angleterre n'était pas mauvais; mais qu'il valait mieux encore n'en avoir point du tout. *Voyages de Laloubère.*

Je n'y ai vu, (chez les Hottentots, en Afrique), aucune trace de religion, rien qui approche même de l'idée d'un être vengeur et rémunérateur. J'ai vécu assez long-temps avec eux, chez eux, au sein de leurs déserts paisibles; j'ai fait avec ces braves humains des voyages, dans des régions fort éloignées; nulle part je n'ai rencontré rien qui ressemble à de la religion.

Là, où il n'y a ni religion, ni culte, il ne peut exister de superstition . . . . Il n'y a ni médecins, ni prêtres; et dans l'idiôme Hottentot, aucun mot n'exprime aucune de ces choses.

Voyage de Levaillant, 1790, in-8°, tom. I et II.

N. B. Ni Dieu, ni médecine ! . . . .

Que nous sommes petits, nous autres nations policées, à côté des Hottentots !

Proposons aux grammairiens un nouveau synonime :

Sage, et *Sauvage*.

BOURN, de Birmingham, auteur anglais.

L'athéisme ne nous donne point de motifs pour être vicieux et méchans . . . .

L'athéisme ne nous rend point ennemis du genre humain; il ne nous fait point haïr ceux qui ne pensent point comme nous;

il n'annéantit pas les principes de la morale humaine. *Sermon publié à Londres, en 1735.*

HOUTEVILLE. (l'abbé)

« Dieu n'est point corps à la manière
» des substances étendues; cependant, il
» en a tout le positif, toute la vérité . . . .
» Il est tout enfin . . . . . ».

N. B. Ceci sent fort le spinosisme. L'embarras des théologiens est remarquable. Souvent, l'épaisseur d'un cheveu sépare à peine leur doctrine de celle des plus grands impies qu'ils ont fait assassiner ou brûler.

Nos arrières neveux répugneront de croire ce que nous avons vu, ce que nous voyons encore se passer dans la politique tant profane que sacrée.

HUET, évêque d'Avranches.

Quoique par la raison nous ne puissions acquérir aucune connaissance plus certaine que la connaissance de Dieu . . . . néanmoins, cette certitude n'est pas entièrement parfaite.

. . . . . . *Sed quid singula persequor cum perpaucæ reperiri possint gentes, quarum animos non aliqua imbuerit dei notitia*: perpaucas *dixi, nam falluntur qui* nullas *dicunt.*

Alnet. Quæst. p. 101.

C'est-à-dire : il est *peu* de nations dont l'esprit n'ait quelque teinture de l'existence divine.

Je dis *peu*. Car ceux qui disent qu'il n'y en a aucune, se trompent.

Son traité de la *Faiblesse de l'entendement humain* n'est pas l'œuvre d'un prêtre. Huet s'y montre sceptique tout au moins.

HUME, (David) historien et philosophe Écossais.

Il est incontestable que l'empire que toute sorte de foi religieuse exerce sur l'entendement, est un empire chancelant et peu assuré : il dépend beaucoup de l'humeur et des caprices de l'imagination.

Histoire naturelle de la Religion.

La religion primitive du genre humain doit sa principale origine aux craintes que l'avenir inspire. *Idem.*

Les théologiens ont trouvé la solution du fameux problème d'Archimède, un point dans le ciel d'où ils remuent le monde.

Idem.

HYLOBIENS. (les) Sorte de sages près du Gange, qui n'écrivent jamais, et ne lisent point : ces hommes doutent de tout, excepté de ce qu'ils voient et de ce qu'ils palpent eux-mêmes. Ils dédaignent la renommée .... Étrangers aux révolutions politiques, ils ne s'occupent que d'eux et de leur famille, et se maintiennent neutres pour tout le reste. Ils vivent à l'écart, et ne travaillent que pour exister : enfin, ils ont des mœurs et point de culte.

HYLOZOISTE. (J') Philosophe professant l'espèce d'athéisme qui consiste à attribuer de la vie à la matière.

N. B. Dans cette hipothèse, on se passe d'un Dieu, et l'on abrège les difficultés. Ce n'est qu'en simplifiant qu'on parviendra à s'entendre.

J ACOB, le patriarche.

Il lutta toute une nuit contre Dieu.

Fortis contra Deum fuisti. Genès. XXXII.

N. B. Serait-ce pour nous apprendre, en style oriental, que le patriarche Jacob fut Athée, ou tout au moins se fit violence pour croire ?

JACQUES*, roi d'Angleterre, était bigot et connaisseur en ce genre ; il ne croyait point à l'humanité des prêtres.

« Il est très-difficile, disait-il, d'être
» à-la-fois bon théologien et bon sujet ».

Helvétius, de l'Homme.

N. B. Il est à ce sujet un problème à résoudre, qui ne fait point l'éloge de la judiciaire humaine. En France, pourquoi marquait-on beaucoup d'attachement et de respect au culte divin, et très-peu au ministre de ce même culte ? L'aumônier d'une grande maison, tous les matins, voyait son maître à ses pieds. Hors de sa chapelle, tout le reste de la journée, il n'en était guère mieux traité que tout autre valet. Il faut dire aussi que ce pontif domestique ne professait pas des mœurs plus pures et des sentimens plus relevés que ceux d'un homme à gage. C'était d'ordinaire, (pour nous servir de l'expression du roi Jacques), un assez mauvais sujet. Le mépris motivé pour la personne des prêtres, a conduit bien du monde à l'insouciance pour leur Dieu.

JANSÉNISTES.

JANSÉNISTES. (les) La théorie des jansénistes mène à l'athéisme, m'a dit un évêque du midi de la France.

JANSÉNIUS, (Corn.) évêque d'Ipres.

In Jansenii scriptis qui Atheismum non videt, cæcum hunc et hebetem esse nihil veremur affirmare.

. . . . . Agnoscet esse Jansenium plane Atheum.

C'est - à - dire : Il faut être aveugle, et même hébété, pour ne pas lire l'athéisme dans les écrits de Jansénius . . . . qui n'est qu'un franc Athée.

Et le P. Hardouin cite en preuve ces paroles du théologien :

Deus non alius est quam lex justitiæ....

C'est-à-dire : Dieu n'est autre chose que la loi de la justice.

Hardouin a raison.

Jansénius ne voyait en Dieu, ne faisait de Dieu, qu'une abstraction.

JAPON. Ce pays renferme une secte qui n'espère d'autre vie que celle-ci, et ne connait point d'autre substance que celle qui frappe les sens . . . . Elle en-

26

seigne des choses qui ont beaucoup de rapport à l'opinion de Spinosa.

JAQUELOT. Jaquelot avoue qu'il y a dans le cœur de l'homme un penchant secret à recevoir avec applaudissement les moindres objections qu'on peut former contre les principes de la religion . . . .

Le monde est plein de gens qui nient et combattent *l'existence de Dieu* . . . .

Le lecteur est naturellement incrédule sur cette grande question . . . .

Tel qui parle de Dieu, n'a pas d'autre idée de sa divinité, que celle de la matière de l'univers.

Dissertations sur l'existence de Dieu, préface.

Rien n'aide la raison à se pénétrer de l'idée de cet objet. *Idem.*

Les plus sages des payens se servaient de cette pensée, qu'*il y a des Dieux*, autant qu'ils la croyaient propre à retenir le peuple dans la crainte et dans le respect.

Exist. de Dieu, in-4°.

Ainsi donc, Dieu n'est que l'enfant adultère d'une politique déréglée.

JAUCOURT, (L.) philosophe laborieux et paisible, médecin et littérateur ; il coopéra pour beaucoup d'articles à l'Encyclopédie, à cette première Encyclopédie dans laquelle, à travers une infinité d'erreurs et de préjugés, on trouve cependant tant de choses utiles et tant de vérités hardies.

JELLIS, (Jarig) Flamand, disciple et intime ami de Spinosa ; accusé des mêmes impiétés, il publia, pour se mettre à l'abri, une confession de foi, qu'approuva même son maître.

IDÉALISTE, (l') secte de philosophie. S'il veut être conséquent, il doit faire un pas de plus, et dire nettement : « non-seulement » les corps extérieurs et la matière en gé- « ral n'existent point, mais Dieu lui-même » n'est qu'un phénomène, une illusion de » mes sens ». *Naigeon.*

JEAN. (St.) Nous ne pouvons guère refuser ici une place à cet évangéliste apocalyptique. Le début de son livre sera son titre : Dieu est la parole. *Deus est verbum.*

Plus loin, Jean se dit venu pour rendre témoignage à Dieu, qu'il appèle *la lumière*.
Chap. I.

Zoroastre et les Guèbres ne s'expriment pas autrement.

Ainsi donc, selon l'un des quatre évangiles les plus authentiques, Dieu n'est qu'un mot, *verba et voces*. Dieu n'est que la lumière. *Lux*.

Les hommes-de-Dieu demanderont grâce, à cause du style oriental, lequel ne dit jamais les choses par leur nom; mais où en sommes-nous, s'il faut nous livrer aux conjectures des commentateurs? les *Élémens* d'Euclide n'en ont pas besoin.

JÉSUS-CHRIST *, enfant illégitime, né à Bethléem, dans la Judée, d'un père qui n'était pas le mari de sa mère.

Ceci est mon corps, ceci est mon sang, dit Jésus-Christ, en présentant à ses apôtres du pain et du vin.

Et nous dirons : ceci est du matérialisme tout pur. Un *Dieu pain*, du *pain Dieu*. Certes! Spinosa n'a jamais poussé si loin les vertus de la matière.

Jésus préférait dans ses paraboles l'incrédule Samaritain au dévot Pharisien.

Helvétius, de l'Homme.

JÉS

Jésus semble regarder la divinité comme l'auteur du mal.

Idem, conclusion de l'Homme.

Il semble que Jésus-Christ ait voulu nous faire entendre que ces hommes, qu'on appèle communément *Déistes* ou *Athées*, et qui n'ont pas l'esprit gâté et perverti par la superstition, sont plus charitables et infiniment meilleurs que ceux qui l'ont corrompu par les vices et les cruautés qu'inspire la superstition . . . .

Albert Radicati, comte de Passeran,
Recueil de Pièces curieuses . . . . .
Londres, 1749, p. 23, in-8°.

Jésus-Christ n'avait pas le moindre principe de physique; et la métaphysique lui était absolument inconnue.

Exam. des Relig. p. 153.

Jésus-Christ et ses apôtres étaient gens ignorans. *Idem, p. 155.*

Quant à la morale, Jésus-Christ était un monstre. *Idem, p. 190.*

N. B. Il est certain que les mœurs et la doctrine de ce Dieu le fils, ont dégoûté de Dieu le père. L'examen du christianisme a fait beaucoup d'Athées. Il n'y a peut-être jamais eu de système religieux plus indécent, plus impertinent, plus révoltant que celui de Jésus. On ne voudra pas croire un jour que les hommes aient porté si loin la stupidité. Il est vrai que les peuples ne sont plus des hommes.

ILES (les trente-deux) découvertes sur la fin du dernier siècle, au sud des Marianes.

De summo ac primo rerum auctore, mirum apud omnes sinas silentium; quippe in tam copiosâ linguâ ne nomem quidem Deus habet. Martini. *Hist. sin. lib. I.*

C'est-à-dire : les Chinois gardent un silence vraiment admirable sur le suprême auteur de toutes choses; et dans leur langue, si pleine de mots, il ne s'en trouve pas un pour exprimer *Dieu*.

N. B. L'observation de Martin est applicable aux habitans des trente-deux îles voisines de la nation chinoise.

IMPIE. Rien de moins déterminé que la signification de ce mot, auquel on attache si souvent une idée vague et confuse de scélératesse. Entend-t'on par ce mot un Athée ?...

Pour que ce mot d'*Athée* ou d'*Impie* rappelle à l'esprit quelqu'idée de scélératesse, à qui l'appliquer ?

Aux persécuteurs ! *Helvétius.*

INCRÉDULE. Le mot *raisonnable* est aujourd'hui devenu synonime d'*incrédule*.
    Helvétius, *de l'Homme.*

INCURIOSI, les insoucians.

C'est le nom d'une académie ou société de philosophes italiens, établie dans la ville de Rossani, professant l'insouciance la plus complette touchant les opinions et les institutions humaines, principalement sur le chapitre de Dieu et du culte.

INDIENS. Plusieurs passages du *Védam* ne permettent pas de douter que l'existence de l'ame du monde et le panthéisme, sont les principaux dogmes de la philosophie et de la religion des *Indiens*.

Ces passages, réunis aux fragmens des ouvrages publiés par Holwell et Dow, démontrent le matérialisme des Indiens.
    Encyclop. Méthod.

INDIFFERENTI, les indifférens.

C'est le titre d'une société de philosophes italiens, fondée à Bologne, véritable académie d'Athées épicuriens.

A peu-près sous le même nom... Péruse vit aussi se former dans ses murs un cercle d'hommes qui se piquaient de la plus parfaite neutralité en fait de religions. Ils n'en adoptaient aucune.

INITIÉS. (les) Aux mystères d'Eleusis, de Samothrace et de Lemnos, je suis persuadé qu'on prêchait l'*Athéisme* à un petit nombre d'Initiés en qui on reconnaissait des dispositions favorables. J'en prends à témoin Cicéron. *Larcher, note sur Hérodote, liv. VIII, p. 449 et 450, t. V.*

Rerum natura magis cognoscitur quam Deorum. Cic. Nat. deor. ad finem.

C'est-à-dire : Le secret des mystères apprend aux Initiés bien moins la nature des Dieux que celle des choses.

INSTITUT *national de France*, (l') est composé de dévots et d'Athées.

Chap. XIX du Contrat social des Républiques, ouvrage qui vient de paraître.

N. B. En effet, sur les mêmes fauteuils, siégent tour-à-tour les Bernardins de Saint-Pierre, les Collin-d'Harleville, les Louis Mercier, les Delisle Desalle, les Laréveillère-Lépaux, les Jussieu, etc. à côté des Lalande, des Naigeon, des Mongez... ect.

cette

cette savante confrairie donne au moins en cela l'exemple de la tolérance des opinions. La concordance des principes serait peut-être tout aussi édifiante. Cela viendra. L'Institut est jeune encore. Lui vienne la barbe, nous le verrons sans doute déposer la robe de l'enfance, pour endosser le manteau du philosophe.

En attendant, que de scandales cette compagnie de tant de beaux esprits, a donnés déjà dans ses lectures publiques, dans ses séances particulières !... S'il est temps de proclamer toute la vérité, l'Institut ne devrait-il pas en prendre l'initiative solennelle ? A quel autre corps est donc réservé le soin de dénoncer et poursuivre au tribunal de l'opinion les vieilles corporations religieuses ? L'école d'Athènes bravait les considérations.

L'Institut est loin de tout cela ; plusieurs de ses membres vont encore à la messe. Corneille, et je crois même Tournefort, y allaient bien. Nous le savons ; mais nous savons aussi que les temps ne sont plus les mêmes.

C'est pitié de voir cent hommes choisis parmi les doctes de toute une grande nation, et délivrés de la triple inquisition sacerdotale, parlementaire et ministérielle, faire si peu, se prononcer si faiblement contre les préjugés de leur pays et de leur siècle, et s'empresser de rappeller les poids et les mesures à l'unité, avant de l'avoir introduite dans la morale publique....

JOB. Qui me donnera de connaître et de trouver Dieu ?.... Si je vais en Orient, il ne paraît point; si je vais en Occident, je ne l'aperçois point; si je me tourne à gauche, je ne puis l'atteindre; si je vais à droite, je ne le verrai point.

Ch. XXIII. 3, 8, 9.

Multa cum amicis disseruit atheismum indirectum spirantia .... probavimus.

C'est-à-dire : Job avec ses amis se permettait des discours qui sentaient fort l'athéisme.

Historia theologiæ Judaïcæ. J. Fr. Reimmanni, p. 579.

Toute la Bible est pour les Athées, une mine à exploiter.

JODELLE, (E.) poëte français, de Paris : Voëtius raconte avoir lu que Jodelle était épicurien et Athée....

IONIQUE. (la secte) Depuis Thalès inclusivement, jusques à Anaxagoras exclusivement, la secte ionique fut Athée.

JOSEPH. (l'historien) Il fit le prophète et l'inspiré pour sauver sa vie..... Toute

son histoire est pleine de son athéisme.
Longueruana, tom. II.

JORDAN. Cet instituteur, d'autres disent, l'ami du roi de Prusse, Frédéric II, ne contribua pas peu à effacer de l'esprit de ce prince toute idée religieuse.

Jordan n'était point ferme sur ses étriers. L'approche de la mort culbuta sa raison.

Il ne faut rien conclure des derniers momens de la vie.

JOVEA, (André) Portugais, a passé pour Athée.

IRENÉE, (S.) Grec, évêque et martyr.
Les ames, selon ce père de l'église, ayant commencé d'être, il serait naturel qu'elles finissent de même . . . . *Cum ipso corpore mori* . . . . Adv. Hæres. L. II.

Il est égal de dire que l'ame est mortelle, ou d'assurer qu'elle est corporelle.
Mirabaud, le Monde . . . .

N. B. Voilà un matérialiste, sans le savoir, martyr du spiritualisme qu'il croit comprendre. L'histoire de l'esprit humain est pleine de ces inconséquences.

ISAÏE, le prophète juif.

Selon lui, la divinité ne peut être que matérielle et nécessaire . . . .

Martin de Bussy, Remarques sur le poëme de l'Éther.

ISIAQUES, (les prêtres) en Égypte, à Rome . . étaient de véritables matérialistes ; car, dit Macrobe :

Isis nihil aliud est quam natura rerum.
       Saturnal.

C'est-à-dire : Isis n'est autre que la nature des choses.

N. B. Les monumens antiques représentent cette divinité à plusieurs mammelles, allaitant un jeune enfant assis sur ses genoux : symbole de la nature, vierge, mère et nourrice ; se suffisant à elle-même, trouvant en elle seule la faculté d'engendrer et de nourrir ce qu'elle a produit.

Les christolâtres ne soupçonnent pas que leur culte à la vierge Marie, leur vient des bords du Nil et du Tibre.

Sub sole, nil novum. Il n'y a rien de nouveau sous le soleil. Toutes les religions ne forment entr'elles qu'un cercle vicieux.

ISLANDAIS. (les) Dans l'*Edda* (Mythologie) des insulaires de l'Islande, Dieu, ou Odin, est appelé le *père universel*, *le père de tout* . . . . La terre est sa fille et sa femme.

C'est le dogme d'un Dieu suprême, l'ame du monde, s'unissant à la matière : dogme d'une très-grande ancienneté, (dit Mallet, *remarques sur l'Edda*), et reçu généralement de toutes les nations celtiques.

ITALIE. Depuis long-temps, il existait en Europe, et sur-tout en *Italie*, une classe d'hommes qui, rejettant toutes les superstitions, indifférens à tous les cultes, soumis à la raison seule, regardaient les religions comme des inventions humaines, dont on pouvait se moquer en secret, (en Italie, on ne pouvait pas faire autrement), mais que la prudence de la politique ordonnait de paraître respecter.

Condorcet, Esquisse des progrès de l'Esprit humain.

L'Italie a toujours été la véritable pépinière des Athées. *Note de Pio.*

ITALIENS. (les) Je ne trouve pas d'Athées chez nous, (en France), avant le règne de François I ; ni en Italie, qu'après la dernière prise de Constantinople.

Clavigny de Sainte-Honorine, Usage des livres suspects.

Ce qu'il y a de certain, c'est que la plupart des beaux esprits et des savans humanistes qui brillèrent en Italie, lorsque les Belles-Lettres commencèrent à renaître, n'avaient guère de religion. *Bayle.*

N. B. Et toujours, honorables lecteurs, toujours les lumières et l'athéisme allant de compagnie. Les bonnes lettres commencent par dégrossir l'esprit humain ; la philosophie, sur leurs pas, lui donne de la hardiesse. On rit d'abord des ridicules religieux ; puis on en vient aux préjugés, on attaque corps à corps le phantôme qui les renferme tous. On le terrasse, ou plutôt on le dissipe ; et la révolution est faite.

JUAN. (Don)

Scène du Festin de Pierre de Molière, supprimée à la seconde représentation.

Don Juan rencontre un pauvre dans la forêt, et lui demande à quoi il y passe la vie.

LE PAUVRE.

A prier Dieu pour les honnêtes gens qui me donnent l'aumône.

DON JUAN.

Tu passes ta vie à prier Dieu ? si cela est, tu dois être fort à ton aise.

LE PAUVRE.

Hélas ! monsieur, je n'ai pas souvent de quoi manger.

DON JUAN, *avec ironie*.

Cela ne se peut pas ; Dieu ne saurait laisser mourir de faim ceux qui le prient du soir au matin : tiens, voilà un louis d'or ! mais je te le donne pour l'amour de l'humanité.

N. B. L'Athée Espagnol *Don Juan* exista, mais non tel qu'il plut aux auteurs dramatiques de le travestir sur le théâtre. La seule scène où l'original était fidèlement copié, fut précisément celle que l'on proscrivit.

JULIEN, (l'empereur) sur-nommé *l'Apostat*, par les chrétiens.

Nous l'appellerons le *matérialiste*, à cause de sa belle invocation au soleil.

Ce prince philosophe, cassa un corps d'agens de police, vils espions chargés par ses prédécesseurs de fouiller dans le secret des familles et des consciences, pour dénoncer au gouvernement les incrédules et les impies.

JULIEN, négociant, à Paris.

.... Dieu .... mot vide de sens, employé par la politique pour endormir les sots.

Les pédans de ma paroisse me dirent à ce sujet : *Si vous ne voulez pas croire, n'empêchez pas les autres.*

> Extrait d'une lettre .... au rédacteur du dictionnaire des Athées.

JULIEN, (Bernard – Valière, veuve) née près de Lyon.

On dit : Dieu est immense, Dieu est par-tout, Dieu remplit tout. Si cela était, Dieu seul pourrait exister dans l'univers ; car si d'autres que lui existaient, ils ne pourraient exister que dans Dieu, qu'avec Dieu, que comme Dieu. Ils ne pourraient exister que dans Dieu, puisqu'il est immense ; ils ne pourraient exister qu'avec Dieu, puisqu'il est par-tout ; ils ne pourraient exister que comme Dieu, puisqu'il remplit tout, et qu'il faudrait qu'il y eut quelque chose où Dieu ne fût pas, n'agit pas, pour qu'un autre pût y être, pût y agir. Il faut donc

donc nécessairement ou qu'il n'y ait point de Dieu, ou que tout soit Dieu.

JULIUS. (Canus) Ce bon citoyen de Rome, condamné à mort par Caligula, dit à ses amis, en souriant : pourquoi vous affliger ? vous cherchez si l'ame subsiste après notre mort, je le saurai bientôt...
Sénèque, de tranquillitate animi. XIV.

JURIEU, (P.) ministre protestant.

Dieu, non-seulement, ne peut punir un Athée de bonne foi, qui dogmatise contre la divinité ; il lui doit récompense : car il suit la loi éternelle et immuable, qui oblige l'homme, sous peine du plus grand péché mortel qu'il puisse commettre, d'agir selon le dictamen de sa conscience.

Il y a des *Athées* qui vivent moralement bien. *Le même.*

Pourquoi y a t-il des Athées de profession plus honnêtes gens que les Sociniens ?
Tableau du socianisme.

Cette proposition : *Il y a un Dieu*, se peut démontrer comme je crois, mais ce n'est pas par une démonstration qui soit sensible à un esprit vulgaire, comme on peut faire sentir à tout esprit, quelque bas qu'il soit, que six font la moitié de douze.

Jurieu, de la Nature et de la Grâce.

JUSTIN, (S.) martyr.

Ceux qui suivent la raison peuvent être regardés comme très-religieux, même quand ils seraient Athées.

Quicumque cum ratione vixerunt, christiani sunt quamvis Athei, quales inter græcos fuere Socrates *et* Heraclitus, *atque ii similes . . . . Quamvis nullius numinis cultores habiti sunt.* Apolog . . . .

Saint Justin décide qu'on ne doit pas dire que l'âme soit immortelle.

Dial. cum Tryph.

JUVENAL. (D.-J.)

Fata regunt homines . . . . etc . . . .
Sat. IX.

De la fatalité, nous sommes les esclaves . . . .

Tanneguy le Févre, range ce poëte vigoureux parmi les Athées.

K.

KAMTSCHADALES, (les) peuples à l'extrémité orientale de l'Asie.

Les observateurs qui nous les ont fait connaître, assurent très-positivement qu'*ils n'aiment ni ne craignent Dieu*, et que l'*idée d'une providence leur paraît ridicule*....

Ne se refusant rien en ce bas monde, ils ne font aucun cas de l'autre vie...

KENDI, (Al.) philosophe mahométan, et Athée, ou de la secte des *Éternalistes*.
Voyez Dahriens.

KEPLER, (Jean) l'astronome.

Vossius remarque que les plus sages dirent que la terre était ou un animal, ou une partie du grand animal que l'on appelle le monde.

Kepler n'a pas été éloigné de ce sentiment. On dirait qu'il a donné à la terre une ame douée de sentiment.

Selon lui, toutes les étoiles sont animées.
Gassendi...

Remarquez bien qu'il serait assez difficile de réfuter la supposition de Kepler... etc.
Bayle.

KNUTZEN, (Matth.) né à Oldensworth,

dans le Duchesswich, composa, en 1674, une lettre latine et deux dialogues allemands, contenant les principes d'une secte qu'il voulait établir, sous le nom des *Consciencieux*, c'est-à-dire, de gens qui ne faisaient profession de ne suivre en toutes choses que les lois de la conscience et de la raison.

Ce chef des *Consciencieux* niait l'existence de Dieu... etc.

Cet Athée se vantait d'avoir fait un grand nombre de disciples. Il en avait, dit-il, sept cens dans la seule ville d'Iène, en Saxe. Il répandit aussi sa doctrine à Altdorf. Sa *Lettre* se trouve toute entière, en latin et en français, dans les *Entretiens de la Croze*.

Vers 1673, Matthias Knutzen, d'Oldenswort, dans le Sleswich, professa publiquement l'athéisme, à-peu-près comme Boindin et Dumarsais l'ont fait de nos jours.

Knutzen répandit les premières semences de son athéisme à Konisgberg, en Prusse.

Ce brave homme ne voulait reconnaître d'autre divinité que la conscience.

Il ajoutait :

La piété filiale est la seule religion digne de l'homme libre. *Alman. des Rép. p.* 54.

Les folies de cet allemand nous montrent

que les idées de la religion naturelle, les idées de l'honnêteté, les impressions de la raison, en un mot, les lumières de la conscience peuvent subsister dans l'esprit de l'homme, après même que les idées de l'existence de Dieu et la foi d'une vie à venir en ont été effacées. *Bayle.*

Précis du système de Math. Knutzen.

Non esse Deum neque diabolum . . . .
Loco magistratus et loco sacerdotum esse rationem et scientiam cum conscientia conjunctam, quæ doceat honestè vivere . . . .

C'est-à-dire : il n'y a ni Dieu, ni diable.

A la place des magistrats et des prêtres, il ne faut pour vivre honnêtement que la raison et la science, subordonnées à la conscience.

KOORNHERT, (Théodore) d'Amsterdam . . . grand défenseur de la liberté de conscience. Rien ne lui parut plus contraire à la raison que de persécuter ceux qui ne sont pas de la religion de l'État. *Bayle.*

KORTHOLT, (Christian) professeur

en théologie, a publié l'ouvrage latin dont voici le titre :

*De Tribus impostoribus magnis, liber,
Edoardo Herbert,
Thomæ Hobbes,
Benedicto Spinosa*, 1701, *in*-4°.

N. B. C'est assez la logique et la méthode des théologues Allemands et autres, de traiter d'imposteurs les philosophes. Injurier est chose plus facile que de répondre.

KOVAM. Nom d'une ancienne peuplade d'Egypte, qui vit sous des tentes, hors des villes, sans professer aucune sorte de religion : on ne dit pas que cette nation soit turbulente et sans mœurs. Bien au contraire. *Voyez Herbelot, Bibl. or.*

N. B. Nous avons cité les noms de plusieurs peuplades Athées, et nous aurions pu en inscrire un bien plus grand nombre. En général, le peuple, civilisé ou non, quelque soit sa croyance, vit, dans le fait, comme s'il ne reconnaissait pas de Dieu. Les seuls objets qui lui tombent sous les sens, l'affectent réellement. Le vulgaire n'est pas métaphysicien.

LABLÉE, de Beaugency, poëte et littérateur français.

Dieu : mot abstrait et inintelligible. Vaste sujet de dispute. Signal de proscriptions.

On ne croit point en Dieu. La croyance est un sentiment éclairé qui fait voir ce que l'esprit peut comprendre.

Hors de lui, l'homme ne voit, ne comprend que de la matière.

Ce Dieu, selon vous, est un être moral, un pur esprit. Mais le moral ne résulte-t'il pas d'une organisation physique ? Et de bonne foi, voyez-vous le moral séparé de la matière ? Là-dessus, vous faites des distinctions fines, ingénieuses. C'est ainsi que vous vous tirez de l'embarras de faire à une demande très-simple, une réponse simple, claire et précise.

Sur tous les objets soumis à l'intelligence humaine, les idées se sont simplifiées, éclaircies, à mesure qu'on s'en est occupé ; sur le mot Dieu, au contraire, elles se sont compliquées et obscurcies, ce qui arrive toujours quand on parle d'une chose sans la comprendre, ou qu'on se sert de mots dont ont ignore la signification.

Vous appellez ordre le cours périodique des saisons. Le bel ordre que le retour constant des mêmes désastres et des mêmes maux !

LABORDE. Les philosophes Égyptiens regardaient le monde comme un vaste *Tout*, qui est *Dieu*. *Essai sur la Musique*, in-4°.

LABRUYÈRE. (J.) Autant de têtes, autant de religions.

N. B. La Bruyère était très-réservé, et fort attentif à ne pas blesser les convenances ; Dieu ne se soutient dans le monde que par-là. En général, les meilleurs esprits, les têtes les plus saines se piquent de montrer leur prudence, en sacrifiant à l'erreur, quand l'erreur est dominante. Si la vérité perce dans leurs écrits ou leurs paroles, c'est comme malgré eux, ou à leur insçu.

LACROZE. Une longue méditation, une étude profonde, de bonnes mœurs et un renoncement parfait aux préjugés, peuvent conduire un grand génie à l'athéisme : c'est donc assurément à tort qu'on veut persuader aux hommes que rien n'est plus évident que les preuves de la divinité.

Entretiens sur divers sujets.
LACTANCE

LAC

LACTANCE opine sur la nature de l'ame, à-peu-près comme *Arnobe*, son maître.

Il compare le corps à une lampe, le sang à l'huile; l'ame est la flamme ou la lumière.

... *Anima sicut lumem oleo*...

De opif. Dei, XVII.

N. B. Etendez cette comparaison : appliquez-la au monde, à Dieu, à l'ame universelle ; vous avez le spinosisme tout pur.

LAFARE, (Ch.-Aug.) poëte épicurien français.

LAFONTAINE, (Jean) le Fablier.

Les véritables Athées réclament le bon Lafontaine. Il vivait parfaitement, sans éprouver le besoin d'un Dieu. C'était le moindre de ses soucis. Sa belle ame, toute à la nature, était étrangère à ces idées factices, inventées par des fourbes, pour contenir, disent-ils, les méchants, mais bien plutôt pour faire des dupes.

Lafontaine est mort comme un saint,

a dit Linière.

Qu'importe ! il avait 74 ans. Sa verve était éteinte. Ce n'était plus *Jean*.

Qui s'en alla, comme il était venu,

du moins il se l'était bien promis : c'était monsieur de Lafontaine cathéchisé, *embêté*, (pardon, honorable lecteur) par monsieur le vicaire de Saint-Roch.

LAGRANGE, de Paris. L'instituteur des enfans du Baron d'Holbach, l'ami de Diderot, et le traducteur de Lucrèce et de Sénèque.

LAG...GE, célèbre géomètre, de l'Institut national de France.

Je crois impossible de prouver qu'il y a un Dieu.

N. B. S'il est raisonnable, s'il est digne de l'homme de ne croire que ce qu'on lui prouve, tous les géomètres doivent être Athées.

LAINEZ, (Alex.) poëte et philosophe; épicurien français. Il fit le voyage de Hollande, tout exprès pour s'entretenir avec Bayle.

Lainez, prêt à cesser de vivre, (en 1719, il demeurait à Paris,) demanda à être transporté à la campagne, pour y contempler la nature, avant de fermer les yeux. Au mépris de ses dernières volontés, un prêtre lui apporta le viatique.

LAL

LALANDE, (Jérôme) l'astronome, et de l'Institut national, a réclamé lui-même une place dans ce Dictionnaire, en ces termes :

« Je ne veux pas qu'on puisse dire un
» jour de moi : — Jérôme Lalande, qui ne
» fut pas l'un des derniers astronomes de
» son âge, ne fut pas l'un des premiers
» philosophes Athées — ».

Dans quelques-unes de ses lettres à ses amis, il signe *Lalande, doyen des Athées....*

Cousin croit que mon athéisme m'a sauvé en 1794... *Notes de Lalande.*

Lorsque je fais un calcul, il s'opère dans mon cerveau et dans ma main un mouvement qui est sans doute matériel.

Un mouvement quelconque de la matière peut être produit par l'action d'une autre matière agissante, stimulante, attirante, ou poussante, de quelque manière.

Concevons que ce mouvement du cerveau et de la main, soit excité par une matière analogue, et appropriée à nos organes, comme le serait une épingle pour irriter une fibre engourdie, et que le même mouvement soit excité par cette épingle sur les fibres nerveuses du cerveau, alors certainement, le calcul sera parfait.

Il n'y a donc pas besoin de l'ame pour faire mon calcul, puisqu'une cause matérielle peut le produire ; nous ne saurions jamais concevoir l'action d'une substance immatérielle sur notre matière.

La religion est une faiblesse de plus, ajoutée aux autres faiblesses de l'humanité.

Un théiste me dit : je ne me fierais pas à vous dans un bois. Je lui répliquai : et moi encore moins ; car dès que vous croyez la morale insuffisante, et que vous n'y substituez, selon moi, qu'une bêtise, je serai toujours tenté de croire qu'elle ne vous suffira pas dans les momens où vous aurez grand intérêt à la mettre de côté.

Il ajouta: Vous êtes inconséquent, si vous ne vous permettez pas tout ; car vous n'avez pas de motifs. Je répondis que mon intérêt et mon habitude, ma gloire et mon estime, mes principes et ma morale, sont plus forts qu'une espérance ou une crainte toujours un peu conjecturales.

C'est aussi l'intérêt qui vous fait recourir à la religion ; mais le mien est pressant ; le mien se rapporte à tout ce qui m'environne; le vôtre est dans un avenir au moins problématique et ridicule pour moi.

Il est bien vrai que je ne comprends pas l'infinité et l'éternité du monde ; cela me tourmente quelquefois. Mais je sens bien que cela ne peut être autrement ; car le commencement et la fin sont évidemment impossibles.

Si vous donnez une ame à l'homme, il en faut donner au chien, qui est aussi sensible et plus attaché. Si vous en donnez une au chien, il en faut donner à l'huître ; mais elle approche si fort de la plante, que vous serez obligé d'en donner à la sensitive. Cette suite d'ames spirituelles, pour mouvoir la matière qui se meut par-tout, me parait une imbécillité.

La persuasion de la plupart des hommes ne prouve rien, puisque le plus grand nombre est incapable de connaître, d'étudier, de discuter, et de s'élever au-dessus des préjugés dont on a de bonne heure étouffé leur raison et leur bon-sens.

Si Dieu existait, il serait essentiellement présent à nos sens, à nos ames, à nos esprits, à nos cœurs ; ou bien, il serait la cause de notre erreur et de notre aveugle-

ment; et cela est impossible dans l'hypothèse d'un Dieu parfait.

Extrait de ses notes manuscrites. Voyez le journal de Paris, 29 avril, 1797.

On a retenu ce mot heureux sur notre Athée astronome, qu'on lit dans *Paris-Littéraire :* « Son œil perçant n'a pas encore « tout vu dans le ciel ; *Dieu*, par exemple ».
Page 91.

Quatre vers de l'Astronome Lalande, sur Dieu.

Je voudrais comme vous qu'il existât un Dieu.
Mon plus ardent désir serait de le connaître . . . .
Mais personne jamais n'ent pu le méconnaître
Et son immensité percerait en tout lieu.

LAMBERT, de Prusse.
Souvent, l'on croit croire plus qu'on ne croit réellement. *Novum organum*.

N. B. Les trois quarts et demi des croyans n'ont jamais examiné leur croyance. On se passe *Dieu* de main en main, et sur parole, comme une monnaie qu'on soupçonne tout au moins douteuse, et remplie d'alliage. Mais si on a été trompé en la recevant, on n'est pas fâché que d'autres le soient aussi. Et voilà comme Dieu a fait le tour du monde.

LAMMANON. (Paul) Ce naturaliste ardent et courageux professait l'athéisme, à Paris, au sein de ses amis, avant de partir avec la Pérouse, dont il a partagé le malheureux destin.

Il était l'ami de *Rath*, savant distingué...

LAMPRIAS, de Cheronée, ville de la Boëtie; aïeul de Plutarque, et philosophe épicurien.

Son neveu cite l'une de ses réparties, qui mène à prouver son matérialisme :

« A table, la chaleur du vin fait sur » mon ame, le même effet que produit le » feu sur l'encens ».

LAOTAN. Bien avant Épicure, il y avait en Chine une nombreuse société d'épicuriens, fondée par *Laotan*.

LAPEYRERE, (Isaac) natif de Bourdeaux, était le meilleur homme du monde, le plus doux et qui, tranquillement, croyait fort peu de chose.

N. B. Pour l'honneur de l'espèce, on rencontre encore assez souvent dans la société des hommes de cette trempe.

LAPLACE, de l'Institut national de

France, qui est géomètre, mais qui n'est ni superstitieux, ni faible, ni crédule, a fait voir dans son *Systême du Monde*, comment on peut expliquer, par l'attraction et la mécanique, la projection des planettes...
Notes de Lalande.

Le géomètre Laplace est d'avis que l'athéisme convient aux seuls savans.
Autre note communiquée.

N. B. C'est comme si l'on disait : le soleil ne convient qu'aux seuls astronomes. La vérité ne convient qu'aux seuls membres de l'Institut national de France. Excepté une centaine d'hommes un peu plus instruits *peut-être* que les autres, tout le reste de l'espèce doit continuer à se vautrer dans la fange de l'ignorance et dans les ornières des préjugés. Il me semble entendre les prêtres dire aux savans : » Messieurs de l'Institut, ne croyez pas en Dieu, » vous ! à la bonne heure ! nous consentons à vous » laisser tranquilles ; pourvu toutes fois que vous » nous promettiez de garder votre opinion pour » vous seuls, et de ne point venir porter votre » faulx dans nos moissons. Nous vous passons » l'athéisme ; laissez - nous les autels et leur » desserte ».

LAROCHE, (Martin de) éditeur des œuvres d'Helvétius, son ami.

LAROCHE,

LAROCHE, (le chevalier de) partisan déclaré du système d'athéisme de *Fréville*, l'économiste.

LAMETTRIE, (J. Offray de) médecin et philosophe français, mort en 1752.

L'univers ne sera jamais heureux, à moins qu'il ne soit Athée . . . . etc.
L'Homme-Machine.

Après tout, il est égal pour notre repos que la matière soit éternelle ou qu'elle ait été créée ; qu'il y ait un Dieu, ou point. Quelle folie de tant se tourmenter pour ce qu'il est impossible de connaître, et qui ne nous rendrait pas plus heureux, quand nous en viendrions à bout !
Eod. loco.

Dieu n'est pas même un être de raison.
Traité de l'Ame. Voy. l'Homme-Plante.

Lamettrie crut que ce qu'on nomme ame, baissait avec le corps et se flétrissait avec lui.

Voyez son Histoire naturelle de l'Ame.

N. B. On a traité Lamettrie de fou. C'est plutôt fait que de prouver qu'il avait tort.

LAMOTTE-HOUDART, (Ant.) littérateur parisien.

Le projet d'un corps de preuves en faveur de la religion, qu'on lit parmi ses œuvres, devait servir à détourner le soupçon d'incrédulité qui plana sur sa tête ; malgré toute sa prudence, il donna lieu à l'épigramme dont voici la pointe :

Et priant Dieu, tout comme un autre,
Il y croyait, sans doute ? -- Oh non !

LAMOTHE LEVAYER, philosophe parisien.

La régularité, l'austérité, la sagesse de Lamothe Levayer, n'empêchèrent pas qu'on ne soupçonnât qu'il n'avait nulle religion . . . .

Il est soupçonné, dit Patin, d'un vice d'esprit dont étaient atteints Diagoras et Protagoras. *Bayle.*

Les Athées éludent tous les argumens dont ils soustiennent n'y en avoir aucun demonstratif, ce qui leur est rendu assez facile par les règles d'une exacte logique . . . .

Tous conviennent entr'eux, que les plus grands législateurs ne se sont servis de l'opinion vulgaire sur cet sujet, (laquelle

ils ont non-seulement favorisée, mais accrue de tout leur possible), que pour emboucher de ce mords le sot peuple, pour le pouvoir par après mener à leur fantaisie.
Dial. de la Divinité.

N. B. Ces philosophes, qu'on dit surannés, sont loin de mériter cette disgrâce. Assurément *le vulgaire baillonné avec un Dieu*, présente une image aussi juste qu'énergique.

Frappé de la contrariété des opinions, il en vint à conclure que la *sceptique* était, de toutes les philosophies, la plus sensée.
Dolivet.

LASALLE.
A Dieu ne plaise que je traite tous les Athées de malhonnêtes gens . . . .
Je dirais même très-volontiers que j'ai eu, quant à moi, beaucoup plus à me louer des matérialistes que des chrétiens . . . .
Balance naturelle.

LATINS. (les) Cette ancienne nation d'Italie, n'a eu aucune notion de l'être immatériel. *Du Monde, son origine... etc.*

N. B. Le peuple est trop matière pour se faire une idée de l'esprit suprême. Ses facultés intellectuelles sont trop obtuses pour lui permettre de pénétrer et de se perdre dans les abstractions. Il lui faut un Dieu qu'il voie, qu'il palpe et qu'il mange. Au surplus, s'il est vrai qu'il faille opter, je l'aime beaucoup mieux *théophage*, qu'*anthropophage*.

LATITUDINAIRES, (les) philosophes anglais, tolérans par principes; pour éviter la dispute et les aigreurs qui s'en suivent, ils donnent une telle *latitude* aux opinions religieuses, que tous les sectaires en viennent à se toucher nécessairement dans la main, et finissent par marcher dans le même sentier. Ce qui mène droit au doute, et de-là, à l'athéisme, l'heureux terme où se trouvent la concorde, la paix et la philosophie.

LAU. (Théodore-Louis) né à Konigsberg, en Prusse, mort à Altona, en 1740.

Il défia toutes les hiérarchies ecclésiastiques, de lui faire connaître ce que c'est que Dieu. *Bibl. du bon-sens*, tom. *VIII*.

N. B. Le gand n'a point été ramassé.

T. Lau est le complice des vérités hardies, professées par Spinosa.
Dictionn. des Rép. p. 110.

Ce spinosiste du dix-huitième siècle,

conseiller du duc de Courlande, est l'auteur du traité, imprimé à Francfort, en 1717. *Meditationes philosophicæ de Deo, mundo, homine.* Ce livre fut proscrit; il est très-rare en latin. En voici un extrait:

Dans mon système, je regarde Dieu comme un océan, et moi comme un ruisseau;

Dieu comme l'eau, et moi comme une goutte;

Dieu comme le feu, et moi comme une étincelle;

Dieu comme la terre, et moi comme un grain de sable;

Dieu comme le soleil, et moi comme un rayon;

Dieu comme un corps, et moi comme un membre . . . .

Méditations Théologico-Physiques.

Deus est materia simplex, ego materia modificata . . . .

Deus oceanus, ego fluvius . . . .

Deus terra, ego gleba . . . . etc. paragr. IV.

LEBLANC, poète français, de l'Institut national, et traducteur de *Lucrèce*.

Dans ses tragédies, *les Druïdes*, *Manco-*

Capac, etc., la muse de Leblanc se montre dégagée de tout préjugé.

LEBRET, le commentateur de Molière.

L'Athée ne peut être que difficilement converti par des moyens humains.

Observations sur le Festin de Pierre.

LEBR..., le pindare de l'Institut national, et l'auteur d'un poëme *de la Nature*, dont on ne connaît encore que plusieurs beaux fragmens.

LEBRUN, de Grenoble.

Les femmes et les hommes qui leur ressemblent, auront toujours besoin d'un être *ex-naturel*, d'un Dieu.....

Mais l'homme robuste et bien constitué, dont le bon-sens est cultivé, finira par s'attacher fortement à son intérêt bien entendu, sans s'embarasser de l'existence supposée d'un être hors de la nature.... etc.

L'Anti-Prêtre, ou Coup-d'œil sur les rapports de la religion avec la politique et la morale, Paris, an *VI*, p. 66 et 67.

LEBRUN ou *Debrun*, professeur de grammaire générale, à l'école centrale du département de l'Ain, à Soissons.

Chaud partisan de tous les principes d'Helvétius . . . .

LECAMUS, médecin, de Lyon.

Auteur de plusieurs mémoires sur l'Histoire naturelle, dans lesquels il s'est fortement prononcé sur l'éternité de la matière.

LECLERC. Ceux qui font le plus profession de dévotion, ont quelquefois besoin de leur foi, pour reconnaitre une sagesse suprême, et sont tentés de juger peu avantageusement de la providence et de la justice de sa conduite . . . . . etc.

Bibl. Ch. tom. XXIII, p. 96.

LECLERC des Vosges, né le 6 Auguste 1766.

Extrait d'une Épitre philosophique.

Mortel, faible mortel, sur ce globe jeté,
Vil atome d'un jour, par le temps emporté ;
Assemblage confus d'orgueil et de bassesse,
De vices, de vertus, d'audace et de faiblesse ;
Être imparfait, qui crois, en mesurant les cieux,
En gravissant des monts les sommets sourcilleux,
En sondant de la mer les cavernes profondes,
Avoir trouvé l'auteur des innombrables mondes ;
Mortel, faible mortel, réponds-moi : qu'as-tu vu ?

Le Dieu que tu cherchais a-t-il enfin paru ?
A-t-il pu t'expliquer si notre ame est pensante,
Ou, dès l'éternité, la matière agissante ?
Dit-il qu'après la mort, pour qui tout est égal,
Il frappe ou récompense ou l'homme ou le cheval ?

Ces globes que tu vois, suspendus dans l'espace,
Ont pris, avec les temps, leur éternelle place :
Rien ne peut désormais en arrêter le cours ;
Ils se prêtent, l'un l'autre, un mutuel secours.
Le temps et les destins ont tracé leurs limites,
Et fixé chaque corps dans ses bornes prescrites.
Tu roules sous leurs mains, mortel audacieux :
Le temps seul est ton maître, et les destins tes Dieux.

Quelqu'un admirait devant Leclerc des Vosges, un beau ciel d'azur, et s'extasiait sur l'éclat argenté de la lune. Ces étoiles scintillantes, ce firmament, cette lune, tout cela, disait-il, prouve bien qu'il y a un Dieu.

Non, répondit Leclerc : tout cela prouve qu'il y a une lune et des étoiles.

LÉENHOFF, (Frédéric van) ministre de l'église réformée de Zwol, province d'Over-Issel, et auteur du *Ciel sur la Terre*; Il fut poursuivi comme spinosiste, en 1704.

Selon lui, dans toutes les choses du monde,
la

la liaison des causes est éternelle et nécessaire.

Tout ce qui se fait, se fait suivant des règles certaines, et provient des causes secondes.

Ce n'est que dans un sens impropre qu'on parle de Dieu, comme d'un roi, d'un législateur, d'un maître, d'un juge. L'auteur de l'Ecriture sainte a voulu en cela s'accommoder à la portée du peuple...

La nature était le Dieu de van Léenhoff.
Journal des Savans, 1708.

Consultez ses livres :
Catena theologiæ biblicæ, 1682.
De Cælo in Terrâ, 1703.
De nubilatione Cæli et Terræ, 1704.

LEGR... d'*Auss.*, Athée, dans les *notes manuscrites de Lalande*.

LEIBNITZ. (Guill. God.) Léibnitz était du sentiment de Bayle, quoiqu'il voulût paraître l'attaquer... Comme Bayle, il ne faisait aucun exercice de religion... Ses pasteurs lui avaient fait, au sujet de sa façon de penser, des réprimandes publiques et inutiles.
Le P. Nicéron.

Mais il portait toujours sur lui un chape-

L E M

let, précaution qui n'était point inutile. Sans elle, un jour, dans une tempête, des matelots le jettaient à la mer, pensant avoir sur leur bord un Athée puni du ciel.

N. B. Plusieurs Athées portent et disent encore aujourd'hui leur chapelet.

Il y a dans ce qu'il a publié sur la métaphysique, des vues profondes, des idées très-philosophiques, dont on peut même déduire les conséquences les plus fortes et très-contraires aux préjugés les plus généralement reçus.

Encyclop. méthod. Monade.

On peut dire qu'il y a un degré de droit naturel, et de bonne morale, qui peut avoir lieu, même par rapport à un Athée.

Il y aurait quelqu'obligation naturelle, quand même on accorderait qu'il n'y a point de Dieu.

Un Athée peut être homme de bien.

Voyez tom. V, in-4°. de ses œuvres.

LEMAIRE, éditeur de la *Contagion Sacrée*, à Paris, an V.

Il faut une religion au peuple.

J'aimerais autant qu'on me dit : il faut

LEM 243

tromper le peuple. Moi, je dis : il faut enseigner la morale au peuple.

Note 2, p. 70, deuxième partie, in-8°.

LEM..YES, médecin, né vers 1760, département de . . .

Celui-ci a pris une part fort active à la révolution française.

LENGLET DU FRENOY. (Nic.) Nous réclamons ce savant, à cause de la hardiesse et de l'indépendance de ses idées. Philosophe dans sa conduite, ainsi que dans plusieurs de ses nombreux écrits, il ne partageait pas au dedans de lui-même, les préjugés vulgaires, au sein desquels il fallait bien qu'il passât sa vie.

LEON X, *Pape.*

Malgré ses apologistes, il passe pour Athée. Il avait pris des leçons d'A. Politien.

LÉONIN, (Elbert) jurisconsulte du XVI°. siècle, se gouvernait un peu trop cavalièrement sur le chapitre de la religion.

Ille honestate civili contentus, religionem omnem susque deque habebat.

C'est-à-dire : se bornant à remplir ses

devoirs de citoyen, il rejettait toute religion.

Sainte Algédonde lui écrivait ainsi :

Nihil est in te quod non sit suavissimum, si hoc unum demas, quod nimium es Atheologus.

C'est-à-dire : tout est louable en vous, si ce n'est que vous êtes un peu trop Athée.

LEONTIUM, philosophe Athénienne ; elle eut Épicure pour maître, et ses disciples pour amis . . . . *D. D. H. G.*

LEQUINIO, député, professe l'athéisme à la Convention, comme *Jacob Dupont* l'avait fait. *Note de Lalande.*

Au surplus, ouvrez ses livres.

LESPINASSE, (mademoiselle), l'amie de madame Geoffrin, de d'Alembert, qui la lui fit connaitre, d'Helvétius, etc.

LESSING, poëte allemand.

LETTRÉS *Chinois.* (les) Longombardi, (dans son *Traité sur quelques points de la religion des Chinois*, parag. XVI), nous apprend que des Lettrés de la Chine lui avaient déclaré, sans détour, sans déguisement, qu'ils étaient de vrais Athées.

LET 245

À la Chine, il y beaucoup de *Lettrés* Athées.... *Voltaire, diciionn.*

Les plus habiles missionnaires de la Chine.... soutiennent que la plupart des Lettrés sont Athées, et qu'ils ne sont idolâtres que par dissimulation, comme beaucoup de philosophes payens....

La création d'un Dieu n'est que la déification de l'ignorance humaine, disent très-bien les Lettrés de la Chine.

Beaucoup de Lettrés sont tombés dans le matérialisme, (à la Chine); mais leur morale n'en a point été altérée. Ils pensent que la vertu est si nécessaire aux hommes, et si aimable par elle-même, qu'on n'a pas même besoin de la connaissance d'un Dieu pour la suivre.

Voltaire, Hist. univ. art. de la Chine. t. I.

LETI, (Grégorio) historien Milanais.

On a débité beaucoup de choses dures contre sa personne et ses écrits. Serait-ce pour le punir de n'avoir point eu de religion? Ce procédé est assez d'usage.

LEUCIPPE. Cette philosophie mêlée dont Leucippe, Démocrite et Protagore furent les fondateurs, et qu'Épicure continua à enseigner, n'était autre chose que l'athéisme revêtu d'une forme philosophique.

Naigeon.

Il avait pris la métaphysique en une telle aversion, que pour ne rien laisser, disait-il, d'arbitraire dans sa philosophie, il en avait banni le nom de *Dieu*.

N. B. Ce mot de moins opérerait la révolution la plus salutaire dans les sciences et dans les mœurs. C'est le cas de s'écrier avec un poëte moderne :

Oh ! que le nom d'un Dieu fit de mal à la terre !...

L'HOSPITAL. (le chancelier de)

Homo doctus, sed nullius religionis, aut ut vere dicam, Atheos.

Belcarius, commentarium rerum gallicarum 428, *num 57.*

C'est-à-dire : homme docte, mais point du tout religieux ; Athée, pour parler avec vérité.

S'il eut vécu dans l'ancienne Rome, il eût été stoïcien. Il en pratiquait les mœurs. Il en professait à bas bruit les principes....

LIBERTIN, synonime d'*Athée*, dans le dictionnaire des *hommes-de-Dieu*.

N. B. Ne pouvant coudre tout-à-fait la bouche

aux Athées, on a pris le parti de jeter de la boue sur leur manteau. Calomnions leurs mœurs, a-t-on dit, cela nous dispensera de répondre à leurs questions embarrassantes, à leurs doutes sages...

Et cette petite manœuvre sacerdotale a réussi.

LILAOKIUM, fondateur d'une société d'Athées Chinois : car ses sectateurs reconnaissent un Dieu corporel.

LISLE DE SALLES, de l'Institut national de France.

Les peuples en tout temps se sont persuadés que plus on approchait de la démence et de la stupidité, plus on était propre à entrer en commerce avec la divinité.
Essai philos. sur le corps humain, 3 vol. in-12, 1774, Paris.

L'indifférence est la religion de celui qui n'en a point. Elle conduit à l'athéisme.
Philos. de la Nat. éclaire.

N. B. En ce cas, que d'Athées dans le monde !

S'il *pouvait* y avoir un Athée véritable, ce serait *peut-être* un sceptique déterminé, qui, voyant des difficultés dans tous les cultes, n'en admettrait aucun. *Philos. de la Nat.*

LIN

LINACER, (Th.) anglais: médecin et prêtre, il ne pouvait pas être fort crédule. Aussi, son nom se lit sur la liste des hommes éclairés et impies.

LINGAM, (le) Au fond des temples les plus antiques de l'Inde, se trouve encore aujourd'hui placée une figure colossale, de douze coudées de haut, autant qu'il y a de signes dans le Zodiaque. Cette statue, ou plutôt ce grouppe, représente à-la-fois un homme et une femme qui se tiennent ensemble, et sont en adhérence l'un à l'autre, tellement que les deux ne font qu'un; si bien que la moitié de la tête, un bras, une main, un côté du corps, appartiennent à chacun d'eux. Chacun d'eux aussi porte son sexe, ostensiblement et parfaitement distinct l'un de l'autre. C'est le *Phallus* des Égyptiens, des Grecs et des Romains.

Ce corps double est parsemé de montagnes et de mers, de fleuves et de poissons, d'animaux et de plantes. Sur la poitrine de l'homme est peint le soleil, la lune sur le sein de la femme. Le visage est l'orient; le côté droit est le septentrion; le gauche est le midi.

Le

Le peuple Indous adore dans cette caricature sa grande divinité.

Pour les hommes instruits des antiquités nationales, c'est le symbole du principe actif et du principe passif de la génération de tous les êtres ; c'est le caractéristique de la nature, qui possède et renferme en elle la cause et les effets ; qui n'a besoin que d'elle-même pour être, et être toujours. C'est l'image de l'éternité, de la toute-puissance et de l'universalité de la nature ; c'est le monde ; c'est, en un mot, l'Univers, le grand Tout, le Dieu Pan, ou le Dieu Tout de la Grèce et de Rome. Enfin, c'est le spinosisme ; ou plutôt, c'est l'athéisme personnifié.

LINGUET. Suivant Linguet, la religion n'est qu'une invention sublime.

Essai philosoph. sur le Monachisme.

N. B. *Sublime !* . . . si l'on peut prostituer cette expression au charlatanisme des anciens législateurs. Le génie de ces premiers hommes d'état eût été sublime, en effet, si, calquant leurs lois sur celles de la nature, ils eussent donné pour base à leurs *établissemens* politiques, l'intérêt éclairé sur les besoins réciproques ; d'où résultent les droits et les devoirs de l'homme en famille, ou membre d'une société plus nombreuse. Mais tout le monde n'était pas trouvé son compte à cette legislation naturelle.

LINIÈRE, (François Pajot de) né à Senlis, l'an 1628, mort en 1704.

L'irréligion de Linière l'a fait appeler l'Athée de Senlis.

Despreaux disait qu'il n'avait d'esprit que contre Dieu.

Linière mourut comme il avait vécu, et presqu'octogenaire. L'aimable Deshoulières prit le parti de ce poète, philosophe épicurien et caustique.

On n'a point recueilli ses vers. Ses vaudevilles impies étaient, dit-on, fort gais. L'athéisme n'est pas aussi triste, aussi désolant qu'on voudrait bien le faire croire. Cette opinion comporte tous les charmes de la poesie légère, ainsi que tout le sublime de l'ode.

LINUS. Les panthéistes croient de la cause et de l'origine des choses ce qu'en a cru *Linus*, le très-ancien et très-saint prêtre de la science, et ils disent avec lui :

Les choses viennent de tout, ou *Dieu*; *et le tout est le composé des choses.*

Ils ont sans cesse ce vers à la bouche.
Voyez le Panthéisticon de Toland.

LIPSE. (Juste) *Mi schlaffelburgi, . . . omnis religio et nulla religio sunt mihi unum et idem; disoit Juste Lipse.*

C'est-à-dire : mon cher ami, avoir ou n'avoir pas de religion, est pour moi à-peu-près la même chose.

Vide Boëclerus, diss. de polit. Lipsii, page 54.

In re theologicá aut quocunque modo ad religionem pertinente, lubricus, anceps, vagus, in omnes formas mutabilis.

Ce savant était tellement girouette en fait de religion, qu'il donna à penser qu'il n'en avait point du tout. Il a bien des imitateurs.

J. Lipse s'est proposé de rétablir toute la doctrine stoïcienne, tant à l'égard de la physique que de la morale . . . . Il a proposé les choses les plus diamétralement opposées à la religion. *Formey*.

On a de plus graves reproches à faire à ce Belge savant. Il était intolérant, et peu philosophe dans ses mœurs.

LISZINSKI, (Casimir) gentilhomme Polonais.

Dieu n'est pas le créateur de l'homme : mais l'homme est le créateur d'un Dieu qu'il a tiré du néant.

Il fut décapité et brûlé à Grodno, comme Athée, le 30 mars, 1689.

C. Liszinski, martyr Polonais, brûlé vif pour avoir cru davantage à cette proposition $2 + 2 = 4$, qu'à l'existence de Dieu.

Dict. des Rép. p. 112.

LITANIES. L'auteur d'un *commentaire sur les LITANIES de la providence, au Paraclet, et à Paris*, 1783, *in*-12, semble avoir imité *Buffon*. (*Voyez* cet article). Qu'on ajoute le terme *nature* au mot *providence*, ce petit traité devient très-philosophique.

LOCKE, (J.) philosophe anglais.

La doctrine de l'immatérialité, de la simplicité, et de l'indivisibilité de la substance qui pense, est un véritable athéisme, uniquement propre à fournir des appuis au spinosisme.

Voyez *l'Entend. Humain, 5 part. IV*, *page* 415, ouvrage de la métaphysique la plus hardie, et favorable aux matérialistes, disent les biographes.

L'idée de Dieu n'est point innée.

Entend. humain, p. 70, paragr. VIII.

Les lumières naturelles ne prouvent point clairement l'immortalité de l'ame : on ne peut pas démontrer que l'ame est immatérielle.

Locke osa avancer que nous ne serons peut-être jamais capables de connaître si un être purement matériel peut penser ou non.

Ce discours sage parut à plus d'un théologien une déclaration scandaleuse que l'ame est matérielle et mortelle. C'était une question purement philosophique . . . . Il importe peu de quelle substance soit l'ame, pourvu qu'elle soit vertueuse.

Lettres philosophiques sur Locke, Philosophie du bon-sens, t. II, réflex. IV.

Le P. Lami, le P. Buffier, Loescher, le docteur Sherlock, et plusieurs autres savans, se sont élevés contre le sentiment de Locke sur l'origine des idées, et prétendent que son système favorise l'athéisme.

Locke a avancé que la vertu est le meilleur culte.

N. B. Craignons de lui donner un rival dans nos cœurs.

Sylvain, Lucrèce français.

LOMBARD, (Pierre) dit *le maître des sentences.*

Est-ce par malice, est-ce par gaucherie que ce théologien trop fameux se propose des questions qu'il se garde bien de résoudre ; telle que celle-ci :

« Le mal arrive-t'il par le vouloir d'un
» Dieu ? »

Et cette autre :

« Avant la création du monde, où donc
» était Dieu ? »

LONGUERUE. (l'abbé) Si l'on mettait dans les deux bassins d'une balance, le bien et le mal que les religions ont fait, le mal l'emporterait sur le bien.

LUBIN, (Edh.) théologien, ou plutôt philosophe à Rostock.

Voyez son *Phosphorus de causa prima et natura mali*, 1596. Il y adopte tout ce qu'Aristote avance sur la matière première. Lubin semble mettre sur la même ligne, *le néant et Dieu.*

LUC

LUCAIN, (M.-A.)

Jupiter est quodcunq; vides, quodcunq; moveris.
                                        Phars. VIII.
*. . . . Sunt nobis nulla profecto
Numina, cum cœlo rapiantur omnia casu . . .*
                                              IX.

C'est-à-dire :
Il n'est point d'autre Dieu que la fatalité.

Dans un autre endroit, le poëte semble placer, comme Sénèque, le sage au-dessus de la divinité :

Causa Diis placuit victrix, sed victa Catoni.

IMITATION:

Dieu fut pour le vainqueur, Caton pour les vaincus.

LUCIEN, de Samosate, contemporain de Trajan ; le Momus des philosophes.

Le bon Rollin lui reproche de faire paraître dans ses ouvrages une irréligion trop marquée.

Le chancelier Bacon met Lucien au rang des Athées contemplatifs.

Ce malin polygraphe était de l'école d'Épicure, ou plutôt de celle dont les élèves mieux avisés, choisissaient, comme l'abeille prudente, ce qu'il y a de meilleur dans chaque opinion.

LUCRÈCE, (T.-C.) né à Rome, un siècle avant l'ère commune : le chantre de la raison, et le poëte des philosophes.
D. D. H. G.

Lucrèce chante l'athéisme ; il le réduit en système, et cherche à l'embellir des charmes de la poésie : tout le monde applaudit à ses beaux vers ; il les dédie à son ami Memmius, sans que personne lui en fasse un crime : on ne persécuta ni l'auteur ni l'ouvrage, parce qu'on sait que la liberté publique repose sur la liberté de la pensée. *Milton.*

> . . . . *Primus in orbe Deos fecit*
> *Timor.*
> De Rerum natura.

Lucrèce le pensait : il l'a dit dans ses vers :
La crainte imagina le Dieu de l'univers.
Valcour, le Consistoire, poëme, chant IV.

Ses raisonnemens, disent les biographes, sont souvent très-dangereux. Jamais homme ne nia plus hardiment que ce poëte, la providence divine : il dit qu'une des choses qui l'encouragent le plus, est la louange qu'il espère de mériter en rompant les liens de la religion. *Liv. V, tom. I.*

La

La mort n'est rien ; et ce qui la suit ne nous intéresse pas.

Nil igitur mors est adnos neque pertinet hilum.
. . . . etc.
Nat. rer. III.

. . . . Corpoream naturam animi esse necesse est,
Corporeis quoniam talis ictuque laborat.
III.

C'est-à-dire : il est nécessaire que l'ame soit de la même nature que le corps, sujette qu'elle est à toutes les vicissitudes matérielles.

Ceux qui ont écrit la vie de Lucrèce, assurent qu'il était parfaitement honnête homme.

Ce grand poëte voulut concilier Anaximandre, Démocrite et Épicure, tous trois Athées à leur manière.

LUTHER. (M.) On lit dans le *Perroniana*, page 20 :

Luther niait l'immortalité de l'ame, et disait qu'elle mourrait avec le corps.

Il professe cette opinion en plusieurs endroits de ses *Assertions*.

. . . . La prospérité des méchans et l'adversité des gens de bien sont des choses que notre raison goûte si peu, qu'elle en conclut ou que Dieu n'existe point, ou qu'il est injuste....

Cette injustice est prouvée par des argumens à quoi aucune raison ni la lumière naturelle ne peuvent résister.

Hæc iniquitas Dei vehementer probabilis et argumentis talibus traducta quibus nulla ratio aut lumen naturæ potest resistere.... etc.
De servo arbitrio.

Serait-ce, d'après ce passage, que Garasse a dit : Luther a tant fait, qu'il est parvenu à la perfection de l'Athéisme....

Je ne crois rien, disait Luther, de ce que je prêche. *Doctrine curieuse.*

N. B. Garasse a raison d'en faire un reproche à Luther. Un bon Athée doit abandonner l'hypocrisie à ses adversaires, et ne parler que comme il pense, ou se taire tout-à-fait.

MACHIAVEL, (N.) *Fuit irrisor et Atheus.* Paul-Jove . . . . Élog.

Machiavel vécut dans la misère, se moquant de tout et n'ayant nulle religion.
Bayle.

Machiavel ne voulait rien devoir à la religion, et la proscrivait même. C'était un de ces hommes qui percent tout, et se moquent de tout.
N. Dictionn. hist. in-8°.

Quant à l'athéisme, il en fait gloire par ses escrits. *J. Bodin, pref. de sa républ.*

Blasphemans, evomuit improbum spiritum.
Th. Raynaud.

C'est-à-dire : il mourut, en proférant des blasphêmes.

L'homme a droit de tout penser, de tout dire, de tout écrire. *Machiavel.*

N. B. L'opinion n'est jamais un délit . . . .

MACKENSIE. (G.) Que la terre serait un séjour tranquille, si elle n'était habitée que par des hommes de la trempe de *T. Lau*, le spinosiste, et Mackensie ! Celui-ci était d'Écosse : il professa le stoïcisme.

Voyez son traité de morale : *le Vertueux*, où, dit-on, il s'est peint lui-même.

Alm. des Rép. p. 110.

MACROBE, (Aur.) professe la même doctrine qu'Ocellus de Lucanie, Timée de Locres, et toutes les nations éclairées de l'antiquité.

Voyez ses *Saturnales* et le *songe de Scipion.*

MADAGASCAR. Les naturels de cette île n'ont ni temples, ni prêtres.

MAGUSEENS (les) croyaient que la matière avait la perception et le sentiment.

Dupuis . . . . *Orig. des cultes.*

MAHOMET dit que Dieu est un corps rond et grandement froid : ce qu'il a éprouvé en son voyage du ciel.

Hist. de la religion des Turcs, par *M. Baudier*, 1641, *p.* 439.

N. B. Mahomet était matérialiste comme Moyse ; et ces deux imposteurs religieux ne s'en cachaient pas. Sans cela, ils n'auraient pu se faire entendre du peuple, qui ne croit fermement qu'à ce qu'il touche.

MAHOMET, second du nom, onzième sultan des Turcs.

*In arcano prorsus Atheos haberetur....
nulli addictus religioni, cùm omnem hominum accuratas de diis.... Cogitationes
irridebat.... P. Jovius*, Elog.

Il n'y eut jamais de plus grand Athée
que ce prince, qui n'adorait que sa bonne
fortune, qu'il reconnaissait pour l'unique
divinité..... Il se moquait de toutes les
religions. *Maimbourg.*

Il y a des gens qui ont écrit que ce
sultan était Athée ; cela pourrait être vrai.
Bayle.

MAHOMÉTANS. Pietro del la Valle,
dans ses *Voyages*, fait mention de certains
Mahométans qui croyent qu'il n'y a pour
tout que les quatre élémens, qui sont Dieu,
qui sont l'homme, qui sont toutes choses.

C'est une observation à faire, que les
pays chrétiens, où les Mahométans ont
fait le plus de séjour, sont les plus sujets
à l'athéisme. *Encycl. méth.*

MAILLET. (Ben.) Son système sur l'origine de la terre, exposé dans le *Telliamed*,
mène droit à l'éternité de la matière et
sa matérialisme.

MAIMON, (le docteur ben) Rabbin.

Sache que ce ne sont pas les passages où l'escriture parle de la création du monde, qui nous empeschent de dire que le monde a toujours esté, vu que ceux qui montrent que le monde a esté créé, ne sont pas en plus grand nombre que ceux qui enseignent que Dieu est corporel.

Ch. XXV, part. II, du livre Nevochim.

Ce juif savant s'était formé à l'école d'Averroës.

MAISON *d'amour*, (la) nom d'une association d'anglais bienfaisans, peu crédules et qui professaient la tolérance illimitée.

MALABAR. L'athéisme a ses partisans dans le Malabar : on y lit un poëme où l'auteur s'est proposé de démontrer qu'il n'y a point de Dieu, que les raisons de son existence sont vaines . . . .

Diderot.

MALDONAT, (J.) jésuite espagnol.

. . . . Vetre métaphysicien Maldonat, a voulu, par l'une de ses leçons, prouver un Dieu par raisons naturelles, et en l'autre, par mesmes raisons, qu'il n'y en avait point. Faire le fait et le défait sur un si digne sujet ! Je demanderais volontiers auquel il y a plus d'impiété et transcendance, ou en la première ou en la seconde ? *Pasquier, Recherches sur la France. III, 43.*

Il pensait par lui-même, et avait des sentimens assez libres . . . . *Dict. Hist.*

MALHERBE. (Fr.) Il y a beaucoup d'apparence que Malherbe n'avait guère de religion.

Selon ce poëte, la religion des honnêtes gens est celle de leur prince.

Quand les pauvres lui disaient qu'ils prieraient Dieu pour lui, il leur répondait qu'il ne croiait pas qu'ils eussent grand crédit au ciel, vu le mauvais état auquel il les laissait en ce monde . . . . . *Bayle.*

Il ne respectait pas la religion.

Dict. Hist.

MALLEBRANCHE, (Nic.) parisien, théologien par métier ; philosophe par nature.

J'ai résolu de ramasser dans les ouvrages de Mallebranche, quelques-uns des endroits où il établit l'athéisme. Je choisirai ceux où il insinue le plus visiblement ce dogme impie ; car si je les voulais tous rapporter, j'aurais trop à faire. J'en citerai cependant assez pour prouver que, quelque grave que soit l'accusation d'athéisme, elle n'est point téméraire et avancée sans fondement.

Harduinus, Athei detecti. p. 43.

Pour être philosophe, il faut voir évidemment.

Pour être fidèle, il faut croire aveuglément.

Mallebranche, dit Helvétius, (*de l'Hom.*) ne s'aperçoit pas que de son fidèle, il fait un sot.

Le sentiment du P. Mallebranche, l'un des plus sublimes esprits de ce siècle, n'est qu'un développement et qu'une réparation du dogme de *Démocrite.* Bayle.

Bayle a osé mettre la théologie d'un saint prêtre en parallèle avec celle d'un payen, (Démocrite) suspect d'athéisme aux payens mêmes.

D'Olivet, Théologie des Philos. grecs.

Le système de Mallebranche sur les idées, ressemble assez, non-seulement à celui de Démocrite,

Démocrite, mais est une espèce de spinosisme spirituel.

D'Argens, Philos. du bon-sens, t. II.

Deslandes accuse Mallebranche de détruire la religion.

Histoire de la Philos. tom. II, p. 512.

Mallebranche et ses disciples appellent Dieu, *l'Être universel.* Les spinosistes ne s'exprimeraient pas autrement.

D'Alembert, Mélanges philos.

Antoine Arnaud veut que le système de Mallebranche nous conduise au plus outré pyrrhonisme.

Des vraies et des fausses idées. III.

L'esprit de l'homme est assez porté à l'étude, mais il n'est point porté à la piété.

Mallebranche, Recherche de la vérité, liv. II, prem. part. chap. VIII.

MALLET. S. Olaüs, roi de Norvège, demandant à un guerrier qui lui offrait ses services, de quelle religion il était, le guerrier lui répondit :

« Je ne suis ni chrétien, ni payen ; mes
» compagnons et moi, nous n'avons d'autre
» religion que la confiance en nos forces, et

» dans le bonheur qui nous suit toujours à
» la guerre ; il nous semble aussi que c'est-là
» tout ce qu'il faut ».

Introd. à l'Hist. de Dannemarck, tom. I.

Voyez *Soldats*.

MANDEVILLE. (le docteur B.)

Les Athées sont d'ordinaire des hommes studieux et paisibles ; ils ne sont guères dangereux à la société. *Page* 5.

Dans tous les pays de la terre, qu'elle qu'en puisse être la religion dominante, le grand nombre est si fort maîtrisé par de vaines frayeurs et par la superstition, qu'il n'est pas possible que l'athéisme gagne jamais la masse d'un peuple... *Page* 7.

Pensées libres sur la religion... La Haye, 1723.

L'honneur et la religion ne purent jamais être associés : *nec in und sede morantur*.

Fable des Abeilles, tom. III.

MANÈS prétend que l'ame est répandue confusément dans tous les corps. Tout est esprit dans la nature. Lui et ses partisans soutenaient que tout est animé, jusqu'aux pierres mêmes. *Ep. ad. man.*

Cette opinion est celle de tous les phi-

losophes anciens, à quelques nuances près.
Beausobre, tom. II.

MANGENOT, (L.) parisien, chanoine du Temple.

Ce poëte professait l'épicuréisme, dont ce lieu avait été une école avant lui.

MANICHÉENS. (les) Selon ces disciples de Manès, le monde est de toute éternité ; tout ce qui subsiste a toujours été et n'a que changé de façon.

C'est-là le sentiment de Spinosa.

MANILIUS, (M.) le poëte.

Quà pateat mundum divino numine verti,
At ipsum esse Deum...
                                Astron.

C'est-à-dire : ... Le monde est Dieu...

Je chanterai, dit le même poëte, *Liv. II*, l'ame invisible et puissante de la nature, cette substance divine, qui unit entr'elles toutes les parties du vaste corps du monde.

N. B. Le poëte *Aratus*, qui a exercé sa muse sur les mêmes sujets, professa la même opinion. Selon lui, Dieu remplit tout entier l'univers.

Manilius a célébré le souffle unique de vie, *spiritus unus*, ou Dieu, infus dans tous les membres du corps immense de l'univers. *Anton.*

MARC-AURÈLE. Représente-toi sans cesse le monde (dit ce prince philosophe,) comme un seul animal, composé d'une seule matière, et d'une seule ame... O univers ! ô nature ! tu es la source de tout, le dernier terme de tout. *Pensées*, *IV Liv.*

Il n'y a qu'un seul monde qui comprend tout, un seul Dieu qui est par-tout, une seule matière éternelle. *VII. 8.*

<small>A. B. Est-il besoin d'avertir que dans ce passage, ainsi que dans presque tous les écrits des anciens, *Dieu*, *matière*, *nature*, *ame*, *monde*, *univers*, etc. sont synonimes ?</small>

... Je puis à peine me résoudre de donner le titre de *Théisme* aux principes d'un *Marc-Aurèle*, d'un *Plutarque*, et de quelques autres philosophes du portique ou de l'académie... Car, enfin, ne peut-on pas dire que la doctrine de ces philosophes retranche la divinité ... ?

Hume, *Hist. nat. de la Rel.*

MARCELLINUS. (Amm.)

Nulla vis humana vel virtus meruisse un-

quam potuit, ut quod præscripsit fatalis ordo, non fiat. XXIII. 5.

C'est-à-dire : Aucune force humaine, la vertu même, ne peut déranger l'ordre nécessaire des choses...

MARGUERITE *de Valois, reine de Navarre :* l'auteur de l'*Heptameron.*

Sa curiosité à considérer une personne mourante, fait bien connaître qu'elle n'avait pas sur la nature de l'ame, les idées qu'on doit avoir. Mais il y a de forts grands esprits et de forts grands philosophes qui n'ont pas pensé mieux qu'elle sur cet important chapitre. *Bayle.*

N. B. On raconte qu'à Paris, un de nos savans des plus recommandables et des plus humains, assistait régulièrement aux exécutions de la place de Grève, pour tâcher de voir l'ame à sa sortie du corps des patiens. Il expira, sans avoir cette satisfaction.

MARIANES. Le P. Gobien, jésuite, en parlant des peuples des îles *Marianes* et des îles voisines, dit :

Il n'a pas paru jusqu'à présent qu'ils aient aucune connaissance de la divinité, ni qu'ils adorent les images.

Histoire des îles Marianes, p. 406.

MARNESIA.

Horace ne vit plus qu'au temple de mémoire.
Il n'est resté de lui que ses vers et sa gloire.
Pour l'ami qui survit, triste soulagement !
Mécène en ses jardins élève un monument ;

De ses bois fréquentés par tant d'hommes célèbres,
Il ne recherche plus que les cyprès funèbres.
Sous leur ombre lugubre il cède à ses douleurs
Et se livre au plaisir de répandre des pleurs.
Asyle de la mort, retraite taciturne,
Vous élevez son ame ! Appuié sur une urne,
Du songe de la vie il voit la vanité,
Et de son terme enfin n'est plus épouvanté.
Il mesure l'abîme, et veut, prêt d'y descendre,
Aux restes d'un ami qu'on unisse sa cendre.
Il embellit la mort dans sa touchante erreur,
Et croit que dans la tombe il sentira son cœur.
Mais c'est envain qu'il veut préserver sa poussière
De l'empire du temps sur toute la matière ;
Rien ne reste de nous, quand nous ne sommes plus,
Si nous ne survivons par l'éclat des vertus.

Essai sur la nature champêtre, poëme, ch. II, page 38, édit. de Prault, 1787.

MARSAIS, (C.-Ch. du) Marseillois.

C'était le Lafontaine des philosophes. Il fut accusé d'irréligion; et cette accusation est fondée. *Dict. Hist.*

MAR 271

Les qualités dominantes de son esprit étaient la netteté et la justesse, portées l'une et l'autre au plus haut degré.
Idem.

N. B. C'est précisément cette justesse d'esprit qui mena Dumarsais droit à l'athéisme.

Dumarsais a été un des Athées les plus fermes et les plus hardis qu'il y ait jamais eu...

Ce philosophe avait, comme tous ceux qui pensaient à-peu-près comme lui sur ces matières, une doctrine publique et une doctrine secrète. *Naigeon.*

Quelques lumières naturelles de raison, et quelques observations sur l'esprit et le cœur humain, ont fait voir que nul être suprême n'exige de culte des hommes....

La religion n'est qu'une passion humaine, comme l'amour, fille de l'admiration, de la crainte et de l'espérance....

Le Philosophe : ouvrage que d'Alembert appelait *Opus aureum.*

Dumarsais fut l'un des Encyclopédistes.

MARSY, (Fr.-Mar.) poète et savant de Paris. Nous réclamons dans ces notices, l'abbréviateur de Bayle, celui qui rassembla, en quelques volumes, sous le titre d'*Analyse de Bayle*, tout ce que ce critique philosophe a pensé le plus fortement.

MARTIN, (P.-André) prêtre de l'Oratoire.

Selon ce théologien, sous le nom d'*Ambroise Victor*, Dieu est-il rien autre chose que la vérité ?

Deus igitur numquid nihil est veritas ?
Philosophia christiana.

N. P. Hardouin a raison. C'est être Athée que de reléguer Dieu parmi les abstractions ; une abstraction n'est qu'une opération de l'esprit. Dieu ne serait donc qu'un enfant perdu de l'imagination humaine.

MARTIN *de Bussy*, subs. au gr. conseil, né en 1724.

L'*Éther, ou l'Être suprême élémentaire, poëme philosophique et moral, à Priori, en 5 chants, Paris, 1796, in-8°. 64 p.*

Martin de Bussy, a fait en 1794, un poëme sur la matière étherée, qu'il met à la place de Dieu. *Note de Lalande.*

Osons donc publier que la religion
Naquit du fanatisme et de l'ambition ;
Que son unique objet, Dieu, n'est qu'une chimère,
Un fantôme impuissant, une ombre mensongère,
Qu'on

Qu'on ne prêche aux humains que pour les opprimer...
J'aime mieux imputer à la nécessité
Mon être et mes destins, qu'à la divinité....
Ier. Chant.

.... S'il est un Dieu qui règne au firmament,
C'est l'éther dont l'essence est d'être en mouvement.
Chant IV.

Le vrai culte n'est dû qu'aux hommes vertueux ;
Ils sont Dieux sur la terre, atomes dans les cieux.
Chant IV.

Nous, pratiquons le bien, aimons-le pour nous-même ;
Voilà des bons esprits la science suprême ;
Fit-on jamais pour Dieu ce que l'on fait pour soi ?
Chant V.

Dans une *ode*, *la Nature*, le même auteur s'exprime ainsi :

. . Et puisqu'il n'est qu'une substance,
Disons que tout doit l'existence
A la matière, au mouvement.
IXe. strophe.

Dieu, c'est le tact élémentaire.
Eh ! qu'un esprit eût-il pu faire ?
Il ne saurait même exister.
Strophe VII.

MARVEIL, (Arnaud de) troubadour Périgourdin.

Après la saison d'aimer, *Arnaud* donna

dans la philosophie. Il nous a laissé un poëme renfermant ses principes de morale, d'autant meilleurs, d'autant plus purs, qu'il ne les base point sur la divinité.

Ce poète mourut à la fin du douzième siècle.

MARULLE. (Michel) Les sentimens de M. Marulle, poëte penseur, *(tarchaniote*, né à Constantinople,) en matière de religion, étaient fort éloignés de l'orthodoxie. Piérius Valérianus, rapporte que lorsqu'il mourut,

Convitia et maledicta in superos detorsisse,

Marulle disait qu'il fallait seulement lire les autres poëtes, mais apprendre par cœur Lucrèce. Voici quelques-uns des vers qu'il fit à l'imitation de son modèle . . . .

Sed neque fas, neque jura Deos mortalia tangunt,
Et rapit arbitrio sors fera cuncta suo.
Nam quid prisca fides juvit, pietasque pelasgos ?
Nempe jacent nullo damna levante Deo.

IMITATION.

Ce monde est le jouet du sort impitoyable ;
La vertu, la justice y réclament en vain ;
La divinité même, et forte et secourable,
Tout, dans cet univers, doit céder au destin.

MAT

MATÉRIALISTE.

Les théologiens ont tant abusé du mot *matérialiste*, dont ils n'ont jamais pu donner d'idées nettes, qu'enfin ce mot est devenu synonime d'*esprit éclairé*. Helvétius.

Les matérialistes sont de véritables Athées.
Formey.

Les Lettrés de la Chine, sont matérialistes par philosophie; les gens du peuple le sont par ignorance.

MATÉRIARIENS. (les) Nom donné à quelques anciens chrétiens qui ont soutenu l'existence de la matière par elle-même.

MAXIME *de Madaure*, prouve le panthéisme des anciens, quand il dit, en parlant de la nature :

Ita fit ut, dum ejus quasi membra carptim, variis supplicationibus prosequimur, totum colere profecto videamur.

C'est-à-dire : quand nous adressons nos invocations aux Dieux, c'est comme si nous rendions un culte au grand Tout, dont ils sont les membres.

MAYERNE, (Théod.) *d'Aubonne*, médecin Génevois, et calviniste pour la forme.

MÉCÈNE. (C.-C.) Il y avait des Athées sous le règne d'Auguste ; car parmi les conseils donnés à cet empereur par Mécène, on remarque celui-ci :

« Ne souffrez point les Athées ; ils sont
» dangereux dans la monarchie . . . . ».

Dion Cassius, liv. XLII.

N. B. Mécène, à ce qu'il paraît, était meilleur courtisan qu'homme d'état.

MÉDECINS. Les philosophes et médecins sont ordinairement athéistes. *Vanini.*

Voyez Baron.

MÉGARIENS. (les) Disciples d'Euclide, philosophe de Mégare ; ils avaient quelques paradoxes des spinosistes. *Bayle.*

MEHÉGAN, (Guill.-Alex.) écrivain éloquent et philosophe, né dans les Cévènes. Son ouvrage *sur les Guèbres*, porte un caractère de hardiesse, remarquable pour le temps. (1752.)

MELANCHTON. (Ph.) Il semblait avoir été nourri en l'eschole de Pirrho ; car toujours mille doutes assiégeaient son ame, pour la crainte, disait-il, de faillir. Ses écrits étaient un perpétuel brouillis d'irrésolutions. *Florimond de Raimond.*

Il y avait bien des matières sur quoi son âme ne prononçait point : « cela est ainsi et » ne peut être autrement ».

N. B. On sait ce que cela veut dire sous la plume de Bayle. Ces deux lignes valent un brevet d'athéisme.

Mélanchton enseignait que tout arrive nécessairement.

MELISSUS, général des Samiens, Athée un peu plus circonspect que ses maîtres, Perménide et autres philosophes éléates. Il croyait le monde infini, immuable, de toute éternité, en un mot, Dieu.

Cicero, quæst. acad. IV.

Il y a apparence que son système différait peu du spinosisme. *L'abbé Ladvocat.*

MEMMIUS, (Gem.) chevalier romain.

C'est à lui que Lucrèce dédie son poëme *de Naturâ rerum*.

MÉNANDRE, élève de Simon dit le *Magicien*, et lui-même chef d'opinion. Il reconnaissait, avec son maître, un être éternel, nécessaire, la source de l'existence, et la force par laquelle tout est. Les hommes sont produits par des génies, enfans de l'Être suprême.

278 MEN

Tout cela n'est que le spinosisme ébauché.

MENDESIENS. (les) L'Isis des Egyptiens n'était dans le fonds que la nature universelle, principe de toutes choses, et que l'on a fait infinie aussi-bien qu'éternelle; ce qui revient à l'erreur de nos spinosistes et des autres Athées.

Les Egyptiens, dans leurs mystères, ne connaissaient d'autre Dieu que le monde... C'est cela même que les *Mendesiens* d'Egypte (habitans de la ville de Mendès) adoraient sous le nom de *Pan*, qui signifie l'Univers.

Hist. des cultes, par Jurieu, p. 527, in-4°.

MENIPPE. C'est ce philosophe phénicien qui disait à Jupiter :

« Tu prends ton foudre, au lieu de ré-
» pondre; tu as tort ».

N. B. Les valets ont imité leurs maîtres.

MERCIER, (Louis) parisien, de l'Institut national de France.

On a répété ceci mille fois, mais il est bon de le redire encore : oui! la morale est la seule religion nécessaire à l'homme : il est religieux, dès qu'il est raisonnable.

L'An 2440, 1775, in-8°, *note (a)*, p. 158.

La théologie a tout gâté dans le monde. Elle a redoublé les terreurs de l'homme, au lieu de les calmer; elle l'a rendu superstitieux, au lieu de le rendre raisonnable.

Tableau de Paris, t. I, in-8°, pag. 160.

(En parlant des Arabes :) Le principe religieux n'est jamais aussi fervent dans l'esprit des nations libres, que dans celui des nations policées.

Notions claires sur les gouvernemens, t. II, in-8°. ch. 61.

N. B. Un philosophe avouerait ces trois citations.

Quel sujet (à produire sur la scène) que l'Athée ! et à quelles mains sûres et vigoureuses est réservé l'honneur d'écraser ce personnage !...

Note de la Maison de Molière, imité de Goldoni.

N. B. Personne n'a encore osé ramasser le gand. On sent d'autant toute la difficulté du sujet. C'est un hommage rendu aux principes de l'Athée.

MEROË. (Gymnosophistes de) capitale de l'Éthiopie ancienne.

Parmi la multitude, il est des hommes ici, (en Éthiopie), qui n'ont point de culte.

Nous n'adorons, (c'est un des sages de Meroë qui parle), avec le peuple, autre chose que la lumière du jour; et par cette expression hiéroglyphique, nous entendons ce que le peuple est loin de comprendre, *la Vérité*! Ne ressemble-t-elle pas en effet à l'éclat d'un beau jour?

Voyez Luciani opera.

MERSENNE. (le P. M.) Tous les anciens philosophes ont dit ce que nous disons en cette maxime de théologie, que Dieu est présent par-tout . . . . . C'est pourquoi nous pouvons dire que Dieu est le monde . . . .

C'est lui qui est cette nature *naturante*....

L'Impiété des déistes . . . . *seconde part. p.* 418 *et* 419.

N. B. D'après ce passage, Spinosa peut compter Mersenne au nombre de ses partisans les plus prononcés.

. . . . Nos géomètres croient par fois que Dieu existe; mais ils confessent et assurent que par la raison, ils n'en peuvent être persuadés ou convaincus.

Epistola ad florianum crasium, 1645, *trad. par Bayle.*

Le

Le père Mersenne comptait, en 1623, jusqu'à soixante mille Athées à Paris. Il en trouvait jusqu'à douze dans une seule maison. Il pouvait ajouter : sans me compter.

On supprima, dans son ouvrage : *Quæstiones celebres*, *in genesim*, une liste des Athées de son temps, qui occupait cinq colonnes in-f°. *Liste imprudente et peut-être dangereuse*, disent les biographes.

MESLIER, (Jean) curé Champenois et Athée . . . .

Voyez ses notes sur le traité de l'existence de Dieu, par Fénélon. Elles ne laissent aucun doute sur ses vrais sentimens à cet égard. Il est impossible de professer l'athéisme d'une manière plus claire et plus franche.

Voyez aussi la seconde partie de son testament. *Naigeon.*

DEMANDE.
Qu'est-ce que l'ame ?

RÉPONSE.
Quand on m'aura bien expliqué le mécanisme du corps, je pourrai dire ce que c'est que l'ame.

Catéchisme du C. Meslier, p. 39. in-8°.

Il était le fils d'un ouvrier en serge, du hameau de Mazerni.

Tant qu'il vécut, il donna tous les ans à ses paroissiens pauvres, tout ce qui lui restait de son revenu ; et il savait vivre de peu. On lui fit cette épitaphe :

CI-GIT
JEAN MESLIER,
CURÉ
D'ÉTREPIGNI, VILLAGE DE LA CHAMPAGNE.
DÉCÉDÉ EN M. DCC. XXXIII,
AGÉ DE 55 ANS,
A SA MORT, IL RÉTRACTA
CE QU'IL PRÉCHAIT PENDANT SA VIE,
ET
N'EUT PAS BESOIN DE CROIRE EN DIEU,
POUR ÊTRE HONNÊTE HOMME.

MÉTEMPSYCOSISTES. (les) Pythagore s'est déclaré en Grèce, le chef de cette opinion, qui existait bien avant lui, et qui lui survivra, tant qu'il y aura de bons physiciens. La *Métempsycose* est le véritable système de la nature ; et Dieu n'a point de chapitre dans cette doctrine.

METRODORE, maître de Diogène et d'Hippocrate.

MEU 283

Ce philosophe, médecin de Chios, enseignait l'éternité de l'univers; car si l'univers, disait-il, avait commencé, il aurait été produit de rien; ce qui répugne.

MEURSIUS, (J.) c'est-à-dire : Nic. *Chorier*, Dauphinois.

La religion, qui tient le premier rang dans la politique, dans la nature, n'en a aucun. *Aloysia*, *V. Interloc.*

MÉZERAI, (Fr.-E.) l'historien de France.

.... Le menu peuple, plus il est ignorant, plus il veut se mêler des affaires de la religion.

Cet écrivain hardi et libre, professa le pyrrhonisme toute sa vie.

MIDDLETON. Cicéron ne reconnut dans la religion, *avec tous les gens sensés*, qu'une invention humaine, et un système de pure politique.
Vie de Cicéron, *Liv. XII.*

N. B. Mais tous les gens sensés n'osent encore en convenir tout haut. Ont-ils raison ? Leur prudence est-elle louable et nécessaire ? L'expérience de tous les jours ne prouve pas, ce me semble, qu'on gagne beaucoup à ne lever que le coin du voile. Après tant de siècles de ténèbres, d'erreurs et de mensonges, colédisent officieux, le moment ne seroit-il pas encore venu de dire enfin : *fiat lux !*

MILITAIRE PHILOSOPHE. (l'auteur du) parle conditionnellement de l'existence de Dieu ; *s'il existe*, dit-il, page 77 ; il n'ont pas dit de sa personne : *S'il existe.*

L'auteur s'exprime, dit-on dans des *lettres* de 1770, aux reproches les mieux fondés d'être un Athée.

La géométrie et l'arithmétique ne causèrent jamais de guerres civiles. Pourquoi des guerres entre des religions ? c'est que toutes sont fausses. S'il y en avoit une vraie, elle n'auroit besoin que d'être présentée ; tout le monde se rendroit. Tout ce qui fait dispute est nécessairement une fausseté, ou tout au moins une incertitude.... Il n'est pas de religion à laquelle on ne puisse renoncer en conscience.
Page 116.

MILTON. (J.) poëte anglais.

Quand il fut vieux, il se détacha de toutes sortes de communions, ne fréquenta aucune assemblée religieuse, et n'observa dans sa maison le rituel d'aucune secte ; il s'en tint à un profond respect pour le Dieu des philosophes.... à cause qu'il était persuadé qu'on peut être homme de bien, sans souscrire au formulaire d'aucun parti.... c'est pourquoi il se rangea du côté des *indépendans*, et professa une tolérance illimitée.

MINUTIUS, (Felix) orateur, à Rome. Quelques passages de son *Octavius*, semblent favoriser le matérialisme.

Par exemple, il ne répond pas, ou répond fort mal à cette objection philosophique qu'il se fait proposer par Cécilius :

Ne remplissons point le monde de vaines opinions et de fantosmes qui épouvantent les hommes. Car soit que les principes des choses soient de certaines semences qui naturellement se sont unies, ou que les membres de tout ce grand univers ayent esté formés et arrangez fortuitement, pourquoi faire un Dieu ?....

Qu'est-ce que l'homme et tous les animaux qui sont au monde, qu'un meslange d'élémens qui se dissoudent après, et retournent à leur premier estre, sans qu'il y ait d'arbitre, d'ouvrier, n'y de conducteur de toutes ces choses . . . .

Si le monde estait gouverné par une providence, et par la puissante main de quelque Dieu; certes! jamais Phalaris et Denis-le-Tyran, n'auraient esté rois . . . Jamais on n'aurait contraint Socrate à avaler du poison. *Pages* 11, 12, 14.

Entr'autres choses, Octavius répond à Cecilius:

Encore que nous connaissions Dieu, nous n'allons point dire publiquement nostre opinion, que quelque nécessité ne nous y oblige. *De Latrad. de Dablancourt, p.* 60.

Minucius Felix a composé un autre dialogue qui traite *du destin*.

MIRABAUD, philosophe provençal, de l'Académie française; auteur de l'ouvrage intitulé: *des Lois du monde physique et du Monde moral*, dont l'objet et les principes sont les mêmes que ceux du *Système de la nature*.

Mirabaud fut un incrédule décidé, et même un Athée de système, tel que Spinosa, Hobbes, etc. etc.

Mirabaud a été précisément un de ces

écrivains qui veulent enlever aux hommes la croyance de la divinité.

Il fut homme probe.

MIRABEAU. (le comte de) La justice est indépendante des notions quelconques de la divinité.

La vertu a une base solide et la justice un but réel dans l'intérêt, ce garant universel de nos engagemens respectifs.

Lettres de cachet . . . . *p. 37, tom. I.*

La pratique du bien moral est la seule religion obligatoire à laquelle l'homme puisse être contraint avec justice.

Idem, p. 55.

MITTIÉ. (Stanislas) docteur régent de la ci-devant faculté de médecine de Paris, mort à Paris, âgé de soixante-quinze ans.

Voyez son nécrologe par son neveu.

Cinq ou six ans avant la révolution, ce médecin, qui avait de la réputation, et qui la méritait, comptait parmi ses malades M. Fontaine, receveur général des finances, gisant dans une maison de campagne à Vanvres. Les parens, bons chrétiens, firent venir, selon l'usage, le R. P. gardien de

la capucinière de Meudon. Mais le malade était peu d'humeur à l'entendre. On pria le médecin de l'y déterminer. Ce qu'il fit de cette manière : « Mon ami ! la confes-
» sion, c'est le mémoire de la blanchis-
» seuse.... pour vous en débarrasser,
» ayez l'air de croire en Dieu, comme je
» compte bien faire, quand j'y serai ».

Le savant eût-il prévu cet pas cette peine. En dépit de sa femme, la famille écarta de son lit de mort, tous les importuns.

MITTIÉ, (Stanislas-Cajetan) frère du précédent, né au château des Tuileries, filleul du roi de Pologne, duc de Lorraine, et ancien receveur général des domaines de la ci-devant généralité de Paris.

Peuples dupes et crédules, la religion de vos pères est de l'invention des représentans du ciel, qui, d'accord avec les tyrans de la terre, disposent de vous, comme le fermier de son bétail.

Peuples ! il est une religion, la seule véritable, c'est le code de la nature, qui prescrit à tous d'être juste, humain et bienfaisant.

*Révolutions du Paradis et de l'Enfer....
Paris, an VI, p. 16, in-8°.*

MNESARQUE,

MNESARQUE, *Chrysippe*, *Pline*, le *natural.* pensaient que le monde est Dieu.

Cette liste de noms anciens et recommendables, pourrait se prolonger à l'infini.

N. B. Le système du *Monde-Dieu*, est aussi ancien et aussi universel que le soleil.

MODERNE (un) a dit :

En matière de religion, les hommes ne sont que de grands enfans.

N. B. Mais en *jouant à la chapelle*, comme on dit, ces enfans mal élevés se jettent à la tête leur hochet divin, et rougissent leur idole de leur sang.

MOÏ, (Ch.-Alex. de) ancien curé de Saint-Laurent, et député suppl. à l'Assemblée nationale.

Voyez son ouvrage *sur les fêtes publiques*, où il démontre la nécessité de proscrire le mot *Dieu*, qui a fait tous les malheurs du genre humain, et de le remplacer par celui de *nature*.

MOLIÈRE, (J.-B.-P.) parisien.

Molière a fait monter l'athéisme sur le théâtre . . . .

Molière ne peut parer au juste reproche

qu'on lui peut faire d'avoir donné à tous ses auditeurs des idées de l'athéisme, sans avoir eu soin d'en effacer les impressions, etc.

Observations sur une comédie de Molière, intitulée: le Festin de Pierre, Paris, 1665.

Molière rend la majesté de Dieu, le jouet d'un maistre et d'un valet de théâtre, d'un Athée, qui s'en rit, et d'un valet plus impie que son maistre, qui en fait rire les autres.

Dans cette pièce, qui a fait tant de bruit, un Athée foudroyé en apparence, foudroye en effet et renverse tous les fondemens de la religion. *Idem.*

Molière ne laissait pas d'être philosophe, mais d'une philosophie peu sèche et peu aride . . . . *Deslandes.*

Molière avait étudié et traduit tout Lucrèce ; et il aurait publié cette traduction ; mais son domestique en ayant pris un cahier pour faire des papillotes, Molière, dans le premier mouvement de sa colère, jeta le reste au feu, et ne tarda point à s'en repentir. Il en avoit inséré un morceau dans son *Misanthrope.*

N. B. Lucrèce n'est point heureux dans notre langue. Trois poètes français entreprennent la traduction de son poëme. Le manuscrit des deux meilleurs, Hénault et Molière, est détruit par un valet et par un prêtre. Nous n'avons pour nous en dédommager, que le travail médiocre du membre de l'Institut, Leblanc.

MON CHEF-D'ŒUVRE. (l'auteur de l'ouvrage) Berlin, 1762.

Les *Athées* sont d'un commerce doux et poli ; les chrétiens semblent avoir un esprit dur . . . . . C'est que les uns ne comptent que sur les hommes, les autres ne s'y fient point ; s'ils ne sont pas aussi politiques, ils sont du moins plus désintéressés. *Page* 15.

MONDE, (l'auteur de l'ouvrage le) *son origine, et son antiquité*, 1751.

Le nombre des philosophes qui ont eu recours à un être intelligent pour la formation du monde, est très-peu considérable . . . . presque tous semblent n'en avoir attribué la cause qu'à la nécessité.

MONDES. (les Deux-)

Le culte de la nature doit être regardé comme la religion primitive et universelle des Deux-Mondes. *Dupuis, Or. d. c.*

MONGE, de Montmajour, troubadour épicurien, qui préférait, comme il le dit lui-même, la table de ses bons amis aux autels d'un Dieu suprême.

Il fut sur-nommé le fléau des poëtes, *lou flagel dels trobadours*, et il mourut dans la ville d'Arles, l'an 1355.

Vies des plus anciens poëtes provençaux, mises en langue française, par Johan de Nostre-Dame, procureur en la cour de parlement de Provence, à Lyon, 1575, ch. LXVIII.

MONG., de l'Institut national de France....

MONGEZ, Pactiquaire, et membre de l'Institut national de France, *a l'honneur d'être Athée*; ce sont ses propres expressions.

MONIER ou *Meunier*, oncle maternel du rédacteur de ce dictionnaire.

Très-habile graveur de cachets.

Mort à Belleville, près Paris, au commencement de la révolution.

Alchymiste indévot.

MONIER, (B.) maire de la commune de Coutures-sur-Drot, près la Réole.

». . . . La raison universelle, c'est-là notre divinité par excellence; c'est la seule qui ait été laissée aux hommes pour les guider.

Quand un torrent entraîne les fruits de vos travaux, un Dieu vient-il vous en rapporter autre chose que ce que votre raison, aidée de votre courage, vous en a fait sauver elle-même ? . . .

Page 3, 4 et 6, d'un Discours prononcé dans ladite commune, et imprimé à Bordeaux, in-8°.

MONTAIGNE. (M.) La faiblesse de notre jugement nous y (*la religion*) aide plus que la force. *Essais*, *II*, *in*-12.

Montaigne ridiculise les systèmes sur la divinité, dans son grand chapitre sur Raimond de Sebonde. *P*. 402-527.

Note de Lalande.

Les choses les plus ignorées sont plus propres à être déifiées . . . . . etc.

Qui retâtera son être et ses forces, et dedans et dehors, et verra l'homme sans le flatter, il n'y verra ni faculté, ni efficace qui sente autre chose que la mort et la terre.

Les uns font accroire au monde qu'ils croient ce qu'ils ne croient pas; les autres en plus grand nombre se le font accroire à eux-mêmes, ne sachant pas pénétrer ce que c'est que croire.

Montaigne dit qu'il faut avoir une *arrière-boutique* pour soi seul. Il flottait sans cesse dans un doute universel.

<small>N. B. Quand Pascal se ménageait des *pensées de derrière la tête*, sans doute il avait connaissance de l'*arrière-boutique* de Montaigne. Presque tous les grands hommes ont eu la petitesse de dissimuler leur opinion. Beaucoup ont emporté avec eux dans la tombe leurs véritables sentimens. Tel dont la mémoire se trouve flétrie par une réputation de dévot, était peut-être un incrédule parfait, mais timide. Oh! combien d'habits de caractère ont pour doublure le manteau du philosophe!</small>

MONTESQUIEU... Nous voyons que le monde, formé par le mouvement de la matière, subsiste toujours.

Esprit des lois, liv. *I*, chap. *I*.
Voyez aussi les *Lettres Persannes*.

Mais le philosophe se cachait sous la simarre du président. Cela n'empêcha pas qu'il ne fut dénoncé comme Athée par la

Sorbonne. Il eut la faiblesse d'y être sensible; mais il est faux qu'au lit de mort, Montesquieu ait rétracté les vérités d'état qu'il avait soutenues pendant sa vie.

MONVEL, de l'Institut national.

,... Suprême intelligence ! ame de la nature, et qui peut-être es la nature elle-même..... *Page 27 d'un Discours prononcé le 10 frimaire, an II de la République.*

MORALE universelle. (l'auteur de la)

... On est homme, avant que d'avoir une religion... *Préface, pag.* 10.

A quelque degré que l'on porte le doute ou l'incrédulité, quelles que soient les opinions des hommes sur la divinité, ces opinions ne changent rien à celles qu'ils doivent se faire sur la morale. Celle-ci a la raison et l'expérience pour base. *Sect. IV. ch.* 7.

M.... D, médecin, de Niort, et membre du ci-devant conseil des Anciens, Athée avec ses amis.

MORNAY, anglais, médecin à Paris et à Belleville, né vers 1747.

MOSCHUS, philosophe de la ville de Sidon, en Phénicie, et antérieur à la guerre de Troye.

C'est le père de la philosophie des atomes, laquelle se passe d'un Dieu.

MOSCITES. (les) Dampierre ne put jamais remarquer dans ces indiens ni religion, ni superstition.

MOUGHAÏRE. (Ibn-Saïd) Ce magicien fameux, dans la doctrine qu'il débita l'an 119 de l'eghire, (737) sous le Kaliphat de Huscham I, présentait Dieu comme un être corporel, avec autant de membres qu'il y a de lettres dans l'alphabet arabe.

MOYSE, législateur théocratique de la nation juive.

Mosem fuisse pantheistam, sive, ut cum recentioribus loquar, Spinosistam incunctanter affirmat... Strabo...

Toland, *Origines judaïcæ.*

C'est-à-dire: Dans ses *Origines judaïques*, *Toland* se propose de rendre l'histoire de Moïse suspecte, par l'autorité de Strabon, et de prouver que le législateur hébreux, et Spinosa, ont eu à-peu-près les mêmes idées de la divinité. *V. Adaïsidemon.*

Voici le passage du géographe grec; il est curieux et important.

MUR

Moïse, qui fut un des prêtres égyptiens, enseigna que c'était une erreur monstrueuse de représenter la divinité sous les formes des animaux, comme faisoient les égyptiens, ou sous les traits de l'homme, ainsi que le pratiquent les grecs et les africains. Cela seul est la divinité, disait-il, qui compose le ciel, la terre et tous les êtres, ce que nous appelons le monde, l'universalité des choses, la nature... *Géogr. Strabo. XXVI Liv.*

... Dieu était au fond le panthéisme de presque tous les anciens, attribué par Strabon à Moïse même, et renouvellé par Spinosa, qui ne refuse ni le nom de Dieu, ni celui de cause à la substance unique qui, selon lui, forme, par son développement, la collection de tous les êtres.

L'abbé Canaye, memb. de l'acad. des Ins.

Nulle trace de l'immortalité de l'ame dans le systême religieux de Moïse.

Examen des religions, pag. 66.

MURET serait le meilleur chrétien du monde, s'il croyait en Dieu, aussi-bien qu'il persuaderait qu'il y faut croire.

Prima Scaligerana.

38

MUSERINS, nom que se donnent entr'eux, chez les mahométans, ceux qui professent l'athéisme, et dont la signification est : *nous avons le véritable secret.*

Ce secret n'est autre chose que de nier absolument la divinité ; de soutenir affirmativement que c'est la nature ou le principe intérieur de chaque individu qui dirige le cours ordinaire de toutes les choses que nous voyons. *Ricaut.*

N. B. Et pourquoi donc faire un secret de cette doctrine ? Que diront nos neveux de la circonspection puérile de leurs ancêtres ! Que de sujets de pitié nous apprêtons à la vénérable postérité !

MYTHOLOGUES. Les auteurs Mythologues, tant poëtes que prosateurs, étaient spinosistes, composant leurs Dieux de toutes les parties de la nature, personnifiées.

Les Mythologues avaient plus d'imagination et de bonne-foi que les théologiens, leurs successeurs.

N. 299

NAIGEON, (Jacques-André) né à Paris, en 1739, de l'Institut national de France.

C'est parler en déclamateur et raisonner en sophiste que d'insinuer qu'il n'y a point de probité sans religion.

Encycl. méth. Cardan.

Dans le livre du *Systéme de la nature*, par d'Olback, 1770, il y a beaucoup de notes de Naigeon, qu'il envoya à M. Michel Rey : cet imprimeur ne savait pas de qui était le *Systéme* . . . .

Naigeon a composé *le Militaire Philosophe*.

Il a traduit de l'anglais *l'Enfer détruit*; et le traité de la *Tolérance*, par Crellin, socinien Polonais.

Voyez encore son *Adresse à l'Assemblée nationale*, 1790, 140 p. in-8°.

Il ne faut pas croire que tout le monde puisse se mettre au niveau de cette opinion, (*l'athéisme*) ; c'est, au contraire, celle d'un très-petit nombre d'hommes . . . . Pour être Athée, comme *Hobbes, Spinosa, Bayle, Dumarsais, Helvétius, Diderot* et quelques autres, il faut avoir beaucoup observé, beaucoup réfléchi; il faut joindre, à des connaissances très-étendues dans plusieurs sciences difficiles, une certaine force de tête.... Il doit donc nécessairement y avoir très-peu d'Athées..... *Encycl. Campanelle.*

Quelqu'un, en 1798, reprochait à Naigeon qu'il n'osait pas avouer son athéisme. Le membre de l'Institut répondit : voyez mon dictionnaire de la Philosophie ancienne et moderne....

« .... J'ai dit positivement que Diderot » était Athée ; et que cette philosophie » était la seule vraie, la seule qui convînt » à l'homme vraiment philosophe, puis- » qu'on arrivait à ce résultat par la seule » bonne méthode d'investigation, savoir : » par l'observation, l'expérience, la mé- » ditation, et le calcul. On peut voir les » articles *ordre de l'univers, fatalisme, fa- » talité, stoïcien, Cardan, Toland,* de la » nouvelle Encyclopédie, et autres, qui » déposent de mes sentimens sur cet ar- » ticle important de la philosophie ratio- » nelle ». *Note communiquée.*

Naigeon est un de nos esprits forts les plus décidés, et qui ne reconnaît pour philosophes que ceux dont la philosophie

NAP   301

transcendante ne capitule avec aucun préjugé . . . *Palissot*, 1799. – *VIII*.

NAPLES. L'Italie, et sur-tout le royaume de Naples, a produit un bon nombre d'Athées . . . .
Encyclop. méth. Jord. Brunus.

NATIONS. Plusieurs nations qui ont été découvertes dans les derniers siècles, n'ont aucune idée de Dieu, ni n'ont aucun culte.
Histoire de la philos. payenne.

NATURE. Il n'est peut-être pas absurde d'avancer que tous les êtres sont sortis du sein de la *Nature*, au moment de son développement, sans aucun secours de *cause* quelconque, et par les seules qualités et propriétés résultantes du mélange des matières et du mouvement général.
Examen des religions, p. 18 et 19.

Il ne faut que le temps et les circonstances à la *Nature* pour produire ses modifications. Elle a pu, de tout temps, en de certaines circonstances, produire tous les êtres, comme et par les mêmes moyens que nous lui voyons employer incessamment pour les reproduire et les entretenir.
Idem, p. 139.

La supposition de l'existence d'une première cause, d'un moteur de tous les êtres, n'est propre qu'à satisfaire des êtres superficiels. *Idem*, *p.* 140.

La nature toute entière a esté et est encore tenue par beaucoup pour le vrai Dieu. *Lamothe Levayer.*

Quelques-uns la font mère de Jupiter. Les anciens philosophes croyaient que la nature n'était autre chose que Dieu même, et que Dieu n'était autre chose que le monde, c'est-à-dire, tout l'univers.

« Misérable opinion, (ajoute le Lexique » que nous copions), qui a encore des par- » tisans ». *Lisez* Pline *et* Buffon . . . . etc.

NATURE, (l'auteur de dame) à la barre de l'Assemblée nationale, 1791, *in-*8°.

Qu'on se taise un moment! j'ai deux mots à vous dire. Enfans! écoutez votre mère; laissez parler la Nature . . . .

Enfans! la piété filiale est la seule religion qui convienne aux hommes. La Nature a gravé dans le cœur des enfans ce précepte ineffaçable : tu honoreras ton père. Ainsi donc, n'ayez d'autre temple que la maison paternelle. *Page* 22.

NAUDÉ, (Gabriel) natif de Paris, et bibliothécaire du cardinal Mazarin.

Celui-là a raison qui condamne plutôt les livres *contra bonos mores*, que ceux *contra fidem*; parce que l'hérétique, absolument parlant, n'est préjudiciable qu'à soi-même, où le vicieux est la peste et le fléau de tout le monde . . . . etc.

L'intention des premiers est toujours bonne; et celle des derniers toujours mauvaise. On ne châtie les auteurs des livres *contra fidem* qu'en certains lieux; et on ne sait pas encore si c'est *jure vel injuriâ*.
Mascurat, p. 347, in-4°.

Naudé était un homme fort sage et fort réglé dans ses mœurs, très-sobre, ne buvant que de l'eau. L'étude faisait sa principale occupation. Il parlait avec beaucoup de liberté, et cette liberté s'étendait quelquefois sur les choses de la religion, d'une manière qui pouvait faire concevoir de lui des idées désavantageuses. Il lui échappait des expressions trop libres, sur-tout dans les débauches philosophiques où il se trouvait quelquefois avec Gui-Patin et Gassendi. *Nicéron*.

N. B. On dirait que le génie irréligieux de Gabriel Naudé, plane encore aujourd'hui sous les voûtes de la bibliothèque publique dont il fut le premier conservateur.

NAUTOLINES. Les Chinois ont une secte de religieux, appelés *Nautolines*, qui preschent publiquement la mortalité des ames. *Lamothe Levayer.*

NECKER dans son livre des *Opinions religieuses*, appèle l'idée sublime d'un Dieu, le doux refuge de l'ignorance.

Il dit que l'existence d'un Dieu créateur, et celle d'une matière éternelle, sont à une égale hauteur de notre intelligence; et que même l'existence éternelle de l'univers, soulage encore plus notre réflexion.

C'est par l'orgueil de nos opinions que nous pouvons atteindre à l'être suprême.

Necker.

NEWTON. (Isaac)

Omni præsens est Deus non per virtutem solam, sed etiam per substantiam, nam virtus sine substantia subsistere non potest... In ipso continentur et moventur omnia... Deus totus est oculus; totus auris; totus cerebrum, totus brachium; sed more minime humano...

C'est-à-dire.

C'est-à-dire : Dieu est non-seulement présent par-tout, en vertu de sa puissance, mais encore par sa substance ; car, la puissance ne peut exister sans une substance réelle... En lui est contenu et mû tout ce qui existe... Dieu est tout semblable à lui-même : il est tout œil, tout oreille, tout bras, tout cerveau, mais d'une manière nullement humaine ».

Certes ! Newton est spinosiste.

Ce savant philosophe mourut vierge, à 85 ans. Il jugeait des hommes d'après leurs mœurs, et non d'après leurs opinions. Aimant le repos par-dessus tout, il ne voulut contredire personne, et garda pour lui seul ses véritables sentimens.

Isaac Newton était arrivé à la fin de son livre des *Principia mathematica*, non-seulement sans avoir parlé une seule fois de Dieu, mais même sans avoir senti un moment, dans le cours de son travail, le besoin de recourir à cet être inintelligible, pour rendre raison du mécanisme de l'univers. Un de ses amis l'avertit de cette omission, et lui conseilla de dire *un petit mot de Dieu*. (C'est l'expression même dont il se servit.) Newton, qui avait procédé comme Démocrite, se rendit, et inséra dans le *Scholium generale*, qui termine son livre, les preuves bannales de l'existence de Dieu, qu'on y lit, et dans lesquelles on ne reconnait plus l'auteur immortel des *Principes mathématiques*.

Naigeon.

Qu'est-ce que l'espace pur, ou l'étendue spirituelle admise par Newton et Clarke ?

Ces hommes de génie se sont-ils contredits...? *Lisle de Salles.*

NICANOR. La vertu des philosophes Diagoras, Théodore, Évhémère, Hippon et *Nicanor* a paru admirable à saint Clément d'Alexandrie, quoique l'antiquité les reconnaisse pour des Athées décidés.

N. B. C'est ici l'occasion de rappeller ce vers d'un poëte moderne :

L'homme vertueux, seul, a le droit d'être Athée.
Lucrèce français.

NICOLE, (P.) de Chartres.

.... Les lois naturelles sont Dieu même .... etc.

Ces expressions et beaucoup d'autres, extraites des œuvres de ce théologien, par le P. Hardouin, lui ont mérité un brevet d'Athée, de cette sorte d'Athées qui ne font de Dieu qu'une abstraction, c'est-à-dire, à-peu-près rien : *Verba et voces, prætereaque nihili.* Voyez P. And. Martin.

Les ouvrages de Nicole peuvent fortifier . . . . tous ceux qui ont du penchant vers le pyrrhonisme. *Bayle.*

Ce passage, par exemple :

C'est le hasard qui décide de la religion de presque tous les hommes . . . .

Il n'y a point de témérité égale à celle qui porte la plupart des hommes à suivre une religion plutôt qu'une autre.

Essais de morale, tom. II, ch. II.

NICTO, (David) Rabbin.

Dieu et nature, nature et Dieu, sont tout un. *Le Jessiva, ou l'école.*

NINON, (A.) *de l'Enclos*, philosophe épicurienne, de Paris.

Il faut qu'un homme soit bien pauvre en morale, quand il a besoin de la religion pour être honnête homme.

<small>N. B. Ce mot d'une femme vaut tout un bon livre. Une autre femme en a composé un gros, pour prouver le contraire ; mais dans les balances de la postérité, *Ninon* avec son petit bagage, l'emportera sur *Genlis*.</small>

NOE

NOEL, brûlé à Metz, comme Athée. Il disait aimer mieux croire qu'il n'y a point de Dieu, que de reconnaître celui des prêtres.

Voyez la *Couronne mystique* de maître Jean Boucher. *Liv. II*, ch. 27.

N. B. Les principes et les mœurs de la gente sacerdotale ont fait bien des Athées.

NONNUS, poëte Grec, né en Égypte, dans les premiers siècles de l'ère commune.

Auteur d'un long poëme composé d'après un autre poëme égyptien, dont le sujet est le *Panthéisme*, ou la marche de la nature sous le nom de Bacchus-Soleil.

Ce poëme épique, de quarante-huit chants, renferme plus de vingt-un mille vers.

NOUGARET, (P.-J.-B.) littérateur, né à la Rochelle, en 1742.

Voyez sur-tout le chapitre I*er*. du *Contrat social des républiques*.

NUMA *Pompilius*, législateur de Rome.

Par Vesta, les anciens entendaient le monde entier, ou l'univers, qu'ils honoraient comme l'unique divinité, tantôt sous le nom de *Pan*, qui signifie *le tout*, tantôt sous le nom de *Monas*, c'est-à-dire, *l'unité*. C'est pour cela que Numa voulant représenter l'univers, sous le nom de *Vesta*, fit bâtir son temple de figure ronde, parce que l'univers est rond.

Numa était de la secte de ces philosophes dont parle Cicéron, qui disaient : les opinions religieuses ont été toutes imaginées, afin de conduire par ce moyen ceux que la raison seule ne peut rappeler au devoir. *De Nat. deor. I.* 42.

N. B. Mais est-il donc bien prouvé que la raison soit insuffisante, et ait besoin d'un supplément ? L'espèce humaine ressemblerait-elle au cheval de la fable, qui implore du secours ? Hélas ! en réclamant l'assistance divine, l'homme, en effet, s'est laissé brider, et a perdu son allure naturelle, pour devenir un misérable cheval de manège, tournant sans cesse, les yeux bandés, dans un cercle vicieux, sous la verge des hommes d'Etat et des hommes de Dieu.

O.

OANNÈS, le Moïse ou l'Hermès des Chaldéens, croyait la nature du monde éternelle.

Voyez Berose.

OCELLUS *Lucanus*, l'un des nombreux élèves de Pythagore.

Le monde est éternel, parce qu'il y a de la contradiction à dire que l'univers a eu un commencement; puisque s'il avait eu un commencement, quelqu'autre chose le lui aurait donné : ce qui est impossible, puisque qui dit l'univers, dit tout, n'y ayant rien au-delà.

Le monde ayant toujours existé, il est nécessaire que ce qui est en lui, ce qui a été ordonné en lui, ait toujours été.... Donc le ciel, avec tout ce qu'il a maintenant, la terre, avec ce qu'elle produit et ce qu'elle nourrit, enfin l'espace aérien, avec tous ses phénomènes, ont toujours existé... Malgré ses révolutions physiques, jamais il n'est arrivé que sa constitution fut entièrement détruite, et cela n'arrivera jamais.

Voyez le traité *de Mundo*, l'un des plus anciens parvenus jusqu'à nous.

Ocellus écrivait près de six cents ans avant notre ère commune.

D'Argens et le Batteux, ont traduit ce philosophe.

OCHIN. (Bernardin) Il composa quelques dialogues pleins d'athéisme . . . . . et mourut Athée. *Desponde*.

Moréri est du même avis. Il le fait mourir abandonné de tout le monde, et Athée.

OCTAVIEN, cardinal, de la maison des Ubaldini, de Florence, disait que s'il avait une ame, elle serait damnée.

Il passa pour un épicurien et un Athée.

ODIN. Nom d'un soldat Scythe qui, chez les nations celtiques, se fit passer pour un Dieu, et qui ne reconnaissait d'autre divinité que la lame de son cimeterre.
Voyez Islandais.

OKAIL ou *Lebid*, arabe; c'était le poëte de Mahomet. Voici la plus remarquable des maximes chantées par sa muse:

« Tout ce qui n'est pas Dieu, n'est rien ; » car Dieu est tout ».

N. B. Spinosa a eu des précurseurs chez toutes les nations.

Okail mourut à Coufah, plus que centenaire. *Herbelot*, *Bibl. Orient.*

OLBACK, (Paul-Thiéri, baron d') né dans le Palatinat, mort à Paris, 11 janvier, 1789, a composé :

Catéchisme du Citoyen, ou *Dictionnaire de la Nature*, 1790, ouvrage posthume.

Diderot et d'Olback, ont passé dix ans à faire imprimer les œuvres suivantes :

Le Bon-Sens, par d'Olback. (*Opus aureum*).

Le Militaire Philosophe, par Naigeon.

Les Prêtres démasqués, trad. de l'anglais.

L'Esprit du clergé, traduit de Tindal et Gordon, Athées.

Contagion sacrée, réimp. par Lemaire.

Histoire naturelle de la superstition, par d'Olback, 1770.

Essai sur les préjugés, par d'Olback.

Lettres à Eugénie, par d'Olback. *La Préface* est de Naigeon.

Lettres Philosophiques de Toland à Serena, traduit de l'Anglais.

Essai sur la nature et la destination de l'ame humaine, traduit de Collins, anglais, qui a fait le *Commercium Epistolicum*.

Système social, par d'Olback.

La

La Politique naturelle, du même.
La Morale universelle, idem.
La Théocratie, idem.
Le Christianisme dévoilé, cru de Boulanger, est de d'Olback. *Note de Lalande.*

OR. (l')

Il est un Dieu, sans doute, à qui tout est possible :
Ce Dieu, le mieux servi, père des autres Dieux,
Compte aussi ses martyrs, et même a ses miracles.
Sa présence fait taire, ou parler les oracles.
Qui touche à son autel est guéri de ses maux....
Ce Dieu n'a pas encor rencontré d'incrédule....
Fléchissez le genou, mortels! ce Dieu, c'est l'OR.
Sylvain, *Lucrèce français.*

ORCHOË, (les prêtres Chaldéens d') ville de Babylonie, sur les bords de l'Euphrate.

.... La religion est fille de la nuit....
Le premier des cultes, la source de tous les autres, naquit dans la Chaldée, au sein des ténèbres; et le premier des astronomes en fut le père....

Le monde est éternel. C'est ce que l'étude des astres a appris.... Peut-être n'y a-t-il pas d'autres Dieux..... ou plutôt l'univers lui-même est la seule divinité.... *Voyez Juste-Lipse.*

ORIGÈNE. Il avait un grain de spinosisme.

Il disait que le globe est un gros animal, capable de bien et de mal.

Dans sa quatrième *Homélie*, sur Ezéchiel, il s'efforce de démontrer que la terre est animée.

Il prit des leçons de Clément d'Alexandrie, son compatriote. On a reproché à Origène d'avoir été favorable au matérialisme.

Extrait d'un Édit de l'Empereur Justinien.

... Quiconque dit ou pense que le ciel, le soleil, la lune, les étoiles et les eaux, qui sont au-dessus du firmament, sont animés et doués de raison ; que ce sont des intelligences unies à la matière, qu'il soit anathême ! Anathême à Origène, qui a avancé ces choses, et à sa criminelle, impie et exécrable doctrine ! anathême à quiconque la suit ou la défend !...

N. B. Honte éternelle à la mémoire des hommes d'État, assez ineptes et despotes pour proscrire une opinion et celui qui la professe !

ORIOL, (Petrus Auréolus) théologien Picard, au 16e. siècle, archevêque d'Aix.

Il a soutenu fort adroitement l'impossibilité de la création.

ORNATUS, *ce philosophe* appèle la Nature, la multitude, ou l'assemblage des Dieux physiques. *Stobée, éclog. seconde.*

ORPHÉE, dans sa théologie, garde un profond silence sur un être intelligent. Est-ce pour cela qu'il fut nommé *le théologien par excellence* ?

Il disait : Dieu est toutes choses.

Timothée, le chronographe.

Selon ce poëte antique, Dieu sortit d'un œuf . . . .

N. B. Un œuf existait donc avant Dieu. Hélas ! l'œuf d'Orphée, est la véritable boëte de Pandore.

Le premier qui ait donné de la divinité à la nature, ça esté *Orphée*, qui la qualifie *Deum-Naturam*, c'est-à-dire, Dieu-Physique.

Garasse.

Voyez les hymnes qu'on lui attribue : quelqu'en soit l'auteur, il est évident qu'il n'a chanté que la nature.

Dupuis, Abrégé de l'origine des cultes, page 46, in-8°.

Orphée, qui chanta que Dieu fit le ciel, ne le traite que de *premier-né* de toutes les créatures, et lui donne l'air pour père.
Bayle.

Orpheus quibusdam Spinozismi videtur postulandus.

Orphée passe pour spinosiste dans l'esprit de plusieurs savans.

OSIANDER, (André) théologien bavarois, qui naquit à la fin du XVe. siècle, et prit les premières leçons de Luther.

Selon lui, nous vivons par la vie substantielle de Dieu.

N. B. Spinosa n'en a pas dit plus.

OVIDE. (P.)

Cum rapiant mala fata bonos (ignoscite falso).
Sollicitor nulles esse putare Deos.
Eleg. am. 9.

IMITATION.

Quand je rencontre un sage malheureux,
Je suis tenté de ne plus croire aux Dieux.

La mort de Tibulle donna lieu à ces deux vers impies.

Ses *Métamorphoses* offrent le spinosisme des anciens, paraphrasé en vers ingénieux.

. . . . Enfin, l'homme naquit . . . . .
soit qu'il ait été formé d'une semence divine, soit que la terre eut assez de vertu pour faire naître son monarque.

Métam. liv. II, fable II.

OZANAM, (J.) bressois; de l'Académie des sciences de Paris.

Je ne me permets pas, disait-il, d'en savoir plus que le peuple en matière de religion.

N. B. Le dictionnaire des Athées a droit de réclamer un savant mathématicien, qui s'exprime ainsi. Le vrai sens de ces paroles n'est pas une énigme. Elles nous expliquent, d'ailleurs, comment le système d'un Dieu a fait fortune dans le monde, et a prévalu sur la véritable théorie de la nature; et il prévaudra, tant qu'il y aura du peuple pour croire, des prêtres pour vivre aux dépens des crédules, et des savans qui n'oseront se permettre de parler plus haut que le peuple et ses prêtres.

PACUVIUS. Ce vieux poëte latin, neveu d'*Ennius*, était spinosiste, comme les autres.

Voyez un fragment de son Panthéisme : *Fragmentum aureum*, dit Toland. Il est cité par Cicéron, *de Divin. N.* 56.

PAÏENS. Leurs Dieux étaient aussi chimériques que la divinité de Spinosa.

Bayle, *Agesipolis*.

PALATINAT. Jacques Curio, en sa chronologie de l'an 1550, dit que le Palatinat se remplissait de tels moqueurs de religions, nommés *Liévanistes*, gens qui tiennent pour fables les livres sacrés de tous les peuples.

Florimond de Remond, *conseiller au parl. de Bordeaux*.

PALEARIUS, (Aonius) *de Verulo*.

Muret regrettait Aon. Palearius qui, à ce qu'il disait, avait été brûlé pour son indiscrète ingénuité sur les matières de religion. *Mémoires de Thou*, *liv. I*.

PALINGEN. (Marcel)

. . . .
Utilitas facit esse Deos . . . .
. . . .

C'est-à-dire : c'est le besoin qu'on crut

avoir des Dieux, qui fit imaginer les Dieux.
Zodiac Vitæ ham.

Le savant G. Naudé faisait grand cas de ce poëme.

Les théologiens reprochent au poëte de trop faire valoir les difficultés des impies contre la religion.

PALINGENESISTES, philosophes anciens qui, pour ne point multiplier les êtres sans nécessité, accordaient à la nature la faculté régénératrice. On attribue cette opinion spécialement à Démocrite et à Leucipe.

La métempsycose des pythagoriciens était une sorte de palingenesie.

PAN. Rien de plus commun chez les anciens, que la figure allégorique du grand *Pan*, ou *Dieu-nature-universelle*.

Voy. Macrob. Somn. Scip. II, 12.

Les Arcadiens décernaient un culte particulier au *Dieu-Tout*, ou à Dieu, ne faisant qu'un avec la nature de toutes choses.

PANARD, (Ch.-Fr.) le Lafontaine du Vaudeville, a dit quelqu'un.

Ce poëte épicurien n'avait d'autre divinité que la bonne nature, d'autre culte que celui des Muses et des Grâces. Sa philosophie, sans prétention, atteignait le but, sans efforts, sans disputes....

PANÆTIUS a soutenu que le monde est éternel.

N. B. Donc, point de création ! Donc, point de créateur !

Ce stoïcien, l'ami de Scipion et l'honneur du portique, plaçait l'étude de la physique en tête de la philosophie.

Suivant ce sage Rhodien, jamais opinion ne fut moins fondée que celle de l'immortalité de l'âme.

Horace et Cicéron faisaient grand cas de Panætius.

PANTHÉISME. Chez les premiers métaphysiciens, le terme *Dieu* n'était, à parler exactement, qu'une expression vague, indéterminée..... c'était un mot consacré à exprimer l'idée abstraite de vertu, production, puissance, causalité, qu'on répandait d'abord sur tous les êtres, et qui ensuite détachée d'eux par l'extrait qu'on en faisait, devenait un être à part, distingué de tous les autres. Par-là, l'effet et

la

la cause portaient également le nom de Dieu, mais dans des sens différens ; c'était le *Panthéisme* . . . . Voy. *Moïse.*

Lacannaye, mém. acad. inscript.
tom. X.

PAOLO. Le cardinal Palavicin dit des livres de Fra-Paolo, (frère Paul), qu'on n'y trouve pas une miette de dévotion, *non sei mica di devozione.*

PARIS. Dans *Paris*, soubs le règne de Charles neufviesme, l'an 1573, il y eut un homme, lequel ayant esté surpris sur le fait, dogmatisant en secret pour l'athéisme, fut déféré au parlement, et comme impie, condamné . . . . Il soustenait qu'il n'y avait autre Dieu au monde, que de maintenir son corps sans souillure ; et en effect, à ce qu'on dit, il était vierge . . . . Il avait autant de chemises qu'il y a de jours en l'année . . . . . Il estait ennemy de toutes les ordures, et de faict et de parole, mais encore plus de Dieu . . . . Il vomissait d'estranges blasphêmes, quoyqu'il les proférast d'une bouche toute sucrée, et d'une mine doucette . . . . Par commandement du roy, on en fit un beau sacrifice à Dieu, en la place de Grève, et fut bruslé à demi-vivant.... »

Le nom de cet infortuné ne nous est pas connu.

N. B. Les détails de ce récit font dresser les cheveux. Pauvre espèce humaine ! comme on te traitait au XVIe. siècle ! et tu n'en es pas quitte au XVIIIe.

PARISOT. (Patrocle) *Voyez* son œuvre intitulée : *La Foi dévoilée par la Raison*, in-8°. 1681. L'auteur y combat, non-seulement la religion et ses mystères, mais encore l'existence et la nature de Dieu.

PARMÉNIDE, éléate.

Ce philosophe poète avait composé deux ouvrages ; l'un pour les savans, où il donnait son véritable système ; (Parménide ne crut qu'un seul être.) l'autre pour le peuple, où il parlait des Dieux suivant les règles vulgaires. *Simplicius* . . . .

N. B. Ne pourra-t-on jamais dire ce que l'on pense ? La franchise, bannie des palais et des temples, ne devrait-elle pas se retrouver au moins dans les écoles de la philosophie ? Pourquoi le manteau du sage est-il de deux pièces ? . . .

C'est que, presque par-tout, presque toujours, le gouvernement ne permet de dire à ses gouvernés que ce qu'il veut bien qu'ils sachent.

Parménide croiait que Dieu était quelque chose de rond, c'est-à-dire, sans doute, le monde. Élève de Xénophante, il appelait les premiers hommes les enfans du soleil.

Si quelque chose existe, disait-il, outre tout ce qui est, ce ne serait pas un être. Or, ce qui n'est pas, n'existe point dans la nature des choses . . . .

Eusebe, præpar. evang.

PAROLES *secrettes*. (l'auteur des)

C'est un volume dont les Brachmanes, ou philosophes indiens, étaient dépositaires.

Ce livre se trouve aujourd'hui entre les mains des Brahmes.

Le chapitre de *Dieu* n'y est pas long ; il consiste en un triangle tracé dans un cercle.

Voy. le Christianisme des Indes, par la Croze.

Dans un autre endroit, Dieu est appelé le père et la mère des hommes, et de toutes choses.

Generandi vim activam.
Principium generationis passivum.

On y fait Dieu synonime à l'organe générateur.

PASCAL, (Blaise) clermontois.

« Vertueux fou, misanthrope sublime... »,
dit Voltaire.

Pascal, homme de génie, né trop tôt.
Alman. des Rép. p. 70.

La raison ne nous donne aucune connaissance démonstrative de l'existence de Dieu . . . .

Il faut avoir une pensée de derrière, et juger du tout par-là, en parlant cependant comme le peuple.

N. B. Sur un autre papier, Pascal avait écrit :

« J'aurai aussi mes pensées de derrière
» la tête ».

N. B. Voyez l'arrière-boutique de *Montaigne*. A ce qu'il paraît, les philosophes modernes n'ont pas été plus courageux que les anciens. Les uns et les autres ont cru s'acquitter, en brûlant sur les autels de la vérité, un encens furtif. Ils ont eu honte de dire vrai, comme on a honte de faire mal.

Nous ne connaissons, ni l'existence, ni la nature de Dieu.

PAS

Je n'entreprendrai pas de prouver par des raisons naturelles ou l'existence de Dieu, ou l'immortalité de l'ame ; parce que je ne me sentirais pas assez fort pour trouver dans la Nature de quoi convaincre des Athées.

Par raison, vous ne pouvez dire que Dieu est.

Pascal dit expressément de Dieu, qu'on ne sait ni ce qu'il est, ni si il est.

Philos. anc. Toland, p. 657.

Parmi les *Pensées* de Pascal, il s'en trouve un assez grand nombre qu'un Athée signerait sans peine. *Encycl. méthod.*

Hardouin met Pascal dans la liste des Athées. *Voltaire.*

Le raisonnement de Pascal ne servirait qu'à faire des Athées.

Voltaire, remarques sur les Pensées de Pascal.

PASQUIER, (E.) parisien et l'auteur des *Recherches sur la France* . . . . .

Un de ses contemporains a écrit qu'il n'avait jamais su reconnaître *l'air de sa religion* . . . .

PATAGONS (les) n'ont point de religion. *Paw, Rech. sur les Amér.* t. *I*, p. 211.

PATERCULUS.

Sed profectò ineluctabilis fatorum vis, cujuscunque fortunam mutare constituit, consilia corrumpit. II, 57, 5.

C'est-à-dire : . . . . C'est qu'en effet la force des destins est inévitable, et que quand ils ont résolu de ruiner la fortune de quelqu'un, ils pervertissent ses conseils . . . .

N. B. Est-il nécessaire de répéter ici que le système de la fatalité, suivi par tous les anciens, et qui compte encore aujourd'hui tant de sectateurs, détruit toute idée religieuse ? Un fataliste conséquent est nécessairement Athée.

PATIN, (Guy-) médecin.

Ses *lettres* témoignent en particulier que le symbole de l'auteur n'était pas chargé de beaucoup d'articles, (dit Bayle, avec sa finesse et sa prudence ordinaires).

Il avait beaucoup de penchant à l'impiété, (dit un autre lexicographe, moins bon critique); mais cette accusation, ajoute-t'il, n'a pas été prouvée.

Encore une fois, voyez les *lettres* de G. Patin.

PATRU, (Olivier) orateur parisien et de l'Académie française.

Il se contenta, disent les historiens de sa vie, de vivre en honnête homme et en philosophe sceptique.

Voici ses dernières paroles ; elles sont de poids :

DIALOGUE.

L'évêque BOSSUET.

On vous a regardé jusqu'ici, monsieur, comme un esprit fort. Songez à détromper le public par des discours sincères et religieux.

Le sage PATRU.

Il est plus à propos que je me taise. On ne parle dans ses derniers momens, que par faiblesse, ou par vanité.

PAVILLON, (Étienne) poëte, né à Paris, et membre de l'Académie française. Neveu d'un évêque presque saint, Pavillon vécut en philosophe presqu'Athée. Il professa du moins un paisible épicuréisme, qui le mit à l'abri des persécutions et de la haine.

PAUL, (S.) juif, fils d'un pharisien.

Spinosa lui-même s'étaye de l'apôtre, qui dit que nous vivons dans Dieu, que nous marchons, que nous sommes dans lui. *In ipso vivimus, movemur et sumus.*

Voilà la vraie métaphysique que saint Paul nous a apprise :

Dieu est tout en tout, opère tout en tout, se rapporte non-seulement au spirituel, mais au temporel.

Louis et. de la Croix, *Vérité rétablie, page* 432.

PAUL-ÉMILE, général d'armée et philosophe stoïcien.

De toutes les divinités, Paul-Émile disait qu'il ne craignait que la fortune.

PAUSANIAS. Cet historien voyageur nous apprend que par toute la Grèce, on retrouvait les traces du culte primitif rendu à la Nature.

PAUW. La religion n'a par elle-même aucune influence sensible sur la vertu des nations. *Recherches physiques sur les Grecs,*
Tome II.

Le peuple est par toute la terre de même. C'est

C'est un enfant incapable de *témoigner*; et les philosophes ne devraient non plus s'arrêter à son témoignage, qu'un juge à la déposition d'un imbécille.

Recherc. philos. sur les Améric., second vol.

N. B. Qu'on applique ce passage à la preuve de l'existence de Dieu, tirée du consentement unanime des peuples !

PELISSON (P.) de Béziers.

Pelisson mourut sans avoir voulu entendre personne sur le sujet de la religion.

Gazette de Roterdam.

On parlait diversement de la religion de Pelisson. Les uns disaient qu'il n'en avait aucune ; qu'il ne faisait que s'accommoder au temps ... Ce qu'il y a de certain ... à l'heure de sa mort, il n'en professa aucune.

Riencourt. Hist. de Louis XIV.

C'était un parfait honnête homme.

Pelisson est mort en impie.
Epigr. de Linière.

PÉLOPONÈSE. Il y avait beaucoup d'Athées dans le Péloponèse, malgré la sévérité qu'on y exerçait contr'eux.

PENDETS, (les) Indous. La doctrine

de beaucoup d'anciens philosophes touchant la grande ame du monde, est la doctrine comme universelle des *Pendets*, gentils des indes.... Ils comparent Dieu, ou cet estre souverain, à une araignée....

Bernier, mém. sur le Mogol.

PENSÉES *Libres sur les prêtres.* (l'auteur des)

Voici l'une de ces *pensées* :

Quand bien même l'existence divine serait démontrée aussi parfaitement qu'elle l'est peu, que faudrait-il en conclure ? Que pourrait-il en résulter ? L'honnête homme n'en a que faire. Pratiquerait-il mieux pour plaire à Dieu, les mêmes vertus qu'il pratique par amour seul pour elles ? La crainte du châtiment, l'espoir de la récompense ne sont pas des motifs pour lui. Quand bien même le soleil aurait un créateur, en deviendrait-il plus ou moins beau aux yeux de ceux qui le croient une brillante parcelle d'un monde incréé ? Un Dieu de plus mettrait-il quelque chose de plus dans l'univers ? Cette idée abstraite ajoute-t-elle quelque chose à l'idée de l'ordre qu'inspire le spectacle de la Nature subsistant par elle-même, et ne reconnaissant d'autre agent qu'elle? Un Dieu inconnu, impalpable, frappe-t-il autant nos sens que le bien et le mal physique? Un homme qui aime son père, sa femme et ses enfans, trouve-t-il dans son cœur de la place pour un être surnaturel? Une épouse sensible, une mère tendre, prend-elle l'ordre d'un Dieu pour aimer son mari et sa famille? Deux amis ne sont-ils pas la divinité tutélaire l'un de l'autre? Faut-il de gros traités bien subtils, pour prouver aux hommes l'existence des vertus domestiques? Faut-il un catéchisme pour honorer son père? Le nouveau-né, qui sait de lui-même trouver le teton de sa mère, apprend-il à la carresser, à la distinguer parmi plusieurs autres femmes? Devons-nous donc quitter la terre d'où nous sommes sortis, sur laquelle nous existons, dans laquelle nous devons rentrer, pour nous élancer vers le ciel où nous ne trouvons rien à palper, où l'imagination elle-même se perd? Restons plutôt en paix sous l'œil de la Nature, et ne nous cherchons pas de maître, hors d'elle.

PEREIRA. (G. Gomezius) médecin espagnol, du XVIe. siècle.

La liberté de philosopher était pour lui un grand charme ; il s'en servit amplement et jusqu'à l'abus . . . . Il attribuait aux élémens la même simplicité que l'école d'Aristote attribue à la matière première.

Pereira était bien avant sur le chemin du spinosisme.

PERE (un) de l'église, (saint Augustin, je crois), a dit :

On ne passe jamais de l'athéisme à l'impureté. *Dictionn. Apostol. t. III, p.* 95.

N. B. Prenons acte de l'aveu. Le docteur pouvait ajouter : *ni de l'impureté à l'athéisme.* Cette opinion généreuse suppose dans le cœur autant de netteté que dans l'esprit.

Les pères de l'église croient à peine, que celui là connaisse Dieu, qui ne le connaît que par la raison et non par la foi . . . . Ils ne comptent presque pour rien la connaissance de Dieu que l'on a par la raison.

Huet, évêque d'Avranches.

N. B. Honorables lecteurs ! défiez-vous d'un système, religieux ou autre, qui récuse le tribunal de la raison. Ce système, tout au moins, est suspect.

Un père de l'Eglise a dit avec autant de solidité que d'éloquence :

« *Deum quodam modo negat qui hunc rationibus humanis metitur* ».

C'est-à-dire : c'est en quelque façon nier Dieu, que de vouloir en donner connaissance par des raisonnemens humains.
Mém. de Trevoux, avril, 1705.

Il est plus clair que le jour que tous les premiers pères de l'église ont fait Dieu corporel, et que leur doctrine a été perpétuée chez les Grecs, jusques dans ces derniers siècles. *Phil. du bon-sens*, t. II.

La plupart des pères de l'église ont soutenu que *Dieu était matière*.

Pag. XVI, préface de l'Éther, poëme.

PERICLÈS, disciple d'Anaxagore, fut soupçonné d'athéisme.

Doctores audivit in philosophiâ quidem, Anaxagoram : unde etiam, antytho teste, Atheus paulatim haberi cœpit quod illius philosophiæ disciplinam avidius hausisset.

On le croyait dans les mêmes sentimens qu'Anaxagore et Aspasie.

Dis-moi qui tu hantes, je dirai qui tu es. *Proverbe*.

PERIERS. (Bonaventure des)

A propos du *Cymbalum mundi*, Voët observe qu'il est possible qu'un homme sème l'athéisme dans des ouvrages badins et pleins de fictions, et qu'on se serve de cette ruse, afin que si l'on était poursuivi, l'on eût des échappatoires.

Ce livre, aussitôt qu'il parut, en 1537, fut censuré par la Sorbonne, et brûlé par le parlement.

N. B. Cette pauvre vérité a beau faire et prendre tous les masques, pour tromper la vigilance de ses ennemis, elle finit toujours par être reconnue et proscrite. Il ne lui reste plus qu'un parti, le seul qu'elle aurait dû employer; c'est de se montrer à front découvert. Elle en imposerait. Du moins, on n'aurait pas à lui reprocher de se compromettre par des travestissemens indignes d'elle.

Atheus Bonaventura.
Impius peresius.
    Mersenne.
Impiissimus nebulo.
    Voetius.

Cymbalum mundi fabulus perquas ea quæ de Deo verissima esse dicimus et credimus rejicere velle videtur Bonaventura.

Theoph. Spizelius scrutinium atheismi. *Ausbourg*, 1663, *in-8°*.

C'est-à-dire : dans le *Cymbalum mundi*, l'auteur, sous le voile des divinités payennes, s'efforce d'anéantir absolument le premier être, et de tourner en ridicule tout ce que l'on croit de la religion.

Vide Mersenni quæstiones in genesi.

Il fut Athée . . . . *De l'Étoile.*

Le *Cymb. mundi* est un lucinianisme qui mérite d'être jeté au feu, avec son auteur, s'il était vivant.

Est. Pasquier, *lettres*, *tom. I.*

L'auteur du *Cymb. mundi*, s'y moque ouvertement de Dieu et de toute religion.

J. Chassanion, *Hist. mém.*

PÉRIPATÉTICIENS (les) ont fourni des argumens aux Athées. *Diderot.*

PERNETY. (Dom Ant.-Jos.) Dieu, principe radical de tout, immense lumière.... Dans la création, il accoucha et mit au jour le grand ouvrage, (le monde) extension manifeste de lui-même... L'esprit de Dieu, répandu dans toute la masse, est *proprement* l'ame du monde... L'œil du monde est *proprement* la Nature même.

Fables Egyptiennes, pag. 56 et 57.

N. B. Que de peine se donne ce bon bénédictin alchimiste, pour éviter de parler *proprement* comme Spinosa, tout en exprimant les mêmes choses ! car dom Pernety est matérialiste, sans le vouloir, ni sans s'en douter.

PERROT D'ABLANCOURT. (Nic.) Il soutint que c'était la religion, et non pas la raison naturelle, qui nous apprenait l'immortalité de l'ame.

Ce matérialiste avait les plus excellentes qualités morales.

PERSÉE, de Cettium, philosophe stoïcien, disciple de Zénon, regardait les Dieux comme les premiers inventeurs des choses utiles chez les peuples qui leur avaient élevé des autels.

N. B. Cette origine de la religion, assez vraisemblable, fait beaucoup d'honneur aux hommes ; elle tend à prouver qu'ils ne furent pas toujours ingrats.

PETIT,

PETIT, (le docteur) médecin célèbre, mort à Olivet, près Orléans.

PÉTRONE, sénateur romain, né sur le territoire de Marseille, et philosophe épicurien.

.... *Primus in orbe Deos fecit timor, ardua cælo Fulmina dum cœderent.*

C'est-à-dire :
Le tonnerre et la peur engendrèrent les Dieux.

Il ne croyoit pas davantage à l'immortalité de l'ame.

Tacite en fait l'éloge.

PEUPLE. Le commun peuple reproche aux doctes l'athéisme et le mespris de toute la religion. Accusation trop véritable !...
Erreurs populaires, par J. d'Espagne, p. 30.

D'Espagne, page 45, met au nombre des erreurs populaires, ce proverbe :

Vaut mieux avoir piété que science.

Vox populi, vox Dei.

C'est-à-dire : la voix du peuple est celle de Dieu.

N. B. Ce proverbe a dégoûté bien des gens de croire en Dieu.

Donner un corps à Dieu, en faire un être matériel, c'est nier son existence: et c'est d'après ce,... que Hobbes et Spinosa sont rangés dans la classe des Athées. Il faudrait en ce cas leur réunir le peuple, qui est et qui sera toujours antropomorphite...

> *F. L. d'Escherny*, comte du St-Empire, *la philos. de la politiq. an V.* (1797) *tom. II, in-8°. pag. prem.*

L'existence de Dieu a été ignorée de plusieurs *peuples*.... Il est facile d'en donner des preuves, bien plus amplement même que ne l'a fait M. Bayle.

> *Hist. de la philos. payenne, vol. II, in-12, 1724, à la Haye.*

PEYRARD, mathématicien, bibliothécaire de l'école polytechnique.

Il est l'auteur d'un ouvrage intitulé : *De la Nature et de ses loix.* Peyrard a pour but de faire voir que la matière, par sa propre énergie, est capable de produire tous les phénomènes que l'univers nous présente, sans le secours d'un agent extérieur. Cet ouvrage, fortement pensé, renverse de fond en comble toute espèce *d'idée religieuse. Les Persécutions, les violences sans nombre exer-*

cées au nom de Dieu, l'abrutissement et l'esclavage dans lesquels les prêtres plongent par-tout les nations, sont, dit l'auteur, les seuls motifs qui m'ont déterminé à composer cet ouvrage. Note communiquée.

PEYRERE, (Isaac la) bordelois, auteur du système des *Préadamites*.

. . . . Le bonhomme n'était pas obstiné sur ce qui s'appèle religion . . . . c'était le meilleur homme du monde, le plus doux, et qui tranquillement croiait fort peu de chose.

D'autres biographes disent de ce savant :

On le soupçonna toute sa vie de n'être attaché à aucune religion, moins par corruption de cœur . . . . etc.

Voici son épitaphe, applicable à bien d'autres :

. . . . Quatre religions lui plurent à-la-fois ;
Et son indifférence était si peu commune,
Qu'après quatre-vingt-ans qu'il eut à faire un choix,
Le bonhomme partit, et n'en choisit pas une.

PHARAON. Les mahométans disent que Moïse fut long-temps à prêcher au roi Pharaon, qui était Athée, l'existence d'un Dieu éternel . . . . Il ne gagnait rien sur

son esprit ni sur celui de sa cour ......
J. Chardin, descript. de la Perse.

Ce même roi d'Égypte, niait la création du monde.

PHÉNICIENS. (les) La cosmogonie de cette ancienne nation, conduit directement à l'athéisme.
Eusebe de Ces. Cumberland.
Les Égyptiens, idem.

Dans ces deux cosmogonies, qui n'en font qu'une, venant de la même source, on explique mécaniquement la création du monde, sans y faire intervenir un Dieu.

.... *Nec Deus intersit* .....
Horat.

PHERECYDE. Pour montrer que les hommes se sont eux-mêmes fabriqués ces Dieux tout-puissans, et qu'ils en sont vraiment les auteurs, Pherecide est nommé par Diogènes Laërtius, pour le premier qui ait jamais parlé des Dieux en ses écrits ....
Lamothe Levayer, de la Divinité.

Pherecide était Athée ....

Voyez les voyages de Pythagore, son disciple, *tom. I*, in-8°.

PHI 341

PHILIPPIQUES. (l'auteur des)

Les rapports d'homme à homme et de nation à nation, sont les seuls dont nous devons étudier parfaitement la nature. Nos rapports avec Dieu sont d'un autre genre...

XXXVI. Philippique, in-8°. 1791, Paris, tom. III.

PHILON. Ce juif alexandrin opinait pour l'éternité du monde. *Voyez* ce qu'il a écrit *de incorruptibilitate mundi.*

PHILOSOPHE *de Sans-Souci.* (le) Voyez *Frédéric II*, roi de Prusse.

Ah ! cette ame, cher Keith . . . . .
Ce nous qui n'est pas nous, cet être chimérique
Disparait aux flambeaux que porte la physique ;
Que le peuple hébété respecte ce roman !
Regardons d'un œil ferme et l'être et le néant . . .
. . . Suivons les pas de Lucrèce et de Locke . . .
Épitre au maréchal Keith.

PHILOSOPHES *anciens.*

Prisci philosophi fere omnes . . . . pro Atheis fuerunt habiti.

C'est-à-dire : presque tous les anciens philosophes peuvent passer pour Athées.

J.-Fr. Buddeus.

.... *Eos qui philosophiæ dent operam, non arbitrari Deos esse.* Cicero, *de invent.*

C'est-à-dire : ceux qui se consacrent à la philosophie, renoncent à la croyance en Dieu.

Apulée remarque que presque tous les anciens philosophes avaient été accusés de nier qu'il y eut des Dieux. *Apologia* ....

On a toujours soupçonné les philosophes de n'avoir guère de religion.

Bayle, *dictionn. Takiddin.*

Les *philosophes* ne voulaient pas que la vertu dépendît de Dieu.

Arnaud, *Système de la Nature et de la Grâce.*

N. B. Les prêtres, de leur côté, disaient et disent encore :

Hors nous et nos amis, nul n'aura de vertu.

Les anciens rhétoriciens, après avoir dit qu'entre les propositions probables, les unes étaient fondées sur ce qui arrivait presque toujours, et les autres sur l'opinion ordinaire, alléguaient d'abord ces deux exemples :

« Les mères aiment leurs enfans :

« *Les philosophes ne croient point qu'il*
» *y ait des Dieux* ».

Cicero, de invent. lib. I.

PHILOSOPHES. La plupart des philosophes n'ont connu la vanité des idoles faites de la main des hommes, que pour se précipiter dans l'atheisme.

. . . . Ils ont expressément nié l'existence d'un Dieu . . . .

Boursier, *action de Dieu*, tom. III.

Les divinités des philosophes égyptiens, comme celles de tous les autres philosophes, n'étaient autre chose que le monde et les parties de l'univers.

Jaquelot, *existence de Dieu*, p. 250, in-4°.

Point d'expressions plus familières aux anciens philosophes que celle-ci : « L'univers est un grand animal ; et souvent » ils ajoutent : et ce grand être souverainement animé et souverainement intelligent, est Dieu même ».

August. *civ. Dei*, IV, 121.

PHOCION. Les plus honnêtes hommes parmi les anciens, ont été fort sujets au libertinage de sentimens, (athéisme.) Les

Aristides, les *Phocions*, les *Socrates*, ces ames roides et vertueuses, paraissaient assez indifférens sur le chapitre de la religion. Qu'on dise après cela que l'esprit d'incrédulité est une marque de débauche.

Deslandes . . . .

Phocion mourut à quatre-vingt-ans, condamné à boire la ciguë.

PHYSICIENS. (les) On a accusé autrefois les *physiciens* de n'être pas assez religieux; parce qu'en effet, quelques-uns d'entr'eux, comme *Démocrite* et *Épicure*, et ceux qui ont suivi en tout leurs sentimens, étaient de véritables *Athées*.

Encycl. méth. Grew.

Les théologiens des anciens étaient les mêmes que leurs physiciens; on ne les appela théologiens que parce qu'ils considéraient la Nature comme divinité.

S. Isidor, orig. gent. VIII, 6.

PIANEZZE. (le marquis de)

Croire que Dieu n'est point, est un sentiment moins outrageux pour lui que de le croire ce qu'il n'est pas, et ce qu'il ne doit pas être.

N. B.

N. B. Dans la crainte de se tromper et de faire outrage à quelqu'un, le plus sûr est donc de suspendre sa croyance ; et c'est le parti que prennent quantité de bons esprits. Cette sorte d'athéisme prend faveur, et nous vaut la paix.

PIGAULT-*le-Brun*. Il est impossible qu'une société d'Athées se forme jamais, parce qu'un Athée est un être pensant, et que la multitude ne pense pas. Mais si un peuple adoptait ce système, il pourrait exister et prospérer, indépendamment de ses opinions. Des lois sages, administrées avec fermeté, sont le seul frein de la méchanceté humaine. . . .

L'athéisme suppose une éducation soignée, des connaissances ; et l'homme qui médite est rarement un scélérat. . . .

Le véritable Athée cultive la vertu, parce qu'elle porte avec elle sa récompense. . . .

Les délits obscurs ne seront jamais commis par un véritable Athée. . . .

Extrait de l'Enfant du Carnaval.

PILNITZ, (le baron de) chanoine, et chambellan de Frédéric II, roi de Prusse.

Pour être certain de son opinion, il faut lire ses *Lettres*, 4 *vol.*

PIO, homme de lettres et maître de langues.

Changer de religion, soit pour les individus, soit pour les États, n'est, en dernière analyse, que changer d'erreur. Un peu plutôt, un peu plus tard, toutes les religions doivent passer de mode. Voilà de quelle manière raisonnait *Bacon*, qui en valait bien un autre.

Lettre au journal du Voyageur, n° 20, in-4°. 21 messid. VII.

Je m'étais plaint à *Piis*, président du *Portique des républicains*, qu'on eût voulu dans leur prospectus tirer une ligne de démarcation entre la philosophie et l'athéisme. Il m'a répondu, que puisqu'il passait à moi qu'on puisse être bon citoyen, (quelle grâce !) et Athée ; que je devais leur passer aussi d'être bons citoyens, sans être Athées....

Est-il rien qui plus honore la Nature humaine que l'athéisme? Pour moi, je suis persuadé que comme un être insensible à l'harmonie de la musique, et à tout plaisir des sens, est un être mal organisé physiquement, et maltraité par la Nature ; de même tout homme qui pense, et qui ne reconnaît pas la seule Nature pour sa divinité, est indigne de figurer parmi tous ceux de son espèce. Voilà ma profession de foi. *Pio*.

PIRON, (Alexis) poëte français, de Dijon. Au lit de mort, le confesseur lui faisait faire sa profession de foi :

Croyez-vous en Dieu ?

Le mourant reprit :

« Parbleu, je crois bien à la Vierge ».

N. B. Cette dernière saillie de Piron a autant de sens que de sel.

Celui qui fait tant que de croire en Dieu, n'a pas de raison pour se refuser de croire à l'immaculée conception de la Vierge Marie, et à tous les miracles de son fils. Les absurdités se tiennent toutes par la main.

Abyssus abyssum invocat.

Il n'y a presque point de distance du déiste ou du théiste qui se dit philosophe, au confrère du Sacré-Cœur de Jésus. L'existence divine pure et simple, est un mystère de la force de ceux du christianisme.

PLATON, (Aristocle) philosophe d'Athènes.

Hardouin prétend prouver que Platon a été un Athée, que tout ce qu'il a dit pourrait l'être par un *spinosiste*. Œuvres div.

Si nous pénétrions bien dans Platon, peut-estre que nous trouverions qu'il a donné dans cette pensée, (la grande ame du monde). *Bernier, mém. sur le Mogol.*

Il admettait en *Dieu* les formes humaines, séparées de la matière.

Platon, dit Plutarque, *de Proc. anim.* s'aperçut bien vers la fin de sa vie, qu'il fallait supposer la matière animée.....

Ipse Plato confessus est quia veram de Deo opinionem propter ignorantiam plebis proferre securum non est.

C'est-à-dire : il professe la double doctrine. Il est difficile, dit-il, dans le Timée, de remonter à l'auteur de cet univers ; et il serait dangereux de publier ce qu'on en découvrirait. Il vît que le doute était la base de la véritable science. Il ne s'ouvrit de ses véritables sentimens qu'à quelques amis. Il fut partisan du silence pythagorique.
Diderot.

Quelques scholiastes font Platon Athée dans toutes les formes.

Olivet, trad. de la nat. des Dieux, de Cic.

Platon, ce créateur du systéme intellectuel, n'était, de près examiné, qu'un matérialiste fort subtil, et le mieux déguisé qu'il fût possible....

Mallebranche, Recherche de la vérité, liv. II, Ir. paragr. ch. 8.

Platon prétendait que ce qui est au-dessus de nous ne nous touche point. Ce philosophe s'est écarté de ce sentiment, parce qu'il était homme et qu'il y avait des curieux, de son temps comme du nôtre.

Examen des relig. p. 34.

On demandait à ce philosophe :

Que fait Dieu ?

Platon répondit :

Dieu géométrise.

N. B. Les hommes de Dieu, pour se garer du spinosisme, et sous peine d'être inconséquens, devraient s'abstenir avec soin de ces sortes d'expressions, *l'éternel géomètre, l'éternel architecte, le fabricateur des mondes, le créateur suprême*, et autres qui ne rappèlent toujours que de la matière travaillant sur de la matière.

PLINE, (Caius) l'ancien, ou le naturaliste, né à Véronne.

« L'univers est un temple auguste, au-
» delà duquel il ne nous est pas permis
» de chercher la divinité » !

On ne pouvait pas, en moins de mots, et plus poétiquement, exposer le systême de Spinosa.

Pline communique à ses lecteurs une certaine liberté d'esprit, une hardiesse de penser qui est le germe de la philosophie.
Buffon.

N. B. Buffon n'osa point prendre les mêmes libertés, craignant la censure sacerdotale.

Omnibus a supremâ Die ead ; quæ ante primum ; nec magis à morte sensus ullus, aut corporis, aut animæ, quam ante natalem . . . . Hist. nat. VII, 56.

C'est-à-dire : ce qui suit notre dernier jour est de même nature que ce qui a précédé le premier. Le corps et l'ame n'ont pas plus de sentiment après la mort, qu'ils en avaient avant la naissance . . . .

PLINE et HIPPOCRATE.

Pline insinue, (liv. 27,) que Dieu, la Nature, le sort, le hasard, ne sont qu'une même chose; et il s'appuye sur la décision d'Hippocrate.
Deslandes, Hist. de la philos.

Pline a été du nombre des Athées stoïciens, comme on le peut recueillir de ces paroles de son histoire naturelle, par où il la commence :

Il faut croire que le monde et ce que nous appelons autrement ciel, qui couvre toutes choses par son enceinte, est un Dieu éternel, immense, qui n'a pas été produit et qui ne périra jamais . . . . et que c'est en même-temps et l'ouvrage de la Nature, et la Nature elle-même.

Pline pensait de même que Straton et Anaximandre, comme il paraît par-tout le septième chapitre du second livre, lequel finit ainsi :

Perquæ declaratur haud dubie Naturæ potentia idque esse quod Deum vocamus.

C'est-à-dire : il n'y a pas de doute que ce que nous appelons Dieu, n'est autre chose que la puissance de la Nature.

PLINE, (Cæcil.) *le jeune* ou *l'épistolaire*, neveu du naturaliste, né à Côme : Athée théorique.

PLOTIN, natif d'Égypte.

La philosophie de ce platonicien, ne s'éloignait pas beaucoup du spinosisme. Il n'y a presque point de siècle où le sentiment de Spinosa n'ait été enseigné. Cet impie n'a que le malheureux avantage d'être le premier qui l'ait réduit en système, selon la méthode géométrique.

Que voulait dire Plotin, quand il fit deux livres pour prouver : *Unum et idem ubique totam simul adesse* ? N'était-ce pas enseigner que l'être qui est par-tout, est une seule et même chose ? Spinosa n'en demande pas davantage. Plotin mourut en disant :

Equidem jam enitor, quod in nobis divinum est, ad divinum ipsum quod viget in universo redigere. Bayle, dictionn.

C'est-à-dire : je fais mon dernier effort pour ramener ce qu'il y a de divin en moi, à ce qu'il y a de divin dans tout l'univers.

Il professait la doctrine de l'ame du monde. On a de lui un traité sur cette question Y a-t-il plusieurs ames ? N'y en a-t-il qu'une seule ? Il se déclare pour l'affirmative de la seconde proposition.

Il sut inspirer à plusieurs dames romaines une forte inclination pour l'étude de la philosophie.

Invité une fois à un sacrifice, il sut répondre :

pondre : « C'est aux Dieux à venir à moi, et non moi à eux ».

Plotin fut à la veille d'obtenir de l'empereur et de l'impératrice, Galien et Salonine, qu'ils fissent rebâtir une ville de la Campanie, pour l'établissement d'une colonie de philosophes Athées.

N. B. La grande et belle expérience d'une République sans Dieu est encore à faire ; elle serait digne du gouvernement français.

PLUTARQUE, Boëtien.

Il résulte clairement des vers d'Orphée, et des livres sacrés des Egyptiens et des Phrygiens, que la théologie ancienne, non-seulement des Grecs, mais en général de tous les peuples, ne fut autre chose qu'un système de physique, qu'un tableau des opérations de la Nature, enveloppé d'allégories mystérieuses et de symboles énigmatiques ; de manière que la multitude ignorante s'attacha plutôt au sens apparent, qu'au sens caché, et que même, dans ce qu'elle comprenait de ce dernier, elle supposa toujours quelque chose de plus profond que ce qui paraissait. *Fragment cité par Eusèbe, Præpar. évang. III. 1.*

Le bon Plutarque est véhémentement soupçonné, s'il n'est atteint d'athéisme.

Dans son traité des Opinions des philosophes, *Placita philos. I, VI*, on lit :

Nos premiers ancêtres voyant la marche régulière et le mouvement perpétuel des astres, leur donnèrent le nom de Dieu.

L'observation des étoiles est la première source des opinions religieuses.

N. B. Et c'est ainsi que l'étude de l'astronomie dégénéra en culte.

Cœli enarrant gloriam Dei,

dit le roi prophète, plus poète qu'instruit.

POÈTES. Il est certain que les poëtes les plus orthodoxes ont fort erré sur la nature de Dieu. *Bayle*.

Tannegui-Lefèvre dit que tous les poëtes de l'antiquité furent des impies.

V. De futilitate poëtices.

N. B. Jamais poëte n'a résisté à une belle image, fût-elle contraire à un bon raisonnement. Ne cherchant qu'à plaire, presque toujours la philosophie des poëtes se tait devant leur vanité. Il y aurait une poétique à faire, dans laquelle on pourrait prouver, sans beaucoup de frais, que le vrai seul étant le beau, l'Athéisme est le sujet le plus susceptible de la sublimité du style et des pensées. *Voyez Lucrèce.*

POGGIO, (J.-Fr.) Bruc. Florentin.

L'impiété de ses sentimens lui attira beaucoup de haine, disent les biographes.

Il ne faut pas que cela réfroidisse les ennemis de tout préjugé. L'Athée plaint les sots, et se garre des méchans.

Pogge a été soupçonné d'être l'auteur du *Traité des trois Imposteurs*.

POLITHÉISME. (le) Tous les grands fléaux nous viennent de la part des élémens; aussi les élémens ont-ils été les Dieux des plus anciennes nations connues.

Examen des Religions, pag. 32.

N. B. D'où il résulte que le Polithéisme n'est encore que le système des matérialistes, mis à la portée du commun des hommes.

POLITIEN, (Ange) Toscan de nation.

Voëtius demande si Politien ne doit pas être suspect d'un neutralisme lucianique, ou d'épicuréisme. *Disput. théolog.*

Quelques-uns ont écrit que Politien professait l'athéisme en cachette, avec *Marcile Ficin* et *Domitius Calderin*.

Pierre de S. Romuald, *Feuillant*, chronol. tom. II, pag. 262, année 1509.

Cela n'empêchait point qu'il ne récitât son

bréviaire. Il n'est pas le premier ni le seul qui ait fait de ces sortes de sacrifices à l'opinion banale. Nous avons vu plus haut un savant incrédule, porter toujours avec lui un chapelet.

POLITIQUES, espèce d'Athées parmi les philosophes anciens, et particulièrement dans l'école italique, ainsi désignés, parce qu'ils étaient d'avis de laisser aux peuples grossiers l'imposante chimère d'un Dieu; la croyance divine leur paraissant un préjugé nécessaire à la police des villes.

Atheismi practici duæ classes . . . . eorum posterior est qui ad status rationem cuncta referunt et pseudo politicorum *nomine appellantur. Illius patroni exstitere Aristippus Cirenaicus, epicuri sectatores, aliique.*

Hujus posterius Atheismi practici classis patrocinium præter alios in se suscepit machiavellus . . .

Dissertatio politica, *malum Atheismi in republica; Arnoldus Asplund, Stockholmensis, alumnus regius. Upsaliæ.* M. DCC. LIIX. *in-4°.*

N. B. D'après ces principes éventuels et de circonstance, l'opinion continuera d'être la reine du monde, et ne manquera pas de flatteurs à sa cour brillante. La vérité, sans asyle, restera dans son trou à se morfondre avec quelques amis fidelles, mais découragés.

POLYBE, l'historien.

Je suis persuadé que tout ce qu'on appelait religion à Rome, n'avait été institué que pour la populace; car si l'on pouvait supposer une société formée de sages, ces sortes de systêmes seraient peu nécessaires.
Liv. VI.

. . . . La malice des hommes oblige les gens sages et les politiques, à se servir habilement des craintes imaginaires qu'inspire la religion . . . . *Liv. VI, vers la fin.*

En dépit du savant Casaubon, nous réclamons avec Bodin, le sage Polybe dans l'illustre troupeau des hommes sans Dieu.

POLYPHEMUS. Ce très-ancien philosophe, pour faire sentir le ridicule de l'existence divine, disait que le ventre est le plus grand de tous les Dieux; les hommes ne travaillent, n'agissent que pour lui, ne sacrifient qu'à lui.

Voyez le théâtre d'Euripide.

Et les prêtres du paganisme, pour se

venger, travestirent le sage Polypheme en cyclope difforme.

POMPONACE, (P.) philosophe.

Son livre de l'immortalité de l'ame, l'exposa à des soupçons d'impiété. Il y conclud que n'y ayant aucune raison qui prouve démonstrativement, ou que l'ame soit mortelle ou qu'elle ne le soit pas, on doit regarder cette question comme un problème. Ce traité fut condamné au feu par les Vénitiens. *Theoph. Rainaud.*

Le jurisconsulte Gadelman, a soutenu que Pomponace faisait des leçons publiques, contre l'immortalité de l'ame.

P. Pomponatius philosophus, épicureismi defensor.... scripsit de fato. De Magis.

C'est-à-dire : ce philosophe, défenseur de l'épicureisme, a écrit sur le destin.

On est accoutumé à regarder Pomponace, comme un impie et un Athée. *Nicéron.*

N. B. Nous sommes parfaitement de l'avis de tous les philosophes ; nous rangeons parmi les Athées, tous les penseurs qui ne digèrent pas l'immortalité de l'ame.

Atheam est immortalitatem animæ non conservare.
Suidas, lex. tom. 1, p. 108.

Pomponace se composa une épitaphe, digne de sa réputation irréligieuse.

POMPONIUS *Lætus*. (Jul.) Ce savant calabrois vécut à Rome en philosophe, suspect d'impiété et d'athéisme. Il mourut, dit-on, en bon chrétien. *Mais*, on ajoute que ce fut à l'hôpital, étant trop pauvre pour se faire traiter chez lui de la maladie qui l'emporta.

N. B. Or, on sait que dans la plupart des hospices, en France et ailleurs, il fallait, en entrant, donner quelque signe de religion, pour n'y être point traité *comme un chien*.

POMPONIUS, (T.) Romain distingué, était philosophe épicurien.

Voyez Cicéron, *de Finibus boni. V. I.*

PONTANUS. (Jov.)

Son épitaphe, composée par lui-même, n'annonce pas un poëte bien religieux :

Servire superbis dominis,
Ferre jugum superstitionis,
Condimenta vitæ sunt.

En voici à-peu-près le sens :

Depuis la naissance à la mort,
Servir d'insolens maîtres,
Porter le joug des prêtres,
De l'homme, hélas ! tel est le sort.

PONTOPPIDAN, vice-chancelier de l'université de Coppenhague, auteur du livre : *la Force de la vérité pour convaincre les Athées* . . . . 1758.

On trouve dans cet ouvrage la nomenclature des incrédules qui ont lâché pied, en sortant de la vie ; tels que Junius, le mylord Rochester, le comte Passerini,...

Nous avons déjà montré que cela ne prouve rien.

POPE. (Alex.) Ce poëte, philosophe anglais, définit l'univers, un Tout surprenant, dont la Nature est le corps, et dont Dieu est l'ame. *Essai sur l'homme*, p. 22.

C'est le Dieu de Spinosa, dit Pinault, dans sa *nouvelle Philos. dévoilée*, pag. 15, *in*-12, 1770.

La Nature n'admet aucun droit divin.
Essai sur l'homme.

Il a été accusé de vouloir établir dans son *Essai sur l'homme* la fatalité de Spinosa.

Il est bien difficile à quiconque a lû les ouvrages, et connu les amis de Pope, de n'avoir pas quelques doutes sur ses sentimens religieux.

PORPHYRE. Ce philosophe Tyrien met de

de l'entendement par-tout ; il le gradue depuis les astres, jusqu'aux plantes où il n'est qu'en semence. *Sent. N°.* 10.

Jupiter est le monde, l'univers, ce qui constitue l'existence et la vie de tous les êtres.

On observera que le *Jéhovah* des Juifs est le synonyme parfait du Jupiter des Grecs.

PORTIQUE. (le) On appelait ainsi l'école de Zénon, et des stoïciens ; et voici le sommaire de la doctrine de ces philosophes anciens : ils établissaient une divinité éternelle, répandue dans toutes les parties du monde, et qui était l'ame et le moteur universel de la matière.

Ceus du Portique, (dit Levayer), avaient de la peine à concevoir que l'esprit de Dieu peust estre diffus par toute la Nature, sans s'y incorporer, qu'il la peust *informer*, sans estre sa forme . . . . .

Vertu des Payens, p. 175.

PORTIQUE (le) *Républicain*.

La saine partie des membres de ce nouvel établissement, philosophique et littéraire, est composée d'*Hommes-sans-Dieu.*

N. B. Ils ont déjà tenu des séances solennelles et publiques, tantôt dans des ci-devant églises, tantôt à l'ancien magasin de l'Opéra. Leur dessein serait-il d'inaugurer la vérité par-tout où triompha trop long-temps le mensonge ?

PORT-ROYAL.

Quant à toutes les questions qui regardent la puissance de Dieu, notre esprit se perd dans la multitude des pensées contraires qu'elle fournit.

Art de penser . . . . paragr. IV, ch. I. Livre composé par deux ou trois solitaires de Port-Royal.

PORTUGAIS. C'est chose vraye qu'un *portugais*, s'estant rendu agréable au roy Henry III, luy demanda dans Lyon, une grâce royalement et sans luy rien spécifier, qui se trouva estre, de ne pouvoir recevoir de contrainte dans tous ses estats, à la reconnaissance d'une autre déïté que celle du soleil. *Lamothe Levayer.*

PORTUGAL. L'horrible tremblement de terre, arrivé à Lisbonne, en 1755, peupla le Portugal d'Athées. Beaucoup d'entre les meilleurs croyans, ne purent concilier cette catastrophe épouventable avec l'idée d'une providence.

POSIDONIUS a prétendu que le monde était éternel.

N. B. Or, il ne peut y avoir deux éternels : L'ouvrage et l'ouvrier n'ont pas la même date. Il faut donc que l'Univers et Dieu ne fassent qu'un.

Ce philosophe soutenait que le monde, en général, et le ciel en particulier, composent la substance de la divinité.

Diog. Laërte.

POSTEL. (Guill.) Ce n'est pas sans sujet que Postel, en son livre *de Orbis concordiá*, ne nomme point les religions autrement que du mot, *persuasions*.

Lamothe Levayer, de la Divinité.

Multas fovit hypothesis quæ atheismo fores aperiunt.

C'est-à-dire : Postel a soutenu beaucoup d'hypothèses qui ouvrent la porte à l'athéisme. *Reimmann*.

Selon lui, dans l'homme, *animus*, est la partie masculine; *anima*, la féminine.

Ce savant a prétendu encore que le luthéranisme mène à l'athéisme.

Ramus attribue à Postel le *Traité des trois Imposteurs*. Naudæana.

POUILLI, (L. levesque de) littérateur rémois; nous avons de lui une *Théorie des sentimens agréables*, où se trouvent des choses qui pourraient scandaliser les *hommes de Dieu*.

N. B. La tâche serait incommensurable, si l'on voulait entreprendre d'extraire de tous les livres qui existent, ce qui favorise l'opinion *des hommes sans Dieu*.

Nous prendrions en flagrant délit les auteurs les plus orthodoxes, ou les plus étrangers à cette matière.

P . . . . . I, maître de langues italienne et anglaise, et poëte, a traduit en italien une partie du Système de la Nature, à la sollicitation du vieillard, Jean *Arthur*, Athée.

POURDEAUX *et* HUMAIN. Noms de deux soldats français, du régiment de Belsunce, qui se suicidèrent en 1773, le jour de Noël, à cinq heures et demi du soir, dans l'auberge de l'Arbalêtre, de la ville de Saint-Denis. (Franciade.) Avant de se tirer le coup de pistolet, ils écrivirent deux lettres philosophiques et d'un style original.

L'une des deux lettres est terminée ainsi :

Si l'on existe après cette vie et qu'il y ait du danger de la quitter sans permission, je tâcherai d'obtenir une minute pour venir vous l'apprendre. S'il n'y en a point, je conseille à tous les malheureux, c'est-à-dire, presque tous les hommes, de suivre notre exemple.

PRADES. (Martin de)

La thèse encyclopédique qu'il soutint en Sorbonne, est assez connue. On y jète des doutes sur l'immortalité de l'ame ; on y prouve indirectement l'éternité du monde....

Prades, sous le voile d'un déiste, préludait l'athéisme.

PRÉMONTVAL, (P. Guay) né à Charenton, près Paris, membre de l'Académie de Berlin, savant dans les mathématiques, et métaphysicien hardi.

PRÉSENCE *réelle.* (la)

Les fauteurs de la *présence réelle*, les catholiques, les luthériens, ne s'appercoivent pas qu'ils sont de véritables matérialistes.

Voyez le *N. B.* de l'article *Druïdes.*

PRÊTRES *Égyptiens.* (les)

Populum fabulis pascebant sacerdotes Ægyptii; ipsi autem sub nominibus Deorum patriorum philosophabantur.

Origen, Contra Celsum, lib. I.

C'est-à-dire : les prêtres égyptiens amusaient le peuple par des fables, et cachaient leur philosophie sous le voile des noms des Dieux du pays.

PRÊTRES *Orientaux.* (les)

Il y a eu chez tous les peuples des philosophes qui n'ont reconnu d'autre Dieu que la Nature, en niant la liberté de l'homme, au milieu d'un monde où, selon eux, tout était mû par des lois éternelles et nécessaires.

Les *prêtres* de toutes les nations orientales, ceux des Égyptiens, n'ont-ils pas professé la double doctrine ? n'avaient-ils pas des connaissances élevées et sublimes, qu'ils réservaient à eux seuls ou à leurs initiés, et auxquelles le peuple n'était jamais admis ?... etc.

Bailly, astron. anc. p. 269, *in-*4°.

PRÉVOST. (Ant.-Fr. d'Exiles, l'abbé)

C'est prendre une mauvaise voie pour

arriver à quelque chose de certain en matière de religion, que de chercher des démonstrations et des preuves.

Les plus grands esprits ne sont pas communément les meilleurs chrétiens.

Pensées . . . . .

On raconte que le prince de Conti, en annonçant à Prévost qu'il l'avait choisi pour son aumônier, lui dit : mais, il faut vous prévenir, mon cher abbé, que je ne crois pas en Dieu. —— Ni moi non plus, monseigneur, lui répliqua le romancier philosophe.

PRI . . R, de la Côte-d'Or, législateur français.

PRIOLO. (Benjamin)

Justi et æqui servantissimus erat Benj. Priolus, religionis parum. J. Rhodius.

C'est-à-dire : il était grand observateur de la justice . . . . il l'était peu de la religion.

Il étudia, en Italie, sous Crémonin ; il y apprit à fond les sentimens d'Aristote et ceux des autres philosophes de l'antiquité.

PRISCILLIEN, hérétique espagnol, condamné à mort pour avoir soumis la volonté de l'homme à une fatale nécessité qui l'entraîne, sans qu'elle puisse s'y opposer.

Opinion, l'une des bases de l'athéisme.

Selon lui, Dieu n'était autre chose que l'âme des hommes, et de l'univers.

PROCULUS, de Bizance, composa un livre, intitulé : *De decem dubitationibus circa providentiam.*

C'est-à-dire : dix doutes touchant la providence.

Ce philosophe, dans son commentaire sur le Timée, a, plus que personne, insisté sur les caractères sexuels de la Nature, ou sur le principe masculo-féminin de l'univers, dogme fondamental de la théologie ancienne. V. *Lingam.*

PRODICUS, élève de Protagoras.

Quid prodicus chius qui ea quæ prodessent hominum vitæ, Deorum in numero habita esse dicit quam religionem reliquit.

Cicero, de nat. deor.

C'est-à-dire : Cicéron lui attribue d'avoir enseigné que la gratitude humaine a été

cause

cause que l'on a cru qu'il y a des Dieux.
Bayle, dictionn.

Les Athéniens le firent mourir comme impie. Il vida une coupe de ciguë.

N. B. Il ne faut pas confondre notre philosophe avec un Hérésiarque de son nom, dont les sectateurs soutenaient qu'il ne faut point invoquer Dieu.

PRODICUS.

Prodicus fut accusé d'enseigner à ses disciples l'irréligion.

Sext. Empiricus le compte parmi les Athées.

PROMÉTHÉE, l'un des premiers Athées. Il niait la création du monde et des hommes par un Dieu. Le soleil, à ses yeux, était l'un des principaux agens de la Nature, fécondée par elle-même.

PRO*Y, de l'Institut national de France.

PROPERCE, poëte épicurien.

. . . Animum emendare . . .
Incipiam, ... hortis, docte Epicure, tuis.
Lib. III.

C'est-à-dire:

Je veux, sage Epicure, errer dans tes jardins.

PROTAGORAS.

Si Deus est, unde mala?

C'est-à-dire : ... Pourquoi du mal ; s'il est un Dieu ?

Protagore composa exprès un livre pour combattre l'immortalité de l'ame.

Selon ce philosophe grec, l'ame ne diffère point des sens.
Diog. Laërt.

Il osa attaquer la divinité, et nia l'existence d'un être suprême, ou du moins la mit en problème. *Diction. histor.*

PROTAGORE. Les Athéniens ont chassé de leur pays un certain Protagoras, qui disputait de la divinité, plutôt en philosophe qu'en prophane, et ont bruslé ses escrits en pleine assemblée.
Minutius Félix, trad. par d'Ablancourt.

Protagoras écrivit un livre *de la Nature des Dieux*, qui lui mérita le nom d'*impie*, et qui commençait par ces mots :

« Je ne sais s'il y a des Dieux ; la pro-
» fondeur de cette recherche, jointe à la
» brièveté de la vie, m'ont condamné à
» l'ignorer toujours ».
Diderot, d'après Diogène Laërt.

Les magistrats d'Athènes donnèrent le mauvais exemple de condamner le livre de

Protagore à être brûlé, et son auteur à être banni.

PROVERBE grec.

Je tiens pour Dieu tout ce qui me nourrit.

PROVIDENCE. Les anciens, plus éclairés que leurs neveux, disaient : la *Providence de la Nature*. Ils ne faisaient point le pléonasme de dire la *providence de Dieu* : à moins que par *Dieu*, on n'entende la *Nature*; dans ce cas, les anciens et les modernes se donneraient la main.

PRUDENS. (les) Bayle a désigné sous ce nom, une association paisible et secrète de penseurs libres, mais cachant sous leurs manteaux le flambeau de la vérité, dans la crainte qu'il ne s'éteigne au milieu des orages de la politique. L'Allemagne et plusieurs autres contrées de l'Europe fourmillent, dit-on, de ces sages que la malveillance religieuse ne saurait atteindre; ces philosophes ont été assez fidèlement peints dans ces vers : *Fragment CXXIX*.

Tant que le genre humain, divisé par troupeaux,
Sous le nom de la loi, supportera des maîtres;
Tant qu'il réclamera le Dieu de ses ancêtres :
Toujours enveloppés de leurs doubles manteaux,
Les *Sages prudemment*, loin des charges publiques,

Se livreront entr'eux aux paisibles travaux ;
Versant, à dose égale, en leurs jeux domestiques,
La honte, le mépris, les sarcasmes cuisans,
Et sur les gouvernés, et sur les gouvernans.

Page 167, du Lucrèce français, par Sylvain…

PRUDENTIUS, (Aur.) Clémens.

L'orthodoxie n'est pas toujours ménagée dans ses poësies. Il crut que l'ame de l'homme est corporelle ; ce qui mène droit au spinosisme, sans que beaucoup de gens s'en doutent. Quand on meurt, dit-il,

Humus excipit arida corpus ;
Animæ rapit aura liquorem.

Hymn....

Ton ame est un peu d'air, ton corps un peu de cendre.
Le Lucrèce français.

Le savant Leclerc observe qu'un épicurien ne saurait mieux s'exprimer que Prudence. Prudence pourrait passer pour l'abréviateur de Lucrèce.

PUBLICISTE, (l'auteur du) journal français.

.... A moins de vouloir détruire la religion, il ne faut jamais en faire l'objet d'une discussion publique.

21 *Frim. VIII*, 12 *Déc.* 1799.

N. B. Le prudent journaliste craint-il que Dieu, comme un phantôme, ne s'évanouisse au flambeau du raisonnement ? Dieu ne peut-il supporter le scalpel de la raison ?

PUCCIUS, (Fr.) Florentin, brûlé à Rome, principalement pour avoir soutenu que les honnêtes gens seroient sauvés, même dans le paganisme, et hors de toute religion.

François Pucci a été accusé d'athéisme.

PYRRHON, le chef des philosophes sceptiques.

Le doute est le commencement de la sagesse.

Pyrrhon, contemporain d'Épicure, fut apprécié de ses compatriotes. A sa considération, ils affranchirent les philosophes de tout impôt.

N. B. Ces exemples de déférence accordée à la philosophie, sont assez rares pour être cités.

PYRRHONISME, (le) suivant lequel d'anciens philosophes ont cru que, pour trouver la vérité, il fallait commencer par douter ; ce principe que la paresse ou la crainte avait endormi dans les siècles passés, s'est réveillé de nos jours, et encouragé par la liberté de penser et dire tout ce que l'on pense, est pour ainsi-dire devenu un principe général, au moyen duquel on se flatte de n'être plus, comme autrefois, la dupe des opinions vulgaires....

Note XIV, p. 205, essai sur le secte des Illuminés, in-8°. 1789.

PYTHAGORE, philosophe et législateur.

Saint Épiphane attribue à **Pythagore** ce sentiment.... que Dieu est une nature corporelle, organique, Dieu n'étant autre chose que le ciel, et se servant du soleil et de la lune comme de deux yeux, et ainsi des autres parties du firmament.

Pythagore enseignait en secret sa doctrine intérieure d'athéisme, après de longues expériences.

Notes manuscrites de Lalande.

Il serait aisé de prouver, par les écrits des pythagoriciens, que **Pythagore** érigait la matière en principe éternel.

L'a. Foucher, mém. Acad. inscript.

PYTHAGORAS.

Pythagoras magno labore summa imaque perscrutatus extremam naturam Deum esse

autumat adstruitque omnia fortuito fieri....
    Ex Theophilo Antiocheno.

C'est-à-dire : après maintes recherches, longues et laborieuses, Pythagore vint à se décider pour la *Nature-Dieu* .... etc.

Et quidem Pythagoras Deum vocabat animationem universi.
    La Cerda, in Virg. georg. IV.

Tous les Dieux se réduisent à l'ame universelle. Le monde est l'être des êtres. Où est l'indiscrétion de publier cette grande vérité, fille de la méditation ?

Pythagore a cru que la matière a une ame. *Chalcidius.*

Selon Pythagore, le Dieu du philosophe ne se trouve point dans les temples du peuple. Son Dieu est par-tout, en lui, hors de lui : il le voit, le jour, dans tout ce que le soleil éclaire; la nuit, il le voit dans chacun des points lumineux de l'Ether. Les yeux fermés, il le voit encore. Le Dieu du philosophe est la pensée sublime éclose de son cerveau, le sentiment généreux qui jaillit de son ame. Le Dieu du philosophe est tout ce qui est beau, tout ce qui est bon ....

Dieu est le mot le plus plein de choses; car Dieu est tout.

Dieu est seul, car il ne peut y avoir qu'un Tout.

Le sage se tait sur Dieu, et se contente de tracer, sur le sable, l'Unité. Voilà son Dieu . . . .

Dieu, en se multipliant par lui-même, devient tout.

Deus meus et omnia.

Phythagoras, Steph. Rhoderici, p. 122.

Pythagore a combattu l'opinion des spiritualistes, qui avaient séparé la divinité du monde lui-même, et qui, par une abstraction de l'esprit, la faisaient exister hors du monde.

Dieu est un, selon Pythagore, ce père de la philosophie ancienne. Dieu est une substance unique, dont toutes les parties continues s'étendent dans tout l'univers, comme l'ame dans le corps humain . . . .

Collius trouve, (ch. 24), dans l'un des préceptes de ce philosophe, la défense absolue de prier Dieu.

ecce VIR.

PYTHAGORICIENS

PYT

PYTHAGORICIENS, (les) furent persécutés par le peuple de Crotone comme Athées, c'est-à-dire, comme des philosophes qui prétendaient n'y avoir d'autre Dieu que le sage.

Ils reconnaissaient un Dieu, non point hors du monde, mais dans le monde : doctrine louée de saint-Justin, martyr . . . . *Deus ipse totus in toto* . . . .

  Deslandes, *hist. cr. de la philos. tom. II*, page 59.

Pythagoras a faict Dieu un esprit espandu par la nature de toutes choses, d'où nos ames sont déprinses.

  Montaigne, Essais II, in-12.

Pythagore adombre la vérité de plus près, jugeant que Dieu . . . . n'estait autre chose que l'extrême effort de notre imagination vers la perfection, chacun en amplifiant l'idée, selon sa capacité. *Idem, Eod. loco.*

N. B. Ce passage du philosophe périgourdin est considérable.

PYTHAGORICIENS . . . . **PYTHAGORIENS**. Lucien, (*invit. auct.*), leur fait dire que Dieu n'est autre chose qu'un nombre, et une harmonie.

N. B. C'est une belle et grande idée, de ne reconnaître d'autre Dieu que le bon accord qui règne entre toutes les parties de l'univers, et qui devrait réguer de même parmi les hommes.

Et Pythagore prêchait d'exemple dans son école, au milieu de ses élèves. Leur religion était l'étroit lien d'une amitié qu'ils portaient jusqu'aux prodiges de l'enthousiasme ; jamais ils ne quittaient leurs foyers, pour aller sacrifier dans les temples, sur les trepieds populaires : l'amitié, qu'ils appelaient la sainte harmonie des ames, était pour eux la seule *chose divine*.

Q.

QUESNAY, (le docteur) médecin, fils d'un laboureur.

Relisez attentivement le troisième volume de son excellent ouvrage sur l'*Économie animale*. Ce que l'auteur y discute sur la nature de l'ame, décèle un matérialiste, obligé d'écrire avec approbation et privilége du roi.

QUESNEL, (Pasq.) théologien de Paris.

Hardouin se répand en reproches virulens contre lui.

Quid enim scelestius, quam verum numen emundo tollere . . . . ?

Quelle plus grande scélératesse que celle de détruire Dieu, pour lui substituer des idées abstraites, telles que la vérité, la lumière incréée, etc.

Ab uno omnia, deducta principio, scilicet ab Atheismo.

Quesnel a tout déduit d'un seul principe ; et ce principe est l'athéisme. . .

QUINTUS-CURTIUS, (R) l'historien d'Alexandre.

Equidem æternâ constitutione crediderim nexuque causarum latentium, et multo ante destinatarum suum quemque ordinem immutabili lege percurrere. V. II.

« Je crois, pour moi, qu'il y a une éter-
» nelle providence, qui gouverne l'univers:
» et que par de secrètes liaisons, et un
» enchaînement de causes inconnues, mais
» déterminées de tout temps, chaque chose
» marche en son rang, et achève le cours
» de sa destinée. — »

N. B. Et voilà comme on traduit. Malheur à ceux qui jugent des originaux d'après les copies! Vaugelas appèle *providence* ce que Quinte-Curce, et tous les stoïciens, et même toute l'antiquité, désignaient sous l'expression de *fatum, constitutio æterna fati.*

Vaugelas a rendu plus exactement *fatum, cujus inevitabilis sors est.* X. L. 30.

« Le destin, dont la force est inévitable ».

QUINTIN, artisan, devenu chef et martyr d'opinion. Il fut brûlé à Tournai, l'an 1530, pour avoir publié que Dieu est l'ame du monde, qu'il n'y a pas de choix parmi les religions, que l'Evangile est un livre supposé... etc.

RABBINS. (les)

Qui non erubescit propter seipsum, non erubescet propter Deum.

Florilegium Rabbinicum. Sententia, 649.

C'est-à-dire : celui qui ne rougit pas à ses propres yeux, ne rougira point devant un Dieu.

Autre maxime des mêmes, qui sent le spinosisme.

Sapiens quidam dicebat : Deus est intra omnia. 964.

C'est-à-dire : un sage disait : Dieu est dans tout.

RABELAIS, (Fr.) le curé de Meudon.

Voyez ses livres, sa vie et sa mort.

Je vais chercher un grand peut-être, dit-il en expirant.

Rabelais, pernicieux écrivain .... qui anéantit le sentiment de religion.
Garasse.

Philosophe ivre, a-t-on dit.

RACHTEGAL, d'Alcmar, fut chassé de la Haye, comme impie proférant des blasphêmes contre Dieu. *Spizelius.*

Le P. Théophile Raynaud, prétend que ce Rachtegal ou *Nachtegal*, fut persécuté pour avoir imprimé, en 1614 ou 15, le *Traité des trois Imposteurs*.

RACINE, (Louis) fils de Racine, le tragique; il est échappé à l'auteur du poëme de *la Religion*, un aveu qui semble lui mériter une place ici :

A la religion si j'ose résister,
C'est la raison du moins que je dois écouter.

Ch. IIIe.

N. B. Si l'on épluchait avec quelqu'attention les poëtes les plus orthodoxes, on les surprendrait dans de lourdes contradictions. La nature des choses est plus forte que celle des convenances. *Naturam expellis furcâ* . . . . Horat.

RAIMOND *de Saint-Mard.*

Nous sommes d'étranges animaux. Nés tous avec un fond de religion, nous ne laissons pas, malgré cela, d'être un peu impies ; et ce fond d'impiété que la religion eutsort quelquefois, se reveille toujours chez nous avec plaisir.

Réflexions sur l'ode, Inidö.

RAMA. Dernières paroles que le philosophe *Rama*, nommé Thic-Ca au Tunquin, auteur de la ridicule religion des Tunquinois, adressa à ses disciples :

» Je vous ai trompé jusqu'à ce jour ; je
» ne vous ai débité que des fables : la seule
» vérité, c'est que tout est sorti du néant,
» tout y doit rentrer ; je vous conseille
» cependant de me garder le secret, de
» vous soumettre extérieurement à ma re-
» ligion : c'est l'unique moyen de tenir les
» peuples dans votre dépendance..... ».

Voyez le curé *Meslier* . . . .

N. B. Nous avons déjà eu occasion d'observer combien il y a de pusillanimité dans cette conduite. Attendre le cercueil pour y proclamer ses véritables sentimens, est peu digne d'un sage. Le sage, placé au-dessus des événemens, doit savoir affronter pour la vérité, les périls que le guerrier mercenaire affronte bien pour faire triompher une faction ou un ambitieux.

Disons aussi que les hommes, *constitués* comme ils le sont, méritent peu qu'on prenne la peine de les instruire. Ils ne sont pas encore en état de profiter du sacrifice que le sage pourrait leur faire de son repos et de sa vie. Pourtant, il faudrait commencer par quelque chose.

RAMOND *de Carbonnières*; de Colmar, député à la seconde législature de France.

S'il peut y avoir un Athée, ce ne peut

être que l'honnête homme qui trouve le ciel dans son cœur.

Aventures du J. d'Olban ou les amours Alsaciennes.

N. B. Sans doute ! et ce serait être un misanthrope par trop injuste que de ne pas croire à l'existence de ces honnêtes gens. Oui, sans doute, il est des hommes qui n'ont d'autre divinité que leur conscience ; et le genre humain n'aura pas le droit de se dire la première des espèces animées, tant qu'il ne sera point revenu à cet état primitif des choses.

Voyez notre Discours préliminaire.

RANTERI. C'est le nom d'une société qui se forma en Angleterre, l'an 1651, et dont les principes tendaient à l'athéisme.

RARPE, (Pierre Frédéric) de Kiel, dans le Holstein, auteur d'une apologie de Vanini, et d'une lettre presqu'apologetique sur le *Traité des trois Imposteurs*, impr. à Leyde, en 1716.

RAYMOND - LULLE.

La *substance* de Dieu est infinie et éternelle.

Page 12, *de la Clavicule, par Jacob*, 1647.

Dieu

RAY 335

Dieu est la source de tout ce que nous voyons. *Page 64.*

Raymond-Lulle répondit un jour à Scot : Dieu n'est pas une partie, mais un tout. *Dominus non pars, sed totum.*

Colletet, *hist. de Hommes illiust.*

Contemporain du roi Philippe-le-Bel ; ce savant mourut octogénaire, tout au commencement du XIVe. siècle.

RAYNAL. (Guillaume - Thomas)

L'athéisme .... systême d'une classe de philosophes qui ne sont ni atrabilaires, ni méchans, mais qui croient trouver dans les propriétés d'une matière éternelle, la cause suffisante de tous les phénomènes qui nous frappent d'admiration.
Hist. du commerce, X.

.... La morale ne peut avoir pour base les opinions religieuses. *Eod. loco.*

..... Des européens qui voyageaient par-tout et commerçaient par-tout, apprirent à l'Europe qu'une partie de la terre vivait dans les visions de Mahomet, et une plus grande partie encore dans les ténèbres de l'idolâtrie, ou dans *l'inscience et l'incuriosité de l'athéisme.* Hist. du comm. X.

C'est la philosophie qui doit tenir lieu de divinité sur la terre.

Hist. de la Révolution d'Amérique, attribuée à Raynal.

RAYNAL. (l'abbé G. T.)

Il n'y a aucun crime que l'intervention des Dieux ne consacre, aucune vertu qu'elle n'avilisse. La notion d'un être absolu est entre les mains des prêtres une destruction de toute morale.

Une chose ne plaît pas aux Dieux, parce qu'elle est bonne; mais elle est bonne, parce qu'elle plaît aux Dieux.

Il serait peut-être à souhaiter que dans toutes les régions, ainsi qu'on l'assure de la Chine, l'administration ne fût attachée à aucun dogme, à aucune secte, à aucun culte religieux.

Hist. Philos. du comm. Liv. I.

N. B. Raynal ne dit pas encore assez. Des hommes d'État croient avoir tout fait en proclamant la liberté des cultes, et en ne souffrant aucune religion dominante. Ce n'est pas tout : le gouvernement devrait s'abstenir de faire pour les *hommes de Dieu*, ce qu'il ne fait pas pour les *hommes de théâtre*. Est-ce que l'état fournit des salles de spectacle aux troupes de comédiens ?

REDI, (Francesco) médecin d'Italie.

Le célèbre Francesco Redi, un des plus grands hommes de ce siècle, dit un jour, dans un de ses *discours*, à sa patrie : (Arezzo, en Toscane), l'athéisme est un article de foi.

Et il le prouve par les paroles mêmes de la sainte Bible, ou du psalmiste : *non est Deus*. Note communiquée par Pio.

RÉFLEXIONS *sur le Bonheur*, 1765. L'auteur de cet ouvrage, (*Méditazioni sulla felicita.*) gentilhomme Milanais, loin de faire entrer Dieu dans la composition du bonheur, la félicité, selon lui, consiste à se conduire conformément à l'honneur, opinion universelle, dit-il, qui fait faire quelquefois de si grandes choses, et qui se trouve aussi trop souvent en opposition avec les lois religieuses.

Ces réflexions méritèrent à leur auteur la qualification d'Athée et d'épicurien.

REGIS, (Pierre-Sylvain) de l'Académie des sciences de Paris.

Hardouin place ce savant au rang des Athées, avec Descartes, son maître.

RÈGLEMENT *d'un culte sans prêtres*, (l'auteur du) 1790, in-8°.

L'exercice des devoirs de famille est véritablement un culte.

Jamais on n'imagina de système religieux qui valût la piété filiale. *Page* 6.

L'idée de l'unité de Dieu n'est due, peut-être, qu'à l'unité du soleil. *Page* 17.

REGNARD, (J.-Fr.) poëte parisien, le premier de nos comiques, après Molière; mort à Dourdan, au sein de la philosophie d'Épicure.

REGNIER, (Mathur.) poëte satyrique français, le digne précurseur de Boileau, et qui, peut-être plus que celui-ci, approcha de Juvénal et de Perse, quant à la vigueur du coloris. Il passa un peu les bornes de l'épicuréisme ; et s'est peint lui-même dans cette épitaphe :

> J'ai vécu sans nul pensement,
> Me laissant aller doucement
> A la bonne loi naturelle . . . . etc.

REIMMANNUS. (Jac.-Frid.) *Historia universalis Atheismi et atheorum.* *Hildesiæ.* 1725, in-8°. 560 *pages* . . . .

On désire un peu de philosophie dans cet ouvrage d'érudition, utile par fois à consulter.

REINESIUS et GROTIUS. (Th.)

Reinesius, ainsi que Grotius, étaient de la *religion des Prudens*. Ils s'étaient fait une religion particulière, composée de ce qu'ils avaient trouvé de meilleur dans toutes les autres. On l'appelle aussi *religion politique*. *Religion philosophique* lui était donnée, à cause qu'elle dégage de l'obligation de croire; et l'on sait qu'un philosophe ne s'assujettit à l'autorité de personne. On la nommait encore *éclogistique*.

Il y a bien plus de gens qu'on ne pense qui se fabriquent ainsi une confession de foi et qui ne s'en vantent pas. On pourrait les appeler en latin : *Miscelliones*. Bayle.

REISERUS. (Antonius) Ce savant a rédigé les diverses nuances de l'athéisme.

De origine et processu atheismi. Dissertatio.

ATHEISMUS. *Directus — indirectus.*
Formalis — virtualis.

Theoreticus — consummatus.
Subtilis — Crassus.
Privativus — negativus.
Proprius — participatus.
In fieri — in facto.
Activus — passivus.
Allotheismus — polytheismus.

Pseudotheismus,
Libertinismus.
Indifferentismus.
Gallionismus.
Syncretismus.

N. B. Il y aurait quelque chose de mieux à faire que toutes ces distinctions subtiles ; ce serait de classer tous les hommes en deux castes, celle des bons et celle des méchans, abstraction faite de toute opinion religieuse et politique.

RELIGION. Th. Brown, médecin, composa un livre philosophique sous le titre : *Religio medici :* (*la religion du médecin*). Bayle traduisait plaisamment ce titre, par *le médecin de la religion* ; jugeant que la lecture de cet ouvrage pourrait contribuer à la guérison des préjugés religieux.

Le P. Sainte-Marthe, général de l'Oratoire, bonhomme, qui ne manquait pas de sens, disait :

On fera tant de livres pour prouver la religion, qu'il n'y en aura plus du tout.
Longueruana, tom. II.

N. B. Le mot du bonhomme qui ne manquait pas de sens, s'est accompli.

Point de religion sans hérésies.
L'a. *Arnaud*, *gazette Littér.* 1764, N°. 25.

N. B. Cela est de toute nécessité. Qui dit religion dit une science de mots, si non absurdes du moins inintelligibles. Est-il rien qui prête davantage aux commentaires ? Plus on en disserte, moins on s'entend. Ces paroles ne peuvent désigner que la religion... *Deus tradidit mundum disputationibus.* Débats misérables et stériles ! choc d'opinions, qui ne donne pas même d'étincelles !

Si l'on m'indiquait une religion purement physique, je croirais une telle religion être la première de toutes.
Examen impartial des princip. religions .... ch. I.

Il suffit de réfléchir sur soi-même pour trouver dans notre propre nature de bonnes raisons et des motifs plus puissans que ceux qu'offrent toutes les religions, pour vivre en honnête homme. *Idem*, p. 204.

RELIGION RETABLIE. (l'auteur de la) *Discours d'un chrétien à ses frères*, Paris, (1792), in-8°. 52 pages.

On a dit à vos pères que Dieu était l'auteur de la Nature, et qu'il en était le créateur; mais le temps est venu de vous dire, d'après les saintes écritures, que la Nature et la divinité sont une même chose....

On a dit à vos pères que Dieu avait créé le ciel et la terre.... mais le temps est venu de vous dire, d'après les saintes écritures, que Dieu est lui-même la substance du ciel et de la terre.... C'est Dieu qui est la substance de tout. *Page* 5 *et* 6.

Il est temps de vous dire qu'il n'y a qu'un seul corps; c'est le corps du Seigneur, c'est le corps de la Nature toute entière.
Page 26.

R . . . . , l'ami de l'infortuné *Lamanon*.

RETIF DE LA BRETONE. (Nicolas-E.)
. . . . La pratique venge la matière; et le plus ardent spiritualiste est souvent l'homme

l'homme le plus terrestre, tandis que le matérialiste pur .... ne s'occupe qu'à perfectionner son intelligence, qu'il croit une propriété de la matière.

L'école des pères, tom. II.

Ce volume est plein de spinosisme.

La seule différence entre l'homme et Dieu, est celle du fini à l'infini. *Idem.*

(C'est-à-dire, de la partie au tout).

Voyez *la philosophie de M. Nicolas*, 3 vol. in-12.

RÉVOLUTIONS (journal des) de Paris.
La religion n'est qu'un lien fraternel, imaginé pour resserrer les nœuds politiques: ce lien, avec le temps, est devenu une chaîne fort lourde, quoique tissue d'abstractions.

Page 507, *N°.* 75, 1790.

Le nom du *Très-haut* n'a que faire dans les choses de ce bas monde. *N°.* 78, 1791.

La religion n'a jamais fait des hommes libres .... *N°.* 131, 1792.

La vraie religion, la seule digne de ce nom, c'est la morale. *N°.* 144.

Il ne faut au peuple, tant grossier le suppose-t-on, que le culte de la loi; il ne doit avoir pour prêtres que ses magistrats. La religion du citoyen est le patriotisme.

N°. 197, 1793.

RICHEOME. Il est visible que le payen offense plus grièvement la divinité que ne fait l'Athée.

C'est le raisonnement du bon Plutarque, ce poligraphe de Cheronnée, disait avec sa bonhommie ordinaire :

J'aime mieux qu'on dise : Plutarque n'existe point, que si l'on disait : il existe un Plutarque qui fait le mal et le bien avec la même indifférence . . . . . etc.

RISTVIK, (Herman) philosophe Hollandais, brûlé à la Haye, en 1512, pour s'être moqué des principales religions, dont le monde n'a que faire, disait-il. Cet impie ne voulait reconnaitre que l'empire de la loi.

RISWICH, (Hermann) niait l'immortalité de l'ame. Il voulait que la matière des élémens fût éternelle . . . . . etc.

Lettres Hollandaises, 1750, t. II, p. 2.

RIVAROL. Dieu est toujours absent dans l'ordre moral.

De la Philosophie moderne. p. 23, in-8°.

Ceux qui parviennent à l'incrédulité par la méditation ou par de longues études, sont des esprits calmes et élevés.

Page 36 et 37.

ROBINET. (J.-B.) Il est à croire que l'ignorance des causes physiques a fait naître la première pensée de recourir à une cause finale . . . . La volonté d'un premier être n'a rien de physique ; et le philosophe n'y a recours qu'à regret.

De la Nature, Ire. partie.

C'est une nécessité pour les savans et pour les ignorans, de ne pouvoir discourir de Dieu, sans mettre des mots à la place des idées qui leur manquent ; et il semble que ce soit un malheur attaché à cette substitution, de n'avoir plus d'autre idée de la divinité, que celle que présentent les mots. *De la Nature, V^e. partie.*

ROCCUS, (Ant.) partisan de Crémonin et de Pomponace ; il soutenait la mortalité de l'ame. Selon lui, l'ame suit la proportion du corps où elle loge....

ROCHEFOUCAULD. (Fr. la) Dans le nombre de ses pensées, on en pourrait citer plusieurs que *Bayle*, *Hobbes*, *Spinosa*, *Léibnitz* et tant d'autres incrédules non moins célèbres, n'auraient pas désavouées.
Encycl. méth.

Celle-ci, par exemple :
« La force et la faiblesse de l'esprit sont
» mal nommées : elles ne sont en effet
» que la bonne ou la mauvaise disposition
» des organes du corps ».

Il supporta les douleurs de la goutte avec la constance d'un philosophe. Ce qui est plus difficile et remarquable que de mourir en bon chrétien.

ROCHESTER , (J. Wilmot) poëte anglais. Après avoir vécu en Athée épicurien, il mourut jeune et converti par les soins de l'évêque Burnet qui en fit trophées.

N. B. Les prêtres se sont toujours montrés habiles à s'emparer de la dernière heure de tout incrédule célèbre, certains de leurs succès, en s'exerçant sur un cadavre. Mais ils devraient du moins être plus modestes, et ne pas tirer vanité de ces rétractations, de ces professions de foi, extorquées *in articulo mortis*.

Les *satyres* de Rochester renferment les pensées les plus hardies.

RŒD . . R , de l'Institut national de France.

Voyez, entr'autres choses, son *mémoire sur les cérémonies funèbres*.

Extrait d'une lettre de Jérome Lalande, l'astronome, au citoyen Rœderer.

Je vous remercie, au nom des philosophes, de la manière dont vous avez relevé les inepties de M. de la Harpe, et ses sottes déclamations contre la philosophie. J'ai vécu avec les plus célèbres Athées, *Buffon*, *Diderot*, *Voltaire*, *d'Olback*, *d'Alembert*, *Condorcet*, *Helvétius*. . . . . ils étaient persuadés qu'il fallait être imbécille pour croire en Dieu.

Collège de France, 5 *germinal*, 1797.

ROMAINS. (les) Pendant l'espace de 170 années, les premiers Romains ont vécu, sans aucune religion, selon le rapport de quelques auteurs.

Berain, Mœurs et cout. des anc. peuples, p. 3.

Tota Romanorum religio quanta erat, atheismus erat.

Struvius *in docto Atheo*, page 10.

C'est-à-dire : toute la religion des Romains n'était que de l'athéisme.

ROME et toute l'Italie, conservent encore aujourd'hui une foule de monumens du culte décerné à la Nature et à ses agens principaux.

RONSARD, (P.) dans une mercuriale en vers français, intitulée : la Métamorphose de Ronsard en prêtre, ce poëte est taxé d'avoir enseigné l'athéisme ; on lui dit :

Je t'oy vu discourir, tout ainsi qu'Épicure.

Et il en était quelque chose. Ces quatre vers, par exemple :

De Tempé la vallée un jour sera montagne,
Et la cime d'Athos une large campagne :
Neptune, quelque jour, de bled sera couvert :
La matière demeure, et la forme se perd.

Élégie, sur la coupe d'une forêt.

N. B. Lucrèce n'a rien dit de plus philosophique.

ROQUELAURE, (Ant.) (le duc) non pas le diseur de plats bons-mots, mais l'un des favoris de Henri IV. Ce courtisan, à l'instar de son maître, n'avait d'autre religion que la politique.

N. B. C'est à cause de cela, dira-t-on, que les peuples sont mal gouvernés. La religion serait un frein pour les premiers magistrats.

Pour répondre à cette objection, nous nous contenterons de citer l'exemple de Louis XIV. Ce grand monarque assurément était religieux, s'il en fut jamais. Qu'en advint-il ? des dragonades ! des massacres dans les Cévènes ! des spoliations ! la révocation de l'édit de Nantes ! . . . Un code de bonnes lois, *ponctuellement* exécutées, voilà le seul frein salutaire aux gouvernés et aux gouvernans.

ROSE-CROIX. (les frères)

Dans quelques endroits de l'Allemagne, plusieurs Athées se réunissent sous ce nom ; et pour jouir de la paix philosophique, consentent à passer pour de misérables alchymistes.

Le savant Géorg Paschius, traite quelques écrits des Rose-Croix d'ouvrages produits par l'enthousiasme et l'impiété. *Enthusiastico-atheistica verba.*

De novis inventis, cap. VI, in-4°. 1700.

ROSCHD. (Ebn)
Voyez *Averroës.*

ROUSSEAU , (J.-B.) parisien, s'exprime en pieux rhéteur dans sa paraphrase du *Cœli enarrant* . . . . Mais il s'est montré philosophe dans cette strophe :

> Ce grand et superbe ouvrage
> N'est point pour l'homme un langage
> Obscur et mystérieux ,
> Son admirable structure
> Est la voix de la NATURE
> Qui se fait entendre aux yeux.
> *L'auteur du poëme de l'Éther.*

Il fut l'ami de Saint-Évremond , espèce d'esprit fort.

Quelques personnes l'ont représenté comme impie.

ROUSSEAU , (J. - J.) philosophe de Genève.

Les lois de la géographie règlent toutes les religions du monde.

La Reine fantasque , conte.

Ce

Ce n'est point une petite affaire de connaître que Dieu existe. *Émile*, *tom. III.*

Ce qu'il y a de plus injurieux à la divinité n'est pas de n'y point penser, mais d'en mal penser.

Idem, *t. III*, *profession du vic. Savoyard.*

La raison ne peut toucher, à travers les bornes qui l'arrêtent, le dogme de l'existence de Dieu.

Lettre à d'Alembert, note (6)

La question de la providence, tient à celle de l'immortalité de l'ame, que j'ai le bonheur de croire, sans ignorer que la raison peut en douter.

Je vous avouerai naïvement que ni le pour, ni le contre ne me paraissent démontrés sur ce point par les lumières de la raison . . . .

Lettre à Voltaire sur son poëme de Lisbonne.

Je suis bien sûr au moins que cet être juste (Dieu) ne refusera le bonheur éternel à nul incrédule vertueux et de bonne-foi.

Si j'étais magistrat, et que la loi portât

peine de mort contre les Athées, je ferais pendre celui qui viendrait m'en dénoncer un. *Note de la N. Heloise.*

Tout enfant qui croit en Dieu, est idolâtre ou antropomorphite.

Je n'accorde pas même à un jeune homme de quinze ans, la capacité de croire en Dieu.

Il est clair que tel homme, parvenu jusqu'à la vieillesse sans croire en Dieu, ne sera pas pour cela privé de sa présence dans l'autre monde, si son aveuglement n'a point été volontaire; et je crois qu'il ne l'est pas toujours.

Ce monde est-il éternel ou créé ? y a-t-il un principe unique des choses ? y en a-t-il deux ou plusieurs ? quelle est leur nature ? Je n'en sais rien, et que m'importe ?... Je renonce à des questions oiseuses qui peuvent inquiéter mon amour-propre, mais qui sont inutiles à ma conduite, et supérieures à ma raison. *Émile* . . . .

Voyez ses Rêveries, IIIe. promenade.

Dans une note de ses ouvrages, J.-J. Rousseau affirme n'avoir rencontré en toute sa vie que trois prêtres qui crussent en Dieu.

N. B. Gardons-nous pourtant d'honnorer les prêtres du titre d'Athées ; ils n'en sont pas dignes, puisque, voyant la vérité, ils persévèrent dans leur culte au mensonge. Il n'est pire espèce d'hommes que celle de ces charlatans éhontés qui, n'étant point dupes, passent leur vie à faire des dupes.

A J.-J. Rousseau.

Éloquent romancier, moraliste sévère,
Publiciste profond, écrivain plein de feu,
J'admire tes écrits, j'aime ton ame fière ;
Mais tu n'es qu'un enfant, quand tu parles de Dieu....

Martin de Bussy.

ROUX, (le docteur) (Aug.) médecin bordelais, mort à Paris, en 1776.

.... Si Cudworth se fût mesuré avec quelques-uns de nos Athées modernes, tels, par exemple, que *Dumarsais*, *Helvétius*, *Fréret*, le docteur *Roux*, *Diderot*, le baron *d'Holbach*, etc. etc. etc. il aurait trouvé dans ces philosophes des adversaires très-incommodes, et mille fois plus redoutables que tous les Athées de l'antiquité réunis....

Naigeon.

ROUSSELIN. (Alexandre.) La tolérance était le premier des principes de *Hoche*. Tout en riant des préjugés religieux, il recommendait pour eux les plus grands égards.

Vie du général Hoche, p. 160., an VIII, in-12.

N. B. Le préjugé religieux est-il donc une puissance avec laquelle la raison doive traiter d'égal à égal ? Tous les hommes d'État semblent être d'accord sur ce point ; ils prodiguent les marques de déférence au mensonge bien reconnu pour tel. Et l'on parle d'instruction publique, d'un nouvel ordre de choses ! ne voit-on pas que c'est mettre le feu d'une main, et vouloir l'éteindre de l'autre main ?

RUGGIERI, (Côme) de Florence.

Voici ses dernières paroles ; il les adressa à des prêtres :

Insensés que vous êtes ! y a-t-il d'autres démons que les fanatiques qui tourmentent notre existence, et d'autre Dieu que les rois qui la rendent heureuse . . . .

J'ai vécu en cette créance et en cette créance je veux mourir.

Garasse, doctr. cur.

Cosmus Ruggerius obiit 1615, *cum antea professus esset se non alios diabolos quam inimicos quos quisque habeat, nec alium deum quam principes qui beneficia in alios conferre possint credere.*

Il y eut beaucoup d'Athées du temps de Ruiggieri.

Il mourut à Paris, en 1615; et comme il avait déclaré hautement qu'il mourait Athée, son corps fut traîné à la voirie.

N. B. Heureux d'en être quitte pour une persécution posthume!

SACRIFICATEURS (les) étaient Athées.

. . . . Les mystères dont les sacrificateurs égyptiens couvraient tout, n'étaient que pour tromper le peuple, et je soupçonne beaucoup que le secret de tout cela ne fût qu'un pur athéisme.

Leclerc, Bibl. ch. p. 123, tom. VII.

SADEUR, (J.) auteur d'un voyage imaginaire à la *Terre australe*, dit que la grande religion de ce pays est de ne point parler de religion.

N. B. Dieu n'existe encore parmi nous que par ce que nous en parlons encore.

SADOC, docteur hébreu, fondateur de l'école des Saducéens : il croyait et enseignait qu'il fallait pratiquer la vertu pour elle-même, pour elle seule, sans attendre un loyer du ciel.

Beni soit le docteur Sadoc !

SADUCÉENS. (les) Arnobe nous apprend qu'on attribuait à cette secte de donner à Dieu un corps organique. Donc, ils étaient spinosistes. Ils disaient encore que pour faire des actions de justice, on n'a pas besoin du concours de Dieu. *Condillac.*

N. B. Et c'est ce qu'on ne saurait trop répéter.

A qui Jésus donna-t-il le nom de race de vipères ? fut-ce aux payens, aux Esséniens, à ces *Saducéens* qui niaient l'immortalité de l'ame et même l'existence de Dieu ? non : ce fut aux prêtres juifs.

Helvétius, de l'Homme.

Les Saducéens qui niaient l'immortalité de l'ame, recevaient chez les juifs le titre de *justes par excellence. de l'Esprit*, II.

Leurs mœurs étaient fort sévères.

Joseph, l'Hist.

Pour prouver que nous ne devons pas agir dans la vue des récompenses, ils assurèrent qu'il n'y en a pas après cette vie.

Condillac.

Leur secte subsiste encore en Afrique et en divers autres lieux.

Examen des relig. p. 80.

SAGES *de la Grèce*. (les) Ils ne s'exprimaient que d'une manière énigmatique, jamais d'une manière directe et naturelle.

Pausanias, voyage en Arcadie.

N. B. Comme les autres, les sages de la Grèce avaient peur des prêtres et des magistrats. Cette peur a retardé la science et la philosophie de bien des siècles. Aujourd'hui même, assure-t-on, la vérité n'ose pas encore tout dire.

SAINT-ESPRIT. (La plupart des chrétiens, adorateurs du), ignorent probablement qu'ils sont redevables de leur divinité à *l'ame du monde* de Platon. Clément, Eusebe et Justin, en conviennent.

Les religions modernes ne sont que renouvellées des Grecs.

SAINT-ÉVREMONT, (Ch. St.-Denis) philosophe bas-normand.

Nous sommes plus inquiétés que persuadés de la religion, qui ne tombe point sous l'évidence des sens.

La dévotion n'est souvent qu'une vapeur de rate.

On brûle un homme assez malheureux pour ne pas croire en Dieu; et cependant on demande publiquement dans les écoles, s'il y en a.

Les Athées les plus déterminés font semblant de respecter les Dieux, de peur de s'attirer l'horreur des peuples et le châtiment des lois.

Saint-Évremont, âgé de quatre-vingt-dix

dix ans, mourut à Londres, et y reçut les honneurs de la sépulture à Westminster.

Bien des gens l'ont représenté comme un esprit fort. Mais il garda soigneusement ce qu'on appelait le *decorum*.

Sa prose respire en certains endroits la profondeur d'un philosophe, dit Deleyre.

On lui attribue un livre peu religieux, intitulé : *Élémens de la religion* . . . .

SAINT-FLOSCEL, philosophe français, mort à Londres, avant la révolution. Il y composait un *journal des Princes*, ouvrage politique.

Qu'est-ce que Dieu ?

« C'est une opération de notre esprit.... » répondait ce savant dont les travaux littéraires sont restés pour la plupart manuscrits.

Il était l'ami de *Fréville*, philosophe économiste.

SAINT-GLAIN. (N. de) Ce philosophe de Limoges, en lisant Spinosa, de zélé protestant, devint Athée opiniâtre, et fut le traducteur de son maître.

N. B. Ces sortes de conversions n'étaient pas rares. Le théologien se trouvait fort embarrassé, dans ses censures. Il n'osait multiplier les citations de ses adversaires, dans la crainte de fournir lui-même des armes contre lui. Comme on ne pouvait se procurer que difficilement les ouvrages philosophiques, on allait en copier les passages les plus hardis, les plus forts, dans les censures de la Sorbonne.

SAINT-KILDA (les insulaires de) croient à la fatalité; c'est-à-dire, à une destinée inévitable; en y regardant de bien près, on trouvera que c'est le dogme le plus universellement reçu chez tous les peuples et dans tous les temps. Des nations entières le professent encore aujourd'hui....

Rien ne prouve mieux combien les opinions spéculatives, en général, ont peu d'influence sur la conduite des hommes.

L'abbé Arnaud, gazette Littéraire, tom. VIII, 1766.

N. B. Rien ne prouve mieux aussi combien le peuple est inconséquent. Il se rapproche à chaque instant de l'Athée, et ne cesse de le voir de mauvais œil.

SAINT-LIGNIARE, (Guillaume) curé de Frêne-sur-Berny, frère d'un laboureur du pays; dragon dans sa jeunesse, puis professeur au collège de Montaigu; il avait obtenu une pension de 250 liv. sur l'abbaye dont on lui donna le nom pour le distinguer. Il fut enfermé dans un monastère, pour faire pénitence, comme auteur d'un traité manuscrit *sur les Trois Imposteurs*. On lui rendit la liberté en 1733.

SAINT-PAVIN, le digne compagnon de *Desbarreaux et Bardouville*; tous trois élèves de *Théophile*.

C'était un épicurien de doctrine et de mœurs. Il poussait la liberté de l'esprit jusque sur les matières les plus respectables. Boileau mettait sa conversion au nombre des choses impossibles. Ce fameux satyrique, dans une *épigrame* de six vers, représente

 Saint-Pavin assis dans sa chaise
 Médisant du ciel à son aise.
 . . . . . etc.

Il persévéra dans sa philosophie jusqu'à sa mort; et il vécut longues années.

Il est mort ici depuis peu de jours un grand serviteur de Dieu, nommé M. de Saint-Pavin, grand camarade de *Desbar-*

reaux, qui est un autre fort illustre israë-
lite, *si credere fas est.*

Gui Patin, lettres, 11 avril, 1670.

SAINT-PIERRE. (Ch.-Ir. Castel de)
Les ouvrages de cet homme de bien, qu'un
très-mauvais homme (le C. Dubois)
a qualifiés de *rêves*, sont parsemés, dit-on,
de réflexions trop hardies ; c'eût été bien
pis, si le bon abbé de Saint-Pierre n'eût
constamment préféré le maintien de la paix
au triomphe de la vérité.

L'abbé de Saint-Pierre disait : la dévotion
est la petite vérole de l'ame ; tous les
esprits faibles en restent marqués.

SAIS. L'une des principales villes de
l'ancienne et sage Égypte.

. . . . Dieu est la force vive que renferme en lui l'univers . . . .

Cette force étant celle du monde lui-
même, le monde fut regardé comme Dieu,
ou comme cause suprême et universelle de
tous les effets qu'il produit. Voilà le grand
Dieu, le premier ou plutôt l'unique Dieu,
qui s'est manifesté à l'homme à travers le
voile de la matière qu'il anime, et qu

forme l'immense corps de la divinité. Tel est le sens de la sublime inscription du temple de *Sais* :

Je suis tout ce qui a été
tout ce qui est
tout ce qui sera.

Dupuis, Origine des cultes.

N. B. On s'aperçoit bien que Moïse fut un élève de l'école égyptienne, quand il fait dire à son Dieu :
Sum qui sum.

SALADIN, sultan.

Lessing, poëte allemand, dans son drame *Nathan le sage*, joué à Berlin, 1783, fait dire à Saladin :

« .... Moi, pauvre ? quand ai-je eu
» davantage ? Quand ai-je eu moins ? Un
» habit, un glaive, un cheval, et un Dieu » !

Scène II, acte II.

N. B. Nous avons rapporté ce trait et plusieurs autres du même genre, pour montrer combien peu l'idée d'un Dieu en impose à l'esprit humain. L'homme se familiarise tellement avec cette fiction, d'abord si redoutable, qu'il finit par placer sa divinité au niveau de tout autre objet : *un cheval*...

414 SAL

un Dieu. Cette façon cavalière de parler de l'être suprême, prouve que tout ce qui est pris hors de la Nature n'a point de consistence, et doit perdre tôt ou tard toute considération.

SALLUSTE, (Sec.) philosophe Gaulois. Il parle de la nécessité des mouvemens contraires, pour établir l'équilibre de la Nature. Il accorde au monde une action génératrice . . . . par conséquent, il se passe d'un Dieu, pour donner l'existence à l'univers et présider à sa conservation.

Voyez Opusc. mythol. c. VII.

Ce philosophe compte parmi les moyens imaginés pour contenir les hommes, les cérémonies religieuses. *Cap. XII*.

Salluste mérita l'estime de l'empereur Julien l'Apostat, ou plutôt le philosophe.

SALOMON, dit *le Sage*; on devrait dire *l'Épicurien*.

In Atheorum album relatus est.

Hist. Atheismi, p. 33.

C'est-à-dire : Salomon doit être inscrit sur l'*Album* des Athées.

Pour la preuve, nous renvoyons à *l'Ecclésiaste*.

L'ame de l'homme est mortelle.
Livre de la Sagesse, ch. II.

Vir acutus hallensibus observationibus singularem inseruit diatribam in quâ contendit Jobum et Salomonem meros fuisse scepticos, atque totius ecclesiastæ Salomonei proram puppim que nihil esse aliud, quam quod nihi scitur.

J.-A. Fabritius, *codex pseud. vet. testam*, 1059.

C'est-à-dire : on a publié une dissertation critique dans laquelle on soutient que Job et Salomon étaient de véritables sceptiques, ne croyant autre chose, si non, que l'homme ne sait rien . . . .

SALVERTE, (Eusebe) né à Paris. Voyez son *Essai sur ce qu'on doit croire*, 1793.

SALVIATUS, (Bernh.) condamné à Rome, 1719, à une réclusion perpétuelle, comme Athée.

SAMOTHRACE. (la) Les grands Dieux, désignés sous le nom de Cabires, dans les mystères épicléidiques célébrés dans cette île, étaient le ciel et la terre.

Terra et cœlum, ut Samothracum initia docent, sunt Dei magni.

M. T. Varro, *lingua lat. IV*.

N. B. La doctrine secrète des mystères, dans l'antiquité, commune aux prêtres, aux initiés et aux philosophes, était le matérialisme pur.

SAMSCRIT. (l'auteur du) C'est le nom d'un livre des saintes écritures de l'Inde.

On y démontre que Dieu et la Nature ne font qu'un, et ont toujours été ; on y dit que Dieu a les deux sexes.

On y lit ce passage d'une prière à Dieu :
Tout ce qui a été, c'est Toi.
Tout ce qui est, c'est Toi.
Tout ce qui sera, c'est encore Toi.

N. B. Voilà bien le spinosisme ; le spinosisme est la religion universelle.

Voyez Holwell.

SANCHEZ, (François) médecin portugais, à Toulouse.

C'était un grand pyrrhoniste ; le pyrrhonisme est le commencement de la sagesse, s'il n'est la sagesse elle-même.

Le pyrrhonisme s'accorde mal avec la croyance en Dieu.

Voyez

Voyez le traité latin de Sanchez, intitulé : *Quod nihil scitur*, et imprimé plusieurs fois.

Sanchez était philosophe, et avait beaucoup d'esprit. *Patin*.

SANCHONIATON. Il est aisé de voir que sa cosmogonie, qui est celle des Phéniciens, mène à l'athéisme.

Eusebe, sur le fragment de Sanchoniaton.

La cosmogonie de Sanchoniaton cache sous le voile de l'allégorie les grands secrets de la Nature, que l'on enseignait aux initiés. *Dupuis, Or. des cultes.*

SANS-DIEU. (l'auteur du livre : Culte et lois d'une société d'hommes) *L'an Ier. de la raison.*

Voici le *préliminaire* de ce code :

Un grand scandale a lieu depuis un temps immémorial.

Un mensonge politique, vieux de quelques mille années, rend illusoire la perfectibilité de l'espèce humaine.

Il n'existe encore aucune institution, spécialement destinée à combattre et détruire la *croyance en Dieu* ; de tous les préjugés celui qui fait le plus de mal.

L'urgence d'une telle institution est reconnue tacitement par les bons esprits ... etc.

SAOUNDERSON. (l'aveugle) Si vous voulez que je croie en Dieu, il faut que vous me le fassiez toucher.

Diderot, lettre sur les aveugles.

N. B. Il ne faut point être aveugle, pour avoir le droit d'exiger pareille clause avant de croire. Est-ce pour répondre à ce défi, que les prêtres distribuent leur Dieu à table d'hôtes ?

Certes ! Dieu existe ! car on le mange.

Nous manquons de termes pour exprimer l'impudence sacerdotale d'une part, la crédule stupidité humaine de l'autre.

Il ne s'agit plus de cela (nous diront les déistes, ou théistes); il y a long-temps déjà que la philosophie en a fait justice.

Nous le savons ; mais nous sommes autorisés à dire, avec Saounderson, aux théistes ainsi qu'aux catholiques : si vous voulez qu'on croie en Dieu, faites qu'on puisse le toucher. Le philosophe aime à voir, à palper, et ne se contente pas d'abstractions, sublimes si l'on veut, mais sans corps et sans base. Les catholiques ont pris au mot le philosophe, en lui proposant d'être *théophage* . . . .

SAURIN, (Jos.) mathématicien, ministre du saint évangile, et membre de l'académie des sciences. C'est lui que regarde ce couplet, l'un de ceux qui firent tant de bruit, et sur l'auteur desquels la critique est encore incertaine entre Saurin lui-même et J.-B. Rousseau. Se traiter soi-même de cette manière, dit Chauffepié, serait un des plus étranges phénomènes de la Nature.

> . . . . Je le vois ce perfide cœur,
> Qu'aucune religion ne touche,
> Rire au dedans, d'un ris moqueur,
> D'un Dieu qu'il confesse de bouche.
> C'est par lui que s'est égaré
> L'impie, au visage effaré,
> Condamné par nous à la roue,
> Boindin, Athée déclaré,
> Que l'hypocrite désavoue . . . .

Saurin se joua de Bossuet, qui crut avoir converti un ministre, et qui ne fit que servir à la petite fortune d'un philosophe.
Voltaire, hist. gen.

SAURIN, (B.-Jos) fils du géomètre, poëte français, membre de l'académie française, et l'ami de Montesquieu, Helvétius, Voltaire.

» Sachant allier à l'énergie la circons-
» pection et la mesure, il n'a jamais rien
» outré, rien exagéré, même dans la cul-
» ture de la philosophie ».

Le d. de Nivernois.

C'est-à-dire, pour parler sans détour, Saurin fut de la secte des *prudens*. Il s'éleva au-dessus des préjugés, mais jamais contr'eux.

SCÆVOLA.

Scævola, ut refert Augustinus, **IV**. Civit Dei, **IX**, *dicere consueverat* :

Expedit in religione civitates falli; hinc tritum circumfertur adagium.

Mundus vult decipi, decipiatur ergo.

Amphit. vanini.

C'est-à-dire : en fait de religion, il importe de faire prendre le change aux citoyens.

D'où le proverbe :

Le monde veut être trompé ; eh bien ! qu'il le soit !

N. B. Ce proverbe est faux. Le peuple est crédule, faute de lumière ; mais il n'aime pas qu'on le trompe. Qu'on porte devant lui le fanal de la vérité, il marchera gaiement à sa lueur : malheureusement, on spécule sur sa crédulité ; plus clairvoyant, on n'en ferait pas tout ce qu'on voudrait.

SCANDALE. (hommes de)

On a désigné ainsi les Athées ; c'est le cas de rapporter cette belle maxime de Saint-Augustin :

Si de veritate scandalum, utilius permittitur nasci scandalum quam veritas relinquatur.

C'est-à-dire : la vérité devient-elle un sujet de scandale ? Que le scandale naisse, et que la vérité soit dite !

SCARRON, (P.) poëte de Paris.

Souvent, il ne croyait pas en Dieu ; mais un prêtre lui disait la messe tout les dimanches.

Labeaumelle, mém. de Maintenon.

SCEPTIQUES. Quand on demandait à un philosophe de cette école : *qu'est-ce que Dieu ?*

Il répondait : *Je ne sais ; je ne le comprends pas.*

Dieu et le monde ne font-ils qu'un ?

Cela peut être ; il se peut faire. Il me semble que cela pourrait être ainsi.

Pour en parler sainement, il est bien difficile de ne pas estimer la modeste suspension d'esprit des sceptiques.

Lamothe Levayer, vertu des payens, page 272, in-4°.

SCHOLASTIQUES (les) ont un axiome, qu'il ne faut pas qu'un philosophe ait recours à Dieu :

Non est philosophi recurrere ad Deum.

Ils appelent ce recours, l'asile de l'ignorance.

Dieu est le pont-aux-ânes; qu'on nous permette cette expression proverbiale et populaire !

SCOTIEN, cordelier, fut détenu prisonnier à Lisbone pour ses impiétés. Il regardait comme autant d'impostures chacune des religions du monde, et croyait que l'homme honnête peut se passer de tout cela.

SCOTISTES. (les) Il y a beaucoup de conformité entre les *Scotistes* et Spinosa, entre Aristote et Spinosa, entre Diogène d'Apollonie et Spinosa, a dit quelqu'un.

Le spinosisme n'est qu'une extension du dogme des disciples de Scot.

SEN

SECTES. Les anciens ont eu parmi eux des sectes entières qui niaient absolument l'existence de la divinité.

d'Argens, philos. du bon-sens, tom. II.

SÉNAT.

Le sénat de Rome était réellement une assemblée *d'Athées*, du temps de Cicéron.
Voltaire, dictionn.

Les vainqueurs et les législateurs de l'univers connu, formaient visiblement une société d'hommes qui étoient de véritables Athées. *Idem.*

N. B. Les modernes, je pense, ne sont guères plus religieux que les anciens : mais je crois ceux-ci moins hypocrites.

SENDOSIVISTES. (les) Philosophes Japonais, qui sont proprement sans religion . . . . Ils ne connaissent point de Dieux, et n'ont aucunes cérémonies religieuses : s'ils se prêtent au culte public, c'est par esprit d'obéissance aux lois . . . .

Leur unique principe est qu'il faut pratiquer la vertu . . . .

Ce sont les vrais principes de la morale de *Confucius*, et de son disciple Japonais *Moosi*. Diderot.

SÉNÈQUE, *le Philosophe*, déclare que quand il n'y aurait point de Dieu vengeur du crime, il ne voudrait pas s'y livrer, parce que rien n'est par sa nature plus vil, plus lâche et plus infâme.

La mort finit toutes nos peines; au-delà, il ne nous reste rien à souffrir : elle nous rend à cette profonde tranquillité, dans laquelle nous étions mollement étendus avant que nous vissions le jour.

Consol. ad marc. c. XIX.

Sénèque n'était pas trop assuré de la spiritualité de l'ame. *Helvétius, de l'Esprit.*

Dans son livre contre les superstitions, il dit stoïquement qu'il ne peut souffrir Platon, qui se figurait un Dieu sans corps.

Sénèque était fataliste dans toute la force du terme. *Voyez Epist.* 19, 71, 101.

Nihil Natura est sine Deo, nec Deus sine Naturâ, sed idem est uterque.

C'est-à-dire : la Nature n'est rien sans un Dieu. Dieu n'est rien sans la Nature. Nature et Dieu ne font qu'un.

Vis Deum Naturam vocare ?

Non peccabis, non falleris; ipse enim est totum quod vides. Quæst. 11, 45.

C'est

C'est-à-dire : voulez-vous appeler Dieu la Nature ? Il n'y a pas de mal à cela, ni d'erreur. Dieu en effet est tout ce que nous voyons.

Deorum crimen Sylla tam felix.

C'est-à-dire :

Le bonheur de Sylla fait le crime des Dieux.

Est aliquid quo sapiens antecedat Deum : ille Naturæ benefico, non suo sapiens est.

C'est-à-dire : le sage est au-dessus de Dieu, en cela que la sagesse de Dieu n'est pas son ouvrage, mais celui de la Nature.

En quoi consiste la liberté du sage ? à ne craindre ni les hommes, ni les Dieux.
Lettre 75 de Sénèque.

SÉNÈQUE, *le poëte tragique.*

Post mortem nihil est, ipsa que mors nihil
Troad. act. II.

C'est-à-dire :

Rien n'est après la mort ; elle-même n'est rien.

> *Mors individua est noxia corpori*
> *Nec parcens animæ . . . .*

C'est-à-dire :

A l'ame ainsi qu'au corps, le trépas est commun.

SERES. (les) *Apud Seras, lex est quâ cædes, scortatio, furtum et simulachrorum cultus omnis perhibetur, quare in amplissima regione, non templum videas, non meretricem* . . . . Bardezanes, philos. Syr.

C'est-à-dire : chez les Seres, la loi défend le meurtre, la fornication, le vol et toute espèce de culte religieux ; de sorte que dans cette vaste région, on ne voit ni temple, ni adultère, ni prêtre, ni fille de joie.... etc.

Preuve que les lois suffisent pour contenir les hommes.

Helvétius, de l'Esprit, disc. II.

N. B. Et c'est ce qu'il faut redire, sans se lasser, en ajoutant :

La loi suffit. Mais son action est paralisée, quand on la met en concurrence avec celle d'un Dieu. Il en résulte une cacophonie politique, source des plus grands maux.

Il y a plus. Au lieu de dire *Dieu et la loi* (comme il en est encore question) nous devrions dire *Dieu ou la loi*. Ces deux puissances ne peuvent aller bien ensemble. On obéit mal à deux maitres à-la-fois.

SERRAIL . . . . . La doctrine contagieuse de l'athéisme s'est insinuée jusques dans le sérail, dans l'appartement des femmes et des eunuques ; elle s'est aussi introduite chez les Bachas, et s'est répandue sur toute la cour. C'était du règne du sultan Amurat. *Voyez Ricaut.*

SERVET, (Michel) médecin, brûlé vif à Genève, en 1553, âgé de quarante-quatre ans, pour avoir traité d'Athées ceux qui mettent l'essence divine dans trois personnes réellement distinctes . . . .

Servet disait encore que l'ame est une partie de la substance de Dieu . . . .

Guill. Postel attribue à Servet le *Traité des trois Imposteurs.*

SERVIUS. Ce savant commentateur de Virgile, dit que le grand tout, ou l'univers, est composé de cinq choses ; savoir : des quatre élémens, et de Dieu ou l'ame du monde.

SÉVIGNÉ. (madame) Madame de Sévigné disait qu'elle aimait Dieu comme un très-galant homme que l'on n'a jamais connu.

Je ne suis ni à Dieu, ni au diable : entre

nous, je trouve cet état le plus naturel du monde. *Lettre LIX.*

Mon père disait qu'il aimait Dieu, quand il était bien-aise : il me semble que je suis sa fille. *Lettre 455.*

SEXTUS *Empyricus*, philosophe sceptique et médecin. On ne sait de quelle religion il était, disent quelques biographes; c'est dire en d'autres termes, qu'il n'avait aucune religion.

Il fut l'un des instituteurs d'Antonin, le philosophe.

SHAFTEBURY, (A.-A.-C.) chancelier d'Angleterre, sous Charles II, mort en Hollande.

La nature lui avait donné un esprit vaste . . . . Il fut ami sincère . . . . Il portait l'athéisme dans la religion, et le pyrrhonisme dans l'histoire.

Raynal. hist. du parlemt. d'Angl.

Pendant son ministère, il ne fit que des decrets modérés et équitables.

S'il pouvait y avoir un Athée véritable, ce serait un Fréret, ou un Shaftesbury.

Delisle de Salles, philos. de la Nat.

SHAFTESBURY, (A. A.-C.) philosophe anglais, petit fils du chancelier de ce nom. Il fit le voyage de Hollande pour voir Bayle et les autres philosophes qui pensaient comme lui. Il mourut à Naples, en 1713.

C'était un sage, accusé aussi d'avoir porté trop loin la liberté de penser. On trouve dans ses livres des choses bien vues et fortement pensées. Mais ses réflexions sont quelquefois trop hardies, et quelques-unes dangereuses. C'est ainsi que s'exprime la tourbe des biographes.

La pensée *qu'il n'y a point de Dieu*, n'a jamais fait trembler personne.
Lettre sur l'enthousiasme.

SHAFTSBURY.... On a beau nous assurer qu'un homme est plein de religion; si nous avons à traiter avec lui, nous nous informons encore de son caractère. *M**. a de la religion*, dites-vous; mais *a-t-il de la probité ?* Si vous m'eussiez fait entendre d'abord qu'il était honnête homme, je ne me serais jamais avisé de demander s'il était religieux.
Recherches sur la vertu. Initio.

Craindre un Dieu, ce n'est pas avoir pour cela de la conscience. *Idem.*

Il ne paraît pas que l'athéisme ait aucune influence diamétralement contraire à la pureté du sentiment naturel de la droiture et de l'injustice. *Idem, p. 2, parag.* 11.

Pour être convaincu qu'il y a du profit à être vertueux, il n'est pas nécessaire de croire en Dieu. *Rech. sur la vertu. III, 3.*

Beaucoup d'honnêtes gens auraient l'esprit plus tranquille, s'ils étaient assurés qu'ils n'ont qu'un aveugle destin pour guide : ils tremblent plus en songeant qu'il y a un Dieu, que s'ils croyaient qu'il n'en existât point. *Lettre sur l'enthousiasme.*

SHASTERS. (l'auteur des) Ces différens passages, réunis à plusieurs autres des Shasters, ou fragmens des livres sacrés, publiés par Howell et Dow, démontrent le matérialisme des Indiens.

L'Ezour-Védam, aux ecclaircissemens, tom. II, vers la fin.

SHELDON, (Gilbert) archevêque de Cantorbery, ne regardait la religion que comme un mystère d'État.

D'ailleurs, il était homme de bien, et en fit beaucoup; car il mourut très-tard.

SHERLOCK. (Martin)
Ici (en Italie) vous ne verrez qu'une superstition aveugle, ou des Athées avoués.
Voyageur anglais, nouvelles lettres, VI, 1780, in-8°.

SHERLOK. (Thom.) Le mot *infini* confond nos idées sur Dieu. Ce mot n'est qu'une négation, qui signifie ce qui n'a point de nature positive, et partant rien du tout.
Défense de la Trinité.

Donc, un *Dieu infini* n'est rien du tout, de l'aveu même des théologiens, et des évêques.

SIAMOIS. L'abbé de Choisi assure que les Siamois croient que le monde s'est fait de lui-même.

Bien éloignés de reconnaître un Dieu créateur, je crois qu'on peut assurer que les Siamois n'ont nulle idée d'aucun Dieu.
Laloubere, tom. I, voyages, p. 395.

Les Siamois croient en Dieu : par ce mot, ils entendent un être parfait, composé d'esprit et de corps.

Selon la religion Siamoise, les hommes peuvent devenir Dieux. *Tachard, voyage.*

Donc les Siamois admettent le spinosisme, et la métempsycose qui n'est encore que le spinosisme.

SIDNEY, (Algeron) anglais, ne reconnut aucune religion, et ne professa d'autre culte que celui de la liberté dont il fut l'apôtre ardent et le martyr généreux.
Ecce VIR.

SILLERI, (Fr.) évêque de Soissons. Spinosa n'a pas laissé de trouver des sectateurs.

Voyez son *Approbation* du nouvel athéisme renversé.

SIMO, médecin, né à Lucques, et persécuté en Pologne, pour ses opinions. Il n'était d'aucune secte. Dans un écrit publié à Cracovie, sous le titre de *Simonis summa religio, in-4°.* 1588, ce philosophe est peint comme un homme constamment Athée.

SIMON. *Credo in tria :*

Cœlum,
Terram
Et cœli formam.

In

SIM

In cœlum, patrem, creatorem omnium; in terram, rerum omnium matrem, at que autricem:

In cæli formam, omnia sentientem, et intelligentem.... Jam Deus figmentum est.
  Ex libro, cui titulus : Simonis religio,
    Cracoviæ, 1588.

C'est-à-dire : je crois en trois articles : au ciel, à la terre, et à la forme du ciel. Je crois le ciel créateur et père de toutes choses; la terre mère et nourrice de toutes choses; la forme du ciel, ou l'intelligence réciproque de toutes choses.... Quant à Dieu, je le regarde comme le produit de l'imagination.

SIMON, (maître) de Tournay, traitait d'imposteurs Moïse, Jésus et Mahomet. Mathieu Paris raconte de lui une autre impiété qui consistait à dire que l'homme n'a besoin d'aucune religion.

N. B. Au lieu de perdre le temps à discuter la préséance de la religion naturelle sur les révélées, il vaudrait bien mieux, ce semble, s'occuper à démontrer la parfaite inutilité et des unes et des autres.

SIMON, (Édouard-Thomas) né à

Troyes, en 1740, homme de lettres.

Épitaphe.

J'ai vécu ; j'ai passé les beaux jours de ma vie
Sans croire à l'existence au-delà du trépas.
Malgré moi, je finis et ne sais où je vas.
Je perds tout souvenir : fais de même et m'oublie.
Adieu, Postérité ! je ne te connais pas.

SIMONIDE, poëte et philosophe Grec. Après avoir demandé trois jours pour répondre à la question :

Ce que c'est que Dieu ? Il répondit enfin :
« Plus j'examine cette matière, plus elle
» me semble obscure ».

Cicéron, sous la personne du pontife Cotta, déclare qu'en pareil cas, il ferait la même réponse.

Tertullien, à la place de Simonide, eut défini Dieu :

Une substance corporelle, sujette aux passions.

Simonide n'osa dire que Dieu fût un pur esprit ; car il ne concevait rien que sous l'idée de l'étendue.

SIMPLICIUS, philosophe Péripateticien.

Les premiers qui donnèrent le nom de

Dieu, le donnèrent aux astres, à cause de la rapidité de leurs mouvemens. Car le mot dont le nom de Dieu est dérivé, signifie courir et se mouvoir avec rapidité.

N. B. Le mot *Teos* vient de *Tein* courir.

Dacier.

SINA. (Ebn)
Voyez Avicenne.

SIRSA. (Schemnel)
Ce Rabbin soutint en public l'éternité de la matière.

Il cessa de vivre sur un bucher.

SIUDOSU, philosophes Japonais, sans religion aucune, disant que la plus grande perfection et le souverain bien consistent dans le plaisir que l'esprit trouve à mener une vie sage. *Ces gens-là ne reconnaissent de récompenses et de châtimens que les temporels et ceux seulement qui sont la suite nécessaire de la pratique de la vertu ou de celle du vice . . . . Ils croient une ame du monde, receptacle commun, semblable à la mer qui reçoit toutes les rivières. Ils confondent cet esprit universel avec l'être suprême, sous le nom de Ten, ciel, ou Nature.*

Ils croient le monde éternel. *Kaempfer.*

N. B. Sans faire le voyage du Japon, nous connaissons en France et il se trouve en Europe beaucoup de bons esprits qui professent ce symbole.

SLEIDAN (J.) Les théologiens ont toujours été en possession de faire la guerre aux gens doctes ; et la raison en est qu'ils voient leurs âneries découvertes et méprisées. *Liv. V.*

Il n'y eut jamais hommes de bien et de savoir qui n'ait été tourmenté d'eux.

Idem.

N. B. Je me défie d'une opinion qui porte ceux qui la professent à se fâcher contre celui qui n'est pas de leur avis. L'arithmétique n'a point allumé de buchers, comme la théologie : tenons-nous en à l'arithmétique.

SOCIÉTÉS *littéraires.*

On a vu des Athées prononcés, dans quelques sociétés littéraires, moins faites pour en recéler que l'assemblée de la Convention.

Mercier, *Nouveau Paris*, CC XXXIX, vol. 6.

SOCIN. (Fauste) *Homini naturaliter*

SOC

ejusque animo insitam esse divinitatis alicujus opinionem . . . . Hæc sententia, nos falsam arbitramur.

Prælect. theol. tom. I, c. II, p. 537, Col. II.

C'est-à-dire : on a dit que l'homme naissait avec une notion de la divinité, empreinte dans son ame . . . . Nous regardons cette opinion comme fausse . . . .

Un Athée peut plaire à Dieu, en vivant justement.

Dissert. hist. de la Croze, tom. I, p. 150.

SOCINIENS. Il y a eu des Sociniens qui sont devenus spinosistes, à cause des difficultés qu'ils ont trouvé dans l'hypothèse d'un principe matériel, existant par lui-même et distinct de Dieu.

Tous les philosophes anciens s'accordent en ce point que la matière du monde était improduite. L'éternité de la matière entraine après soi la destruction de la providence divine. *Bayle, dictionn.*

En refusant de croire ce qui leur paraît opposé aux lumières philosophiques, les Sociniens frayent le chemin au pyrrhonisme, à l'athéisme . . . .

SOCRATES, philosophe Athénien.

Græcorum facilè sapientissimus, necessitatem rerum omnium actionum que statuit, quam nulla vis rumpat.

Pat. fid. d'Arpe, *theatrum fati.*

Socrate, le plus sage des Grecs, établissant le destin à qui aucune force ne résiste, n'est assurément pas un déiste.

Le sage, tôt ou tard, a la faiblesse de sacrifier aux préjugés des sots. Socrate sacrifie, en mourant à Esculape, pour se disculper du soupçon d'athéisme; et Buffon meurt dans les bras d'un capucin.

Dupuis, *Or. des cultes.*

Socrate n'était pas entiérement persuadé d'une autre vie.

Biblioth. choisie, par Leclerc, 1706, X, *page* 194.

Aristophane donne le nom d'Athée à Socrate, parce qu'il avait été disciple d'*Aristagoras*, philosophe sans Dieu.

Socrate s'écriait au milieu des rues et dans les places publiques, que tout ce qui est au-dessus, et loin de nous, ne sert à nous rendre ni meilleurs ni plus heureux.

Journal étranger, juin, 1761, p. 101.

N. B. Et le sage d'Athènes, sans se compromettre, amenait ses concitoyens à conclure eux-mêmes : donc la religion ne sert à rien. Donc, il faut lui préférer la morale qui prescrit des devoirs fondés sur nos plus chers intérêts . . . . etc.

Quoties de cœlestibus rogabatur, nota responsio est, quod supra nos, nihil ad nos.
Lactance, div. instit.

C'est-à-dire : Socrate s'abstenait de religion, disant que ce qui est au-dessus de nous, ne nous regarde point.

Note. ** page 73, folie d'Érasme, 1757, in-12.

Les choses saintes ne sont point saintes à cause de Dieu (disait Socrate).

Voyez l'Eutyphron de Platon.

In rebus relligionem concernentibus, licitum esse mentiri docuit etiam Socrates, in II de republ. Vanini, amphith.

C'est-à-dire : Socrate lui-même a enseigné que le mensonge était permis en fait de religion.

N. B. Il est déplorable de voir les meilleurs esprits fléchir devant de misérables considérations politiques. Voici un sage par excellence, qui se piquait de ne posséder qu'une science, celle des mœurs ; voici Socrate qui permet le plus honteux de tous les vices, en faveur de la religion. On est tenté de ne voir dans cette proposition que l'une de ces ironies qui étaient si familières à Socrate, et qu'il paya enfin de sa vie.

C'est comme s'il eût dit :

» Il est permis aux prêtres de mentir ».

SOINTIBALL. Cet Athée déplorait la faiblesse de l'esprit humain, à la vue de plusieurs incrédules que l'âge ou la maladie force à se rétracter.

Voyez la *satyre* contre les incrédules, par Bened. Menzini, Florentin.

SOIRÉES *du Père de famille*, (l'auteur des) in-8°. 314 pages.

Toutes les religions ne doivent-elles pas leur existence aux honneurs funèbres décernés jadis au chef de famille, dont les vertus, l'âge et le sang consacraient la mémoire ? . . . *C. XXVI*, *p.* 180.

L'intervention d'un être céleste dans les affaires de ce bas monde, leur a fait beaucoup de tort . . . . etc. *CCLI*, *p.* 180.

Il fallait peut-être une religion et une politique aux premiers membres d'un État naissant,

naissant, aux premiers habitans d'une ville nouvelle; mais il ne faut plus aux hommes qui ont cessé d'être enfans, qu'une bonne morale appuyée sur nos devoirs et sur nos droits réciproques d'homme à homme ou tout au plus de famille à famille.

CCLIV, page 184.

SOLCIA. (Jeannin de)
Ce chanoine de Bergame, docteur en droit civil et canon, fut condamné le 14 décembre 1459, par un décret papal de Pie II, comme impie, qui avait osé soutenir que le genre humain est toujours le jouet de quelques imposteurs religieux et politiques.

N. B. Ce chanoine a bien des complices, même encore aujourd'hui.

SOLDATS. Le général d'une armée anglaise courait risque d'être fort mal obéi, si les soldats n'avaient pas plus de respect pour lui que pour la divinité.

Le docteur Swift.

On remarque dans les pays étrangers qu'il n'y a pas dans tout l'univers une race de créatures raisonnables qui paraisse aussi peu susceptible de sentimens religieux que nos soldats anglais. *Idem.*

N. B. Ce qui prouve du moins que l'idée d'un Dieu n'est pas très-nécessaire à la discipline militaire. Ce n'est pas le nom de Dieu qui a mené nos phalanges républicaines à tant de victoires.

SOLEIL. Les payens reprochèrent à la secte chrétienne de consacrer un culte au soleil.

Solem credunt Deum nostrum.

Tertul. apolog. **XVI**.

Le savant Dupuis, dans son *Origine des cultes*, a prouvé que ce reproche n'est pas sans fondement.

N. B. On pourrait dire que le soleil est le père de la divinité. Sans lui, on n'aurait peut-être jamais imaginé un Dieu.

SOPHIE-BRETIN, née de 1750 à 1760, et directrice d'une manufacture à Orléans : Athée d'opinion seulement, et n'en pratiquant pas tout-à-fait les principes austères, dans sa conduite envers sa famille.

Voyez un *mémoire* publié à Paris, en janvier 1800, par le Grand de la Leu, jurisconsulte connu, et correspondant de l'institut.

SOPHRONIUS. Ce patriarche de Jérusalem avance que les ames ne sont point immortelles et incorruptibles.

SORANUS. (Quintus Valerius) Deux vers qui nous restent de ce poëte latin du VII°. siècle de Rome, témoignent qu'il enseignait que Dieu est la cause immanente de toutes choses. Cette opinion ne diffère point du spinosisme.

Jupiter omnipotens, regum rex, ipse Deus que Progenitor, genitrix que Deum, Deus unus et omnis.

IMITATION.

Tout puissant Jupiter! Dieu des Dieux! roi des rois! Toi seul es tout, père et mère à-la-fois.

Contemporain de Jules-César, Soranus fut mis à mort pour avoir divulgué des choses qu'il était défendu de dire. Il ne reconnaissait d'autre Dieu que le monde, ou l'assemblage de tous les êtres.

SORANUS. Ce vieux médecin, cité par Saint-Augustin, dit que la Nature est mâle et femelle; il en fait un hermaphrodite, dans l'opinion où il est qu'elle et Dieu ne font qu'un.

SORBONNISTES. Un philosophe moderne qui avait fait autrefois sa licence à Paris, et qui regardait la faculté de théologie comme une excellente école d'incrédulité, a dit :

« Il n'y a guère de sorbonnistes qui ne » recèlent sous leur fourrure, ou le déisme, » ou l'athéisme ».

N. B. Mais les fourbes n'avaient garde d'en convenir. Le mensonge les engraissait. Pour nous servir d'une expression de Carrefour, « à être honnête » homme et à dire la vérité, il n'y a que de l'eau » à boire ».

SORBIÈRE, (Sam.) philosophe, d'après le proverbe : *dis-moi qui tu hantes, je dirai qui tu es*. Sorbière, lié avec Hobbes et Gassendi, professait leurs principes.

SOUFYS. (les) La grande ame du monde (espèce de spinosisme) est encore à présent la doctrine des Soufys et de la plupart des gens de lettres de Perse ; elle se trouve expliquée en vers persiens très-relevés dans leur *Goul-Tchen-Raz*, ou parterre des mystères.

Bernier, mém. du Mogol.

SPAGNOLI, (Bapt.) sur-nommé *le*

Mantouan ; poëte épicurien, ne croyant point à une autre vie . . . .

SPECTATEUR *anglais*. (les auteurs du)

On peut être en état de faire plus de bien et de se rendre plus utile au monde par la morale sans la foi, que par la foi sans la morale.

La règle pour la morale est beaucoup plus certaine que celle de la foi.

L'incrédulité n'est pas d'une nature si maligne que le vice.

Un incrédule vertueux peut être sauvé.
Disc. VI, tom. V.

La substance de Dieu est dans la substance de chaque être, soit matériel soit immatériel, et il s'y trouve présent d'une manière aussi intime que tout l'être l'est à lui même. *V. Disc. tom. VI.*

N. B. Nos moralistes anglais étaient spinosistes, dans toute la force du terme ; malgré toute leur circonspection, la vérité perce.

SPEUSIPPE, neveu de Platon.

Marchant sur les traces de son oncle, ce philosophe admettait aussi une force animale, à laquelle il donnait le nom et les prérogatives de la divinité.

SPINOSA, (Baruch-Benoît) philosophe d'Amsterdam, né d'un juif.

Athée de système, et d'une méthode toute nouvelle, quoique le fond de sa doctrine lui fût commun avec plusieurs autres philosophes anciens et modernes, européens et orientaux. Il est le premier qui ait réduit en système l'athéisme, et qui en ait fait un corps de doctrine lié et tissu, selon la méthode des géomètres; mais d'ailleurs, son sentiment n'est pas nouveau. Il y a long-temps que l'on a cru que tout l'univers n'est qu'une substance, et que Dieu et le monde ne sont qu'un seul être.

Tout le monde convient que Spinosa avait des mœurs. *Encyclop. et Bayle.*

Il mourut, à quarante-cinq ans, bien persuadé de son athéisme. Sa garde-malade le croyait un saint.

Spinosa était doux et bon.

Lamettrie, l'Homme-Machine.

B. Spinosa établit nettement et précisément comme son premier principe, que Dieu est la seule substance qu'il y ait dans l'univers, et que tous les autres êtres ne sont que des modifications de cette substance.

Spinosa était un bon et franc Athée, un de ces hommes tranquilles dont l'étude était l'occupation habituelle, et le désir de s'instruire, la passion dominante; qui, jouissant dans le silence de la retraite, où il vivait par goût et par réflexion, de cette sérénité, de cette paix inaltérable de l'ame si favorable à la méditation, cherchait à se rendre compte de ses opinions, sans se mettre fort en peine du résultat de son examen, c'est-à-dire, sans être arrêté par cette crainte puerile de choquer les idées ou plutôt les préjugés les plus généralement reçus.

Naigeon, Encyc. Condillac.

Spinosa disait : j'avoue que ne trouvant rien d'immatériel ou d'incorporel dans la Bible, il n'y a nul inconvénient de croire que Dieu soit un corps, et d'autant plus que Dieu étant grand, ainsi que parle le roi prophète, *pseaume*, 48 *V. I.* il est impossible de comprendre une grandeur sans étendue et qui par conséquent ne soit pas un corps.

Voyez la vie de Spinosa par Lucas, dans les nouvelles littéraires, amst. 1719, tom. X, p. I, pag. 40.

L'escriture sainte ne donne expressément aucune difinition de Dieu.

L'expérience ne nous enseigne point ce que c'est que Dieu.

L'existence de Dieu n'est point évidente de soi.

L'idée que nous nous formons de Dieu, par les forces de l'entendement, qui considère la nature divine comme elle est en elle-même et laquelle il est impossible que les hommes puissent imiter ny prendre pour modèle dans la conduite de leur vie, n'appartient nullement ny à la foy, ny à la religion, et par conséquent les hommes y peuvent errer sans péché.

Voyez Réflexions curieuses, ou traité des cérémonies superstitieuses des juifs, 1678, in-12.

La Nature n'apprend à personne que l'on soit tenu d'obéir à Dieu ; la raison même n'en sait rien . . . . Par conséquent nul n'y est obligé. *Eod. loco.*

Spinosa était impie, si l'on veut ; mais c'était

c'était un savant paisible et de bonnes mœurs. *Almanach des Républ.* in-12, *p*. 29.

Le nouveau dictionnaire Historique les qualifie de *subtil incrédule.*

Sipinosa était pythagoricien.

Vide inter opera posth. epist. 29.

Vertueux Spinosa ! le fer d'un assassin,
Bien loin de ralentir ton généreux dessein,
T'enflamma davantage ; et ton ame agrandie,
Se frayant une route encore plus hardie,
D'une seule substance alors tu fis l'aveu,
Osas le démontrer, et l'univers fut Dieu.
Sylvain, *Lucrèce français.*

SPIRITUALISTES. Le systême des *Spiritualistes* est calqué tout entier sur celui des *matérialistes* ; il est né après lui ; il en a emprunté toutes les divisions, pour créer la chimère d'un Dieu et d'un monde purement intellectuel. *Dupuis*, *Orig. des cult.*

SQUARCIA-LUPI, (Marcel) auteur d'une diatribe contre le médecin Lucquois Simo, Athée : *Summa religio* . . . in-4°. 1588. Mais le critique s'y montre tout autant impie.

STE

STELLER, (George-Guill.) de l'Académie de Pétersbourg.

Les habitans des îles Kuriles et du Kamschatka ne prononcent le mot *Kutcha* (c'est le nom de Dieu en ce pays-là) que pour le tourner en dérision ; dans tous les accidens qui leur arrivent, ils ne manquent pas de le maudire et de le blasphemer.

Hist. du Kamschatka, 1750.

STELLINI, (Jacob) religieux somasque et professeur de morale dans l'université de Padoue.

C'est sur les lumières de la raison et non sur les usages ou sur la législation (religieuse et politique) des peuples, qu'on doit juger de la morale . . . . . *Dissertationes*, 1764.

N. B. Nous sommes bien dédommagés de nos pénibles recherches, quand nous surprenons de tels aveux, dans les œuvres de gens qu'on ne soupçonnait pas avoir pu conserver leur bon-sens sous la robe qu'ils portaient. Un moine italien penser ainsi, et oser l'imprimer ! certes ! d'après cela, on ne doit plus désespérer de l'esprit humain.

STENDARDI, (Carlo) patrice Florentin et Siennois, poëte italien, auteur d'hymnes (Inni, Livourne, 1763) composés à l'imitation de ceux d'Orphée, et dans le système de ce chantre du naturalisme.

Il faut lire sur-tout l'*hymne à la Nature*.

Dans des *notes*, Stendardi s'empresse, pour ne choquer personne, de prévenir que par *Nature*, il entend l'intelligence divine, appliquée à tous les êtres.

N. B. On sait le cas qu'il faut faire de ces déclarations orthodoxes que les écrivains, jaloux de vivre et amis du repos, se hâtaient de faire, quand ils avaient le malheur d'habiter un pays d'inquisition ou de censure. Que de beaux et de bons ouvrages sont entachés de ces sortes de satisfactions, tristes fruits de la crainte !

STILPON, philosophe Grec.

Bion lui ayant demandé dans une place publique, s'il était vrai qu'il y eût des Dieux :

« Imprudent ! (lui répondit-il) écarte la foule, et tu auras de moi une réponse ».

Cratès lui demandant un jour si les Dieux prenaient plaisir aux prières et aux adorations des hommes ?

Stilpon répondit :

452   STO

Demande-moi cela, quand nous serons seuls.

Stilpon avait corrigé par l'étude de la philosophie ses mauvaises inclinations. La crainte des Dieux ne lui avait pas rendu ce bon office ; car on le compte parmi les Athées. *Bayle.*

STOÏCIENS. (les) Selon Plutarque, au livre des *Opinions des philosophes*, les stoïciens soutenaient qu'il n'y avait qu'un monde, auquel ils donnaient le nom de Tout ; ils lui attribuaient une substance corporelle ; or comme par de-là tout, on ne saurait plus rien admettre ; on est forcé de convenir que cette secte toute épurée et sublime qu'elle était, confondait Dieu et la matière.

Poinsinet, note sur l'hist. nat. de Pline, liv. II, ch. I.

Les stoïciens (secte la plus féconde en vertus) n'avaient à-peu-près d'autre Dieu que celui de Spinosa.

Le Bergamasque, ou l'homme bon, Lahaye, 1691, in-12, p. 8.

Commune ipsi (epicuro) peccatum fuit

*cum philosophis cæteris.... Adeo ut....
Neque ullus futurus sit quem non accenseas
Atheis, quod suo quisque modo peccârit.....*

*Stoicos præ aliis citarem, propter posido-
nium, balbum, epictetum.....*

C'est-à-dire : tous les philosophes, et
nommément les stoïciens, doivent être
impliqués dans l'accusation d'athéisme, ni
plus ni moins que les épicuriens.....

Gassendi, Physica, sect. li. I. 6. IV. 2.

Les stoïciens enseignaient que Dieu n'est
rien autre chose que l'ame du monde,
lequel ils considéraient comme son corps,
et tous les Dieux ensemble comme un
animal parfait.

*Lamothe Lévayer, vertus des Payens,
page 273, in-4°.*

Ce qui parait certain, c'est que les stoïciens regardaient ces questions (sur Dieu
et sur l'ame) comme indifférentes pour la
conduite des mœurs.

*Maupertuis, Essais de philosophie
morale.*

J'embrasse la secte rigide (celle des
stoïciens) qui, en adoptant les cérémonies

religieuses, ne les regarde que comme des frivolités consolantes pour une ame malade.
Sénèque, *Quœst. nat.* II, 35.

STOIQUES ou *Stoïciens*. Le dogme de l'ame du monde qui a été si commun parmi les anciens, et qui faisait la partie principale du système des *stoïques*, est dans le fond celui de Spinosa.

STRATON (le péripatéticien) représentait Dieu comme un corps sans ame.

Strato peripateticus, fecit Deum sine animo. Seneca.

STRATON, de Lampsaque, élève de Théophraste, surnommé le physicien.

Il ne se sert point du secours des Dieux, pour la formation du monde.

Il niait, aussi bien que Démocrite, que le monde eût été fait par une divinité.

Il enseigne que tout ce qui est ou qui se fait, se fait ou a été fait par des poids et des mouvemens naturels. *Cicéron*.

Straton prétendait que le monde n'était point l'ouvrage des Dieux, mais celui de la Nature . . . . *Diderot*.

Cudworth l'appelle le chef de l'athéisme Hylozoïch.

Straton croyait que la Nature par elle-même faisait tout.

Il ne reconnaissait d'autre Dieu que la Nature.

Selon ce fameux matérialiste, l'être (ou la substance unique) a en lui-même le principe de la division de toutes les choses existantes, que produisent ses modifications. *Barthez.*

Ses opinions impies n'empêchèrent point qu'on ne lui confiât l'éducation de Ptolémée Philadelphe. Ce prince combla son maître de bienfaits.

STROZZI, (Pierre) *seigneur italien, maréchal de France, tué au siège de Thionville, en 1558, dans la cinquantième année,* il confessait souvent (à ce que j'ai entendu de ceux qui lui ont été familiers) qu'il désirerait de croire en Dieu, mais qu'il ne pouvait.

Henry Estienne, apologie pour Hérodote, XIV, p. 177, tom. 1.

Frappé à mort d'un coup de mousquetade, Strozzi répondit à M. de Guize qui le voulait administrer : « Je regnie Dieu.

» ma feste est finie . . . . . Mort-Dieu !
» je serai où sont les autres, qui sont
» morts depuis six mille ans ».

A ceste dernière parole, il expira ; qui était un testament assez commun à ceux de sa nation Florentine.

Le maréchal de Vieilleville traite Strozzi d'atheiste.

STROZZI. Ce colonel général de l'infanterie française, en 1569, avait infiniment plus de vertu morale que de religion.
Bayle.

C'était un homme de la plus haute valeur et libéral ; il aimait les sciences, et était savant lui-même. Ecclésiastique dans sa première jeunesse, il vécut et mourut en bon Athée.

SUÉDOIS. (les) (antérieurs à la législation religieuse d'Odin) méprisaient tout, excepté la vertu . . . . Ils ne connaissaient d'autres lois que celles de la Nature . . . . .

A.-A. Stiernman, chevalier . . . .

Tal om de larda wettenskapers tilstand I svea . . . . etc.

Discours sur l'état des sciences en Suède.
La

La nation Suédoise ne professait qu'un culte de reconnaissance à la mémoire de ses fondateurs, qu'elle appelait ses Dieux...

N. B. Le premier Dieu fut un père adoré.

ou bien :

D'une mère adorée, on fit la providence.

SUISSES. Dans les cantons Suisses, des théologiens s'échauffaient en disputant.... Le conseil souverain, craignant une sédition, trancha la difficulté, en faisant publier un décret : il fut défendu à tous et un chacun de parler de Dieu, ni en bien, ni en mal.

N. B. Cette bonhommie philosophique, qui fait sourire le sage, ne réussirait pas chez une grande nation à moitié éclairée et tout-à-fait corrompue.

SUMATRA. Le moraliste, le philosophe verra combien est fausse l'opinion de ceux qui prétendent qu'il ne peut exister un peuple d'Athées : dans son voyage, M. Marsden (*the history of Sumatra, etc.*) affirme, avec toute la candeur possible, que les habitans du Sumatra n'ont ni culte ni idée de la divinité ; ils n'ont pas même de mot pour la peindre ; et ce qui étonnera d'avantage, c'est que les Indigenes ont été quelquefois mêlés avec les Mahométans.

Brissot, journal du Lycée de Londres, V. I. N°. 1, 1784.

SUPHI, roi d'Égypte, comtemporain d'Abraham.

Contemtor Dei fuit.

SWIECICKI. (le père)

Ce théologien prétend qu'il y a un principe d'honnêteté et de moralité, indépendant de toute volonté divine.

V. de jure naturæ et gentium. Romæ, 1763.

N. B. Presque tous les théologues ont laissé échapper des aveux qui tuent leur Dieu.

SWIFT, (Jonathan) le Rabelais de l'Angleterre.

La religion est le spléen de l'ame.

Nous avons justement autant de religion qu'il nous en faut pour nous haïr les uns les autres.

SYDNEY *et* WORTHON, l'auteur de cette histoire anglaise qui vient de paraître,

M. de S... a pris pour épigraphe la proposition suivante :

« Si la divinité dirige les événemens,
» elle n'est pas toujours juste ».

SYLVAIN M... (P.) *Le Lucrèce français*, fragmens d'un poëme, nouvelle édition .... avec cette épigraphe :

L'homme a dit : faisons Dieu ; qu'il soit à notre image !
Dieu fut ; et l'ouvrier adora son ouvrage.

Ces *fragmens* parurent en 1781, pour la première fois ; Brissot en fut l'éditeur.

Extrait d'une notice biographique sur P. Sylvain, rédigée par lui-même et imprimée en 1792, dans les chefs-d'œuvres de poësies philosophiques du XVIIIe. siècle.

Sylvain nâquit à Paris, au milieu du XVIIIe. siècle. A l'âge de vingt-ans, la Nature s'était à peine expliquée sur ce qu'elle voulait faire de lui. Mais du moment qu'elle le voua à la philosophie, il se livra tout entier à sa vocation, et ne fut pas long-temps sans s'appercevoir que la société civile n'était pas, à beaucoup près, ce qu'elle devait être. Après plusieurs expériences à ses frais, il crut devoir vivre comme il eût vécu dans un monde meilleur. Il s'abandonna sans réserve à ses idées, toutes puisées dans la Nature . . . . Il sonda la profondeur des préjugés religieux et politiques, avec une hardiesse et une franchise qui furent qualifiées autrement. Entr'autres ouvrages, il en résulta quelques vers philosophiques, bruts et sans apprêts comme sa personne, mais écrits avec une conviction qui lui fit trouver grâce aux yeux des honnêtes-gens les plus prévenus contre sa manière de voir. On eut l'air de le persécuter; mais la droiture de sa conduite désarma ou fit taire ses ennemis! Comment en vouloir long-temps à un homme disant la vérité, seulement par besoin de la dire? Ses fragmens d'un poëme sur Dieu (ou le *Nouveau Lucrèce*) révoltèrent bien des lecteurs. Les gens de goût y trouvèrent à réprendre; les philosophes timorés dirent qu'il était trop-tôt pour écrire ainsi. Les prêtres grincèrent des dents: les publicistes sourirent à l'audace impuissante du poëte qui en demeura là; il n'avait pas écrit pour faire du bruit.

Un autre peut-être eût tiré parti de sa position : lui, il resta toujours à sa place ; et sans aller sur le grand chemin mendier un peu de réputation, il se maintint libre au milieu de la foule des esclaves, et s'avança constamment vers son but, en passant à travers les circonstances, sans prendre la teinture d'aucune....

A l'écart et sans bruit, marche seul avec toi :
Loin du peuple et des chefs, le sage se tient coi.

En conséquence de ces maximes, plus conformes à son caractère qu'à l'esprit du jour, retenu par ses devoirs domestiques, Sylvain erre dans Paris, comme Robinson dans son île, interrogeant les choses, ne se trouvant sur le chemin de personne....
Voici son épitaphe :

Cy repose un paisible Athée :
Il marcha toujours droit, sans regarder les cieux.
Que sa tombe soit respectée !
L'ami de la vertu fut l'ennemi des Dieux.

SYNESIUS, évêque de Ptolemaide, et platonicien, disait : le peuple veut absolument qu'on le trompe ; l'on ne peut en agir autrement avec le peuple, puisqu'il est peuple.... Je ne serai philosophe que pour moi-même ; et je serai toujours prêtre avec le peuple.

Dupuis, Orig. des cultes, abrégé, page 481.

Ce même évêque donnait un corps à l'ame. Voyez *de Insomniis*. S'il eût été conséquent, il devait en donner un aussi à Dieu.

Ce philosophe évêque, initié aux mystères de l'Egypte et de la Grèce, s'exprime ainsi dans son traité de la Providence :

L'univers est un tout résultant de l'assemblage de plusieurs parties qui se soutiennent par leur accord, et dont les unes font la fonction de causes actives, les autres de causes passives.

SYRBIUS. (Joh. - Jac.)
De origine atheismi, dissertatio.

SYSTÈME *de la Nature.* (l'auteur du)
L'athéisme n'est point fait pour le vulgaire.... L'athéisme suppose de la réflexion, de l'étude, des connaissances, une longue chaine d'expériences, l'habitude de contempler la Nature .... etc.

L'athéisme est le seul système qui puisse

conduire l'homme à la liberté, au bonheur, à la vertu. Rien ne sera capable de l'arrêter.
Syst. de la Nat. seconde partie.

SYSTÉME SOCIAL. (l'auteur du)

. . . . La religion, loin de mettre un frein aux passions des princes, ne fit que leur lâcher la bride . . . .

Rien ne fut plus désavantageux à la morale humaine, que de la combiner avec la morale divine . . . .

Rien de plus indifférent pour une nation que la manière dont un homme peut penser sur la religion; il suffit qu'il se conduise en honnête-homme et en bon citoyen . . . .
Tom. I, ch. III.

SALAIGNAC, (Marie-Marguerite-Pasquet) née Villeneuve, de Paris : cette moderne Cornélie est mère et nourrice de cinq enfans qu'elle a élevés et élève dans les principes de la pure morale, dégagée absolument de tout préjugé religieux.

N. B. Article parvenu trop tard, pour être placé à son rang.

TABLEAU *des saints.* (l'auteur du)

L'homme qui n'a point d'idée de Dieu, ou qui va même jusqu'à nier son existence, ne peut au moins s'empêcher d'avoir l'idée des hommes, de sa propre nature....

Ainsi, même sans idée de Dieu, l'Athée qui aura réfléchi sur lui-même et sur la nature des choses, pourra se faire un système de conduite plus sensé et plus honnête que celui des dévots....

Un tel Athée aura des principes plus sûrs et une conduite plus honnête que ces saints personnages dont....

Tout homme raisonnable, quelques soient ses opinions métaphysiques sur Dieu.... ne peut douter des lois invariables auxquelles la nature des choses attache sa conservation.... *Tom. II, p.* 215, *in-*12.

TACITE, (C.-C.) l'historien.

Non-seulement il estait ennemi de la véritable religion, mais on voit en divers endroits qu'il n'en avait point du tout.

Tillemont, hist. des emp. tom. II.
Tacite.

Tacite, philosophe profond, et si peu religieux....

L'a. Arnaud, gaz. lit. VIII, 1766, in-8°.

On lit dans ses *Annales* :

« Plus je considère les choses, et plus
» je doute si les affaires du monde sont
» gouvernées par une providence et par
» une loi inviolable, ou si elles roulent à
» l'aventure selon les caprices du sort et
» de la fortune.... ».

VI liv. trad. par Dablancourt.

TALAPOINS, (les) religieux de Siam, ont la plus grande vénération pour tous les élémens, et pour toutes les parties du corps sacré de la Nature.

Dupuis, Abr. de l'or. des cultes, p. 25.

TAPROBAINS, (les) anciens insulaires de Ceylan, ou selon d'autres de Sumatra.

Il y avait parmi eux une société de philosophes matérialistes, rendant un culte à la Nature sous le nom de Vénus.

Le reste de l'île ne reconnaissait d'autres divinités que les corps célestes.

Voyez Denis le Périégète, et ses Scholiastes.

TARENNE. (G.)

. . . .
Si de notre raison nous faisons quelqu'usage,
Nous connaîtrons que *Dieu* fut au commencement
Dans un seul tout, esprit, *matière* et mouvement.
. . . .
Voilà le seul vrai Dieu, source de tous les êtres;
Voilà la Trinité qu'adoraient nos ancêtres.

Page 8, d'un poëme sur Dieu et sur la Trinité de la Nature, Paris, an VIII.

TASCHER. En 1781, dans la société de feu *Court de Gébelin*, auteur du *Monde primitif*, le président *Tascher*, qui avait beaucoup voyagé, parlait d'une peuplade d'*Athées* qu'il avait rencontrée en *Afrique*.

Les hommes de lettres qui fréquentaient *Gébelin*, doivent se rapeller de cette anecdote qui fit assez de bruit dans le temps.

N. B. Dans les voyages du major *Huntington* et de *Mungo Park* dans l'intérieur de l'Afrique, il y a des détails sur ces peuplades *d'Athées*.

TATIEN, né en Syrie, assure que l'ame est non-seulement corporelle, mais même mortelle. *Orat. ad græc. c. XXI.*

N. B. Or, ceux qui ne croient pas à la spiritualité de l'ame, s'ils sont conséquens, ne peuvent admettre la spiritualité de *l'Être-Suprême*, comme on dit.

TAURELLUS. (Nicolas) Les théologiens d'Heidelberg, accusèrent d'athéisme Taurellus, médecin et philosophe de Montbeillard, au XVIe. siècle.

Theologi heidelbergenses Nic. Taurellum philosophum non ignobilem, dixerunt atheum medicum . . . .

Gisbert, voetius. disput. select.

Ce Voëtius lui-même qualifie d'Athée Taurellus, de compagnie avec *David Gorlœus*, philosophe du XVIIe. siècle.

TEMPLIER. Dans son drame de *Nathan Lesage*, Lessing fait dire à un templier philosophe :

« La religion aussi est une affaire de
» parti ». *Acte IV, scène II*.

Et plus bas, *scène IV* :

« Les préjugés dans lesquels on éleva
» notre enfance, alors même que nous
» en reconnaissons l'erreur, ne perdent
» point leur pouvoir sur nous ».

N. B. Les prêtres le savent bien ; c'est pourquoi on verrait à leur catéchisme l'enfant à la mammelle, si l'on voulait le leur confier ; mais ils comptent beaucoup sur la nourrice. Les nourrices et les prêtres font encore aujourd'hui bien du mal à l'esprit humain.

TERTULLIEN. Pourquoi vous mettre en peine de chercher une *loi divine*, tandis que vous avez celle qui est commune au monde entier, et qui se trouve écrite sur les tables de la Nature ?

N. B. Ne dirait-on pas entendre un philosophe ?

Il n'est pas étonnant que Tertullien ait fait l'ame corporelle, puisqu'il donnait un corps à Dieu même.

Quoique Dieu, dit-il, soit un esprit, qui niera qu'il soit un corps ? Un Dieu qui n'aurait pas de substance ne serait rien.

Quis negabit Deum corpus esse ?...
Sine substantia nihil est. Cont. prax.

N. B. Quel galimathias ! Comme tous ces docteurs sont embarrassés. Répétons-leur avec Boileau :

Ce que l'on conçoit bien, s'énonce clairement.
Art poétique, chant *II*.

Tertullien dans un traité qu'il a composé exprès sur l'ame, prouve par de longs raisonnemens que cette substance est corporelle, et de même figure que le corps qu'elle habite....

L'ame et le corps ont été jetés au même moule, dit-il, *in ressurect.*

Tertullien, tout fanatique qu'il était, convient que la loi divine est inutile à la morale. *De coronâ mil.*

A qui Dieu est-il connu, sans le Christ?... *De animâ, II.*

N. B. D'un trait de plume, que d'Athées !

TESTAMENT. Chaque homme de lettres devrait laisser un testament de mort, où il exposerait naïvement et librement sa pensée, et demanderait pardon à son siècle de n'avoir avec lui qu'une sincérité posthume.... Ce serait une porte secrète qu'ils ouvriraient à la vérité. *d'Alembert.*

N. B. Le curé Meslier et quelques autres Athées avant lui, semblent avoir donné au philosophe secrétaire perpétuel de l'Académie française, l'idée de cet expédient ingénieux, mais pusillanime.

TETTIO. (Scipione).... *Neapolitanus doctissimus delatus quod de numine male sentiret, remo mancipatus fuit....*
      Thuanus, *vita sua.*

C'est-à-dire : Maret lui apprit (à de Thou) le malheur de Scip. Tettio de Naples, homme, à son gré, universel ; mais qui, accusé d'athéisme, avait été condamné aux galères ou peut-être il etait mort.

Mémoires de Thou, liv. I.

Benoit Ægius, l'éditeur d'Apollodore, en parle comme d'un très-honnête homme.

Vir summæ doctrinæ et modestiæ et humanitatis incredibilis.

Tettio ou Tetti eut beaucoup de part à l'estime des savans.

THALÈS étant à la cour de Crésus, ce prince lui demanda une explication nette et claire de la divinité ; après plusieurs réponses vagues, le philosophe convint qu'il n'avait rien à dire de satisfaisant.

Thalès définissait Dieu ce qui n'a ni commencement ni fin.

Selon lui, la matière était éternelle, était Dieu.

Thalès n'employa point l'action divine dans son système de la production des choses.

Cudworth traite Thalès d'Athée.

Les maximes de Thalès sur la connaissance qu'ont les Dieux de nos plus secrètes pensées, etc. ne doivent pas faire plus d'illusion que le reste de sa doctrine. Le philosophe sortait quelquefois de ses méditations pour se rendre au devoir de citoyen . . . . Il inspirait aux autres la crainte des Dieux qui ne l'effrayaient guères.

L'abbé Canaye, mém. acad. inscript. tom. X.

Et Thalès et Pythagoras ont asservi Dieu à la nécessité.

Montaigne Essais II, in-12.

Quoique Thalès, l'un des sept sages de la Grèce, eût donné dans un athéisme ouvert, il ne laissait pas d'avoir des mœurs très-simples et très-réglées.

Deslandes, hist. de la Philos. tom. I, page 323.

Plutarque nous dit que Dieu est l'ame du monde, suivant Thalès.

Cette opinion a fait dire à Thalès que tout l'univers était plein de Dieux.

Le système des anciens sur l'ame du monde est précisément le même que celui de Spinosa.

d'Argens, philos. du bon-sens, tom. II.

THÉISME, (l'auteur du) essai philosophique, Londres, 1773, in-8°.

Il serait bon de savoir si le sauvage peut avoir quelque idée de la divinité. Il ne paraît pas que sa raison puisse y parvenir, parce qu'il n'a encore aucun moyen de lier des abstractions. *Tom. I, p.* 26.

Les Athées font de bonnes actions, sans motifs de religion ou d'intérêt, parce qu'ils ont en eux-mêmes le sentiment du beau et du juste . . . . *Page* 128.

THÉISTES ou *Déistes.* Ces deux qualifications presque synonimes désignent ceux qui, déjà revoltés de l'absurdité et de l'immoralité de toutes les religions, mais n'osant passer tout de suite dans le camp des Athées, se retranchent à dire qu'il leur faut un Dieu pour faire le monde.

Ces bonnes-gens, fort mal vus par les hommes religieux, inspirent quelqu'intérêt aux philosophes.

Pour peu que les *théistes* ou déistes aient de logique, ils ne tardent pas à devenir Athées. Ils sont sur le chemin.

THÉLÈME. Il se forma, il y quelques années,

années, en Angleterre, une société de philosophes, qui réssuscita l'abbaye de Thélème. Leurs institutions rapprochaient et combinaient tous les systêmes, toutes les sectes . . . . C'était le panthéon d'Épicure.

On y consacrait à la Nature. La reproduction des êtres était le culte particulier de la société.

Les grands artistes, les savans, et les hommes les plus illustres de l'Angleterre étaient dans cette société. Elle fut dissoute par un acte du parlement.

THÉMISTIUS assure qu'*Aristote* enseignait toute autre chose chez lui, que ce qui se voit dans les livres qu'il a donnés au public; adjoutant que c'est une espèce de folie de penser tirer de leur lecture ses véritables pensées, qu'il a toujours tenues les plus secrètes qu'il a peu.

N. B. Aristote dont toute la religion était l'étude de la Nature, craignait d'être persécuté par le peuple intolérant d'Athènes. Ce que pourtant il ne put éviter.

C'est pour la même raison que peu d'écrivains ressemblent à leurs livres.

THÉOCRATES. La plupart des anciens

législateurs et des hommes d'État gouvernaient les hommes au nom d'un Dieu, sans y croire.

THÉODORE, sur-nommé d'abord *l'Athée*, ensuite par antiphrase le *Dieu*.

Theodorus qui Atheus cognominatus est, dicebat nugas esse qui de diis sermones habentur, nec eos esse . . . .

C'est-à-dire : ce philosophe traitait de niaiseries tous les traités qui roulent sur Dieu, lequel n'existe pas.

THÉODORE *de Cyrène*, élève d'Aristippe. Il fut condamné à s'empoisonner, pour avoir enseigné que les Dieux étaient indifférens à la vertu.

THÉOGONISTES (les) égyptiens terminaient leurs saints mystères par cette exclamation :

« O monde ! père et fils à-la-fois de toi-même ».

Tu tibi pater et filius ; paroles consacrées, rapportées par Julius Firmicus.

THÉOLOGAL. Le médecin et le théologal croient rarement aux remèdes et à la religion. *Proverbe*, cité par *Saint-Évremont*.

THÉLOGIE *portative*. (l'auteur de la) Londres, 1775, in-12.

Si les hommes s'avisaient un jour de songer sérieusement à la politique ou à la morale humaine, ils pourraient bien se passer de la religion . . . .
Discours prélim. page 17.

THÉOLOGIENS. (les) Les moralistes sont les bienfaiteurs du genre humain, les théologiens en sont l'opprobre et le fléau.
L'an 2440, 1775, *page* 73.

N. B. Donc, il faut s'en tenir à la morale, et laisser la théologie de côté : ayons des mœurs, qui n'ont jamais fait de mal ; et n'ayons plus de Dieu à qui nous sommes redevables du fléau des théologiens.

Leurs différens ont donné des peines infinies aux princes et aux magistrats.
d'Argens, lettres XVI.

N. B. Qui dit théologien entend un docteur querelleur, remuant, turbulent, intolérant, opiniâtre et colère, aimant à faire du bruit ; se donnant de l'importance, en raison de la grandeur du phantôme dont il se porte le chevalier envers et contre tous. La théologie étant une science de mots, ceux qui la professent doivent parler haut et beaucoup ; ils remplissent par des sons le vuide des idées. De tels hommes sont de méchans voisins, perturbateurs du repos public : la race commence à se perdre en France ; mais on dit qu'elle pullule encore beaucoup aujourd'hui en Allemagne.

Selon quelques théologiens, les savans ont presque toujours été hérétiques ; les siècles les plus éclairés ont penché vers l'athéisme. *Bacon, Organum.*

N. B. Sans sortir de France, depuis qu'on s'y occupe beaucoup de sciences exactes, depuis que dans l'étude de la physique on marche au seul flambeau de l'analyse et de l'expérience ; depuis que les bonnes méthodes sont trouvées pour observer la Nature et ses phénomènes, on est devenu beaucoup moins crédule : le nombre des Athées suit constamment la progression du nombre des géomètres, des astronomes, des physiciens, des chymistes, en un mot, de tout ce qu'il y a de savans véritables. Encore un siècle de cet excellent esprit, et l'on peut cautionner qu'en l'an 2000, on ne parlera plus de Dieu et des prêtres que comme nous parlons aujourd'hui de l'ogre et des loups-garoux . . . . .

THÉOLOGIQUES (les Livres) des orientaux désignent Dieu sous l'image de la sphère universelle.

THÉOPHAGES. (les) *Mange-Dieu*.

Les déistes, de la secte des catholiques, n'ont pas bonne grâce de persécuter les philosophes, partisans de Spinosa ou du matérialisme. Des gens qui, tous les matins, mangent leur Dieu, à la table de l'eucharistie, certes ! ne sont rien moins que des spiritualistes.

Pour manger son Dieu, il faut bien croire un Dieu matériel.

Pauvre espèce humaine ! que de folies il t'est passé par la tête !

THÉOPHILE, évêque *d'Antioche*, parle de l'immortalité de l'ame d'une manière assez embrouillée.

Ad autol. lib. II.

Il dit que l'ame a une étendue formelle, comme depuis peu l'a écrit Saint-Hyacinthe.

Lamettrie, abrégé des Systémes.

N. B. Peu de gens se sont entendus eux-mêmes sur cette matière, principalement ceux qui ont voulu introduire dans la nature de l'homme et des choses une spiritualité à laquelle nos sens répugnent. Toutes ces discussions, touchant Dieu et l'ame, dégénèrent facilement en disputes de mots sur lesquels il serait bien temps de passer une bonne fois l'éponge.

THÉOPHILE : Nous avons des idées naturelles qui souvent nous font agir avec autant de force, que si nous agissions par le motif de la crainte et de l'amour de Dieu.

Quatre dialogues, attribués à l'abbé Dangeau, Paris, 1684, in - 12, page 107.

THÉOPHILE *Viaud*, poëte français.

Une heure après ma mort, mon ame évanouie,
Sera ce qu'elle était une heure avant ma vie.

Bayle, art. *Garasse*, dictionn. raconte les persécutions qu'éprouva Théophile pour ses impiétés.

La plume de *Théophile*, le mal nommé, trempait dans l'athéisme. *Garasse*.

C'était un poëte épicurien, et de bonne compagnie.

THÉOPHRASTE, élève de Platon et d'Aristote.

Peut-être un excès de philosophie, une saillie de la raison et un élan de la vertu héroïque a fait dire à Théophraste, que pour être sage, il ne fallait avoir aucune crainte des Dieux. *J. Durondel.*

THÉRAPENTES ou *Esséniens*. Chez les juifs, hommes sévères, qui, soumis aux lois, quant à l'extérieur, se consacraient au culte de la philosophie naturelle.

C'étaient tous gens riches ou du moins aisés, soulageant les malades et les nécessiteux ; très-versés dans la science de la Nature, ils regardaient la Nature comme le principe et la fin de tous les êtres, *l'Alpha et l'Oméga*.

THÉRÈSE *Philosophe*. (l'auteur de)
Toutes les religions, sans en excepter aucune, sont l'ouvrage des hommes.

Page 85.

N. B. Pardon, honorables lecteurs ! mais cette citation nous met à même de prévenir qu'on a joué plus d'une fois le mauvais tour aux Athées, de jeter quelques-unes de leurs maximes dans des livres obscènes, afin de tâcher de rendre synonimes les qualifications contradictoires d'impie et de libertin, d'hommes sans Dieu et d'hommes sans mœurs. Ce manège atroce n'a que trop réussi ; beaucoup de lecteurs superficiels s'y sont laissés prendre.

THEURGISTES. Espèce de platoniciens qui croyaient que l'ame humaine est une émanation de l'ame divine du monde.

Ces philosophes avaient organisé un système sur cette opinion qui n'est autre chose qu'une sorte de spinosisme ascétique.

Voyez *de Theurgia et virtutibus theurgicis*. Altorf, 1764. in-4°. L'auteur est Henri-Jacques Ledermuller.

THOITES. Peuplade voisine de la Thrace, et sans culte. *Porphyre, abstin. II.*

THOMAS, (St.) d'Aquin, raisonne ainsi :

.... Pour faire en sorte que les hommes eussent une connaissance indubitable et certaine de Dieu, il a fallu que les choses divines leur fussent enseignées comme articles de foi.

Huet, de la Faiblesse de l'esprit humain, p. 275, édition de 1723.

N. B. Donc tous ceux qui ne croient point à la révélation, sont Athées *ipso facto*.

THOMASSIN, né à Leipsic, en 1555. On lui reproche son penchant au scepticisme, au *naturalisme*; et c'est avec juste raison.

Il disait :

Toutes les créatures sont en Dieu.

Il n'y a point de créature hors de Dieu.

N. B. Spinosa et Mallebranche ne pensaient pas autrement.

THOMASIUS. (Jenkinus)
Historia atheismi.

Ce savant compte parmi les causes de l'athéisme, *sapientiæ naturalis tractatio . . . . et physiologia.*

A la bonne heure ! *Voyez* le dernier *N. B.* de l'article *Théologiens.*

THOMASSIN, (Louis) prêtre de l'Oratoire.

. . . . Bonum, sapientia, veritas, hæc omnia non aliud sunt quam Deus ipse.
                                Theolog. dogmat.

C'est-à-dire: Dieu lui-même n'est autre chose que la sagesse, la vérité, tout ce qui est bon.

N. B. C'est à bon droit qu'Hardouin qualifie d'Athée l'auteur de ces paroles, qui ne nous offrent que des abstractions pour définir Dieu.

THORILLON, juge de paix, à Paris. . . .
En vain la religion nous a-t-elle appris

autant que les lois qui en dérivent, que nous devons fuir le mal pour courir au bien, que nous devons adorer Dieu.... Un ascendant terrible semble nous maîtriser....

Idées sur les lois criminelles, in-8°. 1788, initio.

N. B. L'idée d'un Dieu n'est donc pas un frein assez fort pour nous maîtriser, puisqu'il cède à un ascendant plus terrible. Que de choses, il y aurait à dire ! nous aimons mieux nous en reposer sur la sagacité de nos lecteurs.

THRACES. (les) Plusieurs entre les Thraces niaient l'immortalité de l'ame.

De l'Ame, et de son immortalité.

TIBULLE. Ce poëte des ames sensibles ne connut d'autre divinité que sa maîtresse.

Tous les poëtes de l'antiquité, Homère, Hésiode, Pindare, Callimaque, Ovide, Juvenal, Horace, Tibule, etc. ont foulé aux pieds les craintes de l'autre vie.

Lamettrie, abrégé des Systêmes.

TIMÉE, de Locres, élève de Pythagore. Le monde comprend tout; il est animé et doué de raison : c'est ce qui a fait dire à beaucoup de philosophes que le monde était vivant et sage.

Honorables lecteurs! méditez son traité *de l'Ame du monde*.

C'est ce même philosophe qui compare l'usage de la religion dans la politique et dans la morale, à celui du poison dans la médecine.

TIMES, (le) journal ministériel anglais, s'efforce de montrer l'impossibilité de faire la paix avec la France . . . . Et d'ailleurs, (dit-il) que l'on considère le danger qu'il y aurait à livrer la morale publique à la contagion de l'athéisme.

21 *Décembre*, 1799, 30 *frimaire*, *VIII*.

N. B. Puissante logique! Quoi! ils en sont revenus là en Angleterre, sur cette terre pensante, où l'on allait jadis se réfugier et faire de la philosophie, en toute liberté.

TIMOLÉON et *Phocion*.

Timoléon ne fut en rien inférieur à Phocion; mais on peut lui reprocher le même oubli de la divinité; défaut commun à ce que le paganisme a produit de plus célèbre. *Histoire de la philos. payenne.*

TINDALL, (Math.) philosophe anglais: Il ne voulait d'autre religion que le culte de la Nature. *Alman. des Rép*...*p.* 46.

TINNAGELLI. (Arphaxad) En 1770, un jeune français prêchait dans l'Arabie, sous le nom d'Arphaxad Tinnagelli et en qualité de disciple de J.-J. Rousseau, en mission en Arabie. Il portait le costume oriental et une barbe de prophête. Il a composé en arabe plusieurs ouvrages, entr'autres un catéchisme appelé *Tinnagellique* qui commence ainsi :

Qu'est-ce que Dieu ?
La vérité . . . .

Pogonologie, ou histoire de la Barbe, 1786, *p.* 43, *in*-12.

TISSOT de Patot. Il y a tant d'années que je me promène dans les chemins vastes et éclairés de la géomètrie, que je ne souffre qu'avec peine les sentiers étroits et ténébreux de la religion. Tout ce qui ne se démontre pas, m'est suspect . . . . Je veux de l'évidence, ou de la possibilité par-tout . . . . *Lettre* 67, *tom. I.*

TITANS, (les) espèce d'Athées de première origine.

C'étaient dans la haute antiquité, des astronomes, qui, placés sur le sommet des montagnes, y entassaient pierres sur pierres, pour approcher le plus près possible de la voûte céleste, afin d'y observer les révolutions planétaires. Les hommes-peuple, imbéciles dès-lors, comme ils le furent toujours depuis, qualifièrent d'impies et d'Athées ces premiers savans qui dédaignaient les pratiques religieuses et se consacraient au culte, c'est-à-dire, à l'étude des astres.

TITE-LIVE. *Jo. Tolandus asserit Livium totam relligionem pro nullâ habuisse, vel quod eodem redit, pro pulcherrimo politicorum commento, in magistratuum subsidium et sacerdotum emolumentum subtiliter excogitato.*

C'est-à-dire : J. Toland avance que Tite-Live regardait la religion comme une belle fiction de la politique, adroitement imaginée pour la sûreté des magistrats et l'intérêt des prêtres.

TOLAND, (Jean) philosophe irlandais. Il pose dans son *Panthéisticon* les fondemens de cette religion universelle qu'il appèle le *panthéisme*.

La doctrine des *panthéistes*, que Toland y développe, n'offre au fond que le *spinosisme* pur . . . . .

Il affirme que le mouvement est essentiel à la matière. *Lettre III*.

Toland publia divers ouvrages sur la religion et la politique, dans lesquels l'impiété, l'athéisme même paraissent à découvert.

Plusieurs de ses livres furent brûlés.

. . . . *Non tartareis rotis, saxis, anguibus, ignibus, fluviis deterretur Athens* . . .
Adæsidæmon, p. 73.

En disant que l'Athée ne redoute point les tourmens de l'enfer, Toland aurait pu ajouter que l'athéisme a bien assez des persécutions qu'il éprouve encore aujourd'hui sur la terre.

J. Toland dans sa dissertation intitulée : *Clidophorus* ou le *Porte clef*, ... se propose de prouver par de grands exemples, que les gens sages, dans tous les siècles, ont eu la prudence de taire ce qu'ils pensaient sur la religion . . . . .

S'il était un Dieu, et un Dieu qui s'intéressât au bonheur des humains (s'écriait Toland) sans doute il prendrait pitié de l'état de doute et d'igorance où je suis.

TOMBARD, de Langres, auteur dramatique, a dans son porte-feuille, une comédie en cinq actes, en vers, intitulée: *l'Athée.*

Cette pièce, reçue depuis plusieurs années à l'un des premiers théâtres de Paris, n'a pas encore obtenu les honneurs de la représentation.

TONNERRE. Beaucoup de gens seraient Athées, sans le tonnerre...

La crainte fit les Dieux....

TOPINO Lebrun, (François-Jean-Baptiste) natif de Marseille, et auteur du tableau de *Caïus Gracchus.*

Cet artiste philosophe justifie la place qu'il occupe dans notre répertoire des hommes sans Dieu, par un nouveau tableau qu'il intitule: *la Fatalité.* C'est une allégorie composée dans un style aussi sévère que le sujet. Le peintre a voulu opposer à cette providence absurde et chimérique des déistes, la divinité beaucoup plus réelle des matérialistes; la Nature elle-même, soumise à ses propres lois, dont rien ne peut ralentir ou suspendre le cours.

TOUT. (*Dieu*) L'unité d'action et la correspondance de toutes les parties du monde vers un centre commun de mouvement et de vie, qui entretient son harmonie et qui en produit l'accord, a conduit les hommes qui regardaient ce grand *Tout* comme un Dieu, à admettre l'unité de Dieu, ou du *Tout* regardé comme *Dieu*.

Dupuis, Orig. des cultes.

TRASSARD . . . . .

TRÉCHAUT, médecin, et employé à l'une des bibliothèques publiques de Paris (Mazarine ou des Quatre-Nations), vécut et mourut Athée, mais il garda pour lui son opinion : ses mœurs y répondaient; elles étaient innocentes et paisibles.

Sa mort précéda la révolution française.

TR ✶✶ Y , de la Boiss ✶✶ . . . . né à Vendôme . . . . Athée très-prononcé au

sein

sein de ses amis ; il en a les mœurs douces et intègres.

Quatrain sur le mot Dieu.

Amis ! il ne faut plus qu'un mot nous en impose,
Quand sur-tout il causa tant d'abus, tant de maux :
Idolâtrer un nom, quand on n'a pas la chose,
Cela peut s'appeler le délire des sots.

Selon ce philosophe et homme de lettres, sans prétention, Paschal était controversiste par habitude et Athée par sentiment.

TRENCHARD, (J.) philosophe anglais, né en 1669, mort en 1723.

L'un des hommes, dit Gordon, les plus illustres, les plus habiles et les plus utiles, qu'aucun pays ait jamais eu le bonheur de produire. Antoine Collins lui attribue *l'Histoire naturelle de la superstition*, 1709. On y prouve que la morale est la seule religion nécessaire à l'homme.

Il avait les sentimens hardis en matière de religion. *N. Dict. Hist. in-8°*.

TRIBONIEN, jurisconsulte célèbre.
Voyez le Digeste.

Les christolâtres ont voulu calomnier ses mœurs et flétrir sa mémoire, parce que, forcé par les circonstances de se dire de leur secte, il conserva toujours *in petto* les principes matérialistes des anciens.

N. B. Pareille chance est arrivée à plusieurs hommes recommandables.

TRINITAIRES. Le premier qui parla de la Trinité parmi les Occidentaux, fut Timée, de Locres, dans son *Ame du monde*. Voltaire.

N. B. Et Timée n'était rien moins qu'ascétique.

TRISMEGISTE. (le) (*Thaut*, ou *Hermès*) l'un des plus anciens matérialistes connus.

TROIS IMPOSTEURS .... (l'auteur du traité des)

La volonté de Dieu est l'asile des ignorans ....

Si l'on demande ce que c'est que *Dieu*, je réponds que ce mot nous représente l'être universel ....

Dieu, c'est-à-dire, la Nature .... ou si l'on veut, l'assemblage de tous les êtres, de toutes les propriétés, et de toutes les énergies, est nécesssairement la cause immanente et non distincte de ses effets ....

La crainte, qui a fait Dieu, a fait aussi la religion.

Ce traité *des Trois Imposteurs* est un système d'athéisme démontré.

En 1771, Voltaire adressa une épître à l'auteur du livre des Trois Imposteurs; on y remarque beaucoup plus de poésie que de logique.

TROUBADOURS, (les) poëtes provenceaux.

Ils servaient ordinairement leurs belles avec autant et plus de ferveur que leur Dieu. *Disc. prélim. de leur histoire.*

N. B. Dans les chansons et autres ouvrages de ces poëtes, on rencontre fréquemment des impiétés qui semblent toutes naturelles. La *créature* leur fait renier, sans beaucoup de peine, le *créateur*, pour nous servir des expressions consacrées : épicuriens et matérialistes, quand ils ne sont pas superstitieux jusqu'à la barbarie, les troubadours, dans le fait, ne reconnaissaient d'autre Dieu, ne professaient d'autre culte que l'amour. Leur belle, avant tout, par-dessus tout, exclusivement à tout.

Un amant est nécessairement Athée.

TRUBLET, (l'abbé) de l'Académie française, parent de Maupertuis, et ami de Fontenelle.

S'il est des Athées de système, leur système est mieux lié que celui des déistes.
Essais de littér. tom. II, p. 405.

TURGOT, le contrôleur des finances.
La morale n'est corrompue que par son mélange avec la religion.
Vie de Turgot, p. 178, in-8°. 1786.
La religion ne doit pas plus être l'objet des lois que la manière de s'habiller....
Page 260.

L'auteur de cette *vie* déclare nettement que Turgot n'avait ni religion, ni la croyance de l'immortalité de l'ame.

TURC (un poëte) a dit:
Dieu est lui-même l'intérieur et l'extérieur de tout; tout est en lui.
N. B. Ce poëte est spinosiste.

TURQUIE. Les *Athées* ont formé une secte nombreuse en Turquie, qui est composée pour la plupart de Cadis, et de personnes savantes dans les livres arabes.
Ricaut.

TYRANS. J'estime les plus facheux de tous les tyrans, ceux qui le sont par la grâce de Dieu. *Anonyme.*

« . . . . . Socrate mourut pour la cause
» de l'existence de Dieu ; et c'est avec
» l'athéisme que les monstres de 1793,
» nous inondèrent de sang ».

Ce sont là des faits imposans, mais ils ne sont pas vrais. Socrate fut accusé d'athéisme ; mais la véritable cause de sa mort fut la haine qu'on avait pour les trente tyrans d'Athènes . . . .

Pour ce qui est des *Tyrans* de Paris, ils voulurent détruire la religion chrétienne, à cause des prêtres ; mais ils n'étaient pas assez forts en physique, ni en raisonnement, pour avoir une opinion sur l'athéisme.

J. Lalande, lettre du 14 pluviôse, an VIII, dans le journal du Bien-Informé.

N. B. Certes ! Chaumette, Hébert et leurs pareils étaient loin d'être de véritables Athées : il n'y avait point d'étoffe pour cela dans la tête de ces démagogues.

Voyez notre *Discours préliminaire.*

VADÉ, (J.-J.) le *Teniers* de la poésie française; poëte épicurien.

VALANT .... auteur d'un ouvrage fort estimable contre la peine de mort.

DEMANDE.

Appartient-il aux ministres des cultes d'enseigner la morale ?

RÉPONSE.

La morale des prêtres n'est fondée que sur des idées impénétrables et absurdes; or, ce n'est point aux ennemis de la raison humaine qu'il appartient de développer la raison.

Extrait de son Catéchisme philosophique.

.... VALCOUR, (Aristide Plancher) poëte et littérateur.

Parler de Dieu et de la religion à un enfant, c'est perdre de la métaphysique; c'est le rendre faible, craintif et troubler infructueusement son cerveau ....

L'Indépendant, journal, n°. 14, an VI.

Ouvrage plein de philosophie et d'érudition.

VAL

VALENTINIENS. (les) Suivant ces sectaires, Dieu est une lumière corporelle, étendue, figurée....

Beausobre, hist. du Manich.

N. B. Donc les Valentiniens étaient matérialistes, comme les autres.

VALLA, (Laurent) poligraphe italien, condamné au supplice de son patron, à cause de ses opinions épicuriennes. L'Inquisition voulut bien se contenter de lui faire subir la peine du fouet.

VALLÉE, (Geoffroy de la) orléannais, l'auteur du livre fameux, intitulé: *la Foi bigarrée, ou l'art de ne rien croire.*

Il était grand oncle de *Desbarreaux*, qui ne croyait en Dieu que quand il était malade. *Recueil de littér. et de philos.* 1730.

Ainsi, l'incrédulité était héréditaire dans cette famille.

Il fut brûlé pour son athéisme, à Paris, avec son livre, en 1572 ou 1574.

On l'appelait le beau Vallée, *bellum Vallensem*. Peu d'écrivains parlent de cet Athée.

Rapin, Sainte-Marthe et Turnebe, ayant découvert dans leur société un Athée, nommé Geoffroy Vallée, le poursuivirent avec tant de zèle qu'ils le firent condamner au dernier supplice par le parlement de Paris. *Un poligraphe du temps.*

VALLISNIÉRI, (Ant.) médecin et naturaliste d'Italie, célèbre par ses recherches sur la génération, et sur les corps marins, que l'on trouve au sommet des hautes montagnes : la raison de ce phénomène lui parut épineuse à discuter dans un pays peuplé d'inquisiteurs. Pour vivre et mourir tranquille, il s'en tint à l'historique.

N. B. Et c'est ainsi que les sciences ont toujours été contrariées dans leur marche. Les hommes-de-Dieu ne voient pas de bon œil l'observateur de la Nature ; de même que les gens de théâtre ne souffrent point volontiers d'autres qu'eux derrière les coulisses.

VALMOMT, *de Bomare.*

. . . . Tout se tient dans l'univers ; ce n'est qu'un tout subsistant par l'accord et la correspondance de toutes ses parties ; il n'y existe rien, jusqu'au plus petit atôme, qui n'y soit aussi nécessaire que l'existence de la mouche l'est à la subsistance

tance de l'araignée : tout est soumis à l'ordre universel : la Nature entière n'est qu'un seul et vaste système que tous les êtres composent.

Dictionn. d'hist. nat. Nat.

N. B. L'ouvrage porte approbation et privilège du roi.

Le savant auteur, alors, était comblé de places utiles et honorifiques.

Presque tous les livres d'histoire naturelle, de médecine et de chirurgie, sont des traités physiques d'athéisme, où les corolaires sont sous-entendus.

VANINI. (Lucilio)

Vanini était parti de Naples avec douze de ses apôtres, pour aller convertir toutes les nations à l'athéisme. *Mersenne.*

Voyez aussi Bayle, dans ses *Pensées*....

Le livre de Vanini, qui lui valut un bucher, a pour titre :

De admirandis Naturæ reginæ deæ que mortalium arcanis.

C'est-à-dire : des merveilleux secrets (*arcanes*) de la Nature, reine et divinité des mortels.

Garasse appèle ce livre *l'apprentissage de l'athéisme*.

L'auteur le dédia au maréchal de Bassompierre.

Cet homme se prit d'une façon bien singulière à prouver qu'il n'y a point de Dieu; ce fut d'en donner l'idée : il crut que le definir, c'était le refuter.

J. Saurin, sermons.

Après avoir roulé d'incertitudes en incertitudes, il finit par conclure qu'il n'y avait point de Dieu.

Pendant qu'on le suppliciait, il s'écria : *ah ! Deus !* (ah ! Dieu !)

Ergo Deus est (donc il y a un Dieu) lui dit le prêtre, qui l'exhortait à la mort.

Modus est loquendi (c'est une façon de parler) répliqua Vanini.

Ou bien, selon d'autres, *nego consequentiam* (je nie la conséquence).

Garasse caractérise *Vanini* de grand patriarche des Athées. Il ajoute :

« Il fut brûlé à Tholoze pour ses athéismes ».

VARENNE. (l'abbé de) Chez la plupart

des peuples, les fables se tournent en religion.

N. B. Les premiers poëtes furent les premiers théologiens.

VARRO. (M.-T.) *Civitates Diis quos ipsæ instituerunt, ut pictor tabella, priores sunt.*

C'est-à-dire : de même que le peintre existe avant son tableau, les cités sont antérieures aux Dieux qu'elles ont imaginés.

Outre cela, Varron pensait que Dieu est l'ame du monde, et que le monde est Dieu, comme nous l'apprend Saint-Augustin, dans sa *Cité*, *VII.* 6.

On sait que Varron rapporte tous les Dieux à la Nature et à ses parties.

Dupuis.

VASSE, (Guillaume) poëte épicurien français, ami de *Mangenot.*

Il se composa cette épitaphe :

    Ici gît l'égal d'Alexandre :
    Moi ! c'est-à-dire, un peu de cendre.

VATTEBOIS, homme de lettres et naturaliste, a laissé un commentaire sur Pline. Il mourut à Orléans, vers 1770, après avoir passé quelques années à Meun-sur-Loire.

C'était un Athée épicurien, et ami de *Denars*, de Cavantous.

Voyez ce nom.

VÉDAM. (l'auteur du) Plusieurs passages de ce livre sacré, dans l'Inde, ne permettent pas de douter que le panthéisme soit le principal dogme de la philosophie et de la religion indienne; on y lit :

L'univers est *Vichnou* (Dieu); tout n'est que Vichnou. Vichnou et l'univers ne sont essentiellement qu'un.

Varram Vichnou, maiam gegatou.

C'est-à-dire : l'univers est tout plein de Vichnou.

VEDELIUS. Les arméniens plaident la cause du libre-arbitre, qui est précisément le contraire de la prédestination; Vedelius, théologien célèbre parmi les reformés, dit que le but de ce dogme est d'introduire dans l'église un athéisme subtil.

B. *Mandeville*, Pensées libres sur la religion, *page* 283.

VELLÉIUS, (C.) sénateur Romain ; chaud partisan d'Épicure.

VERGIER, (Jacq.) Lyonnois ; poëte anacréontique, ou épicurien.

C'était un philosophe, homme de société.

VERTU. Suivre la Vertu pour l'amour d'elle-même, c'est la suivre pour l'amour de Dieu.

Lamothe Levayer, Vertu des payens, page 7, in-4°.

N. B. Cette maxime devrait réconcilier beaucoup de gens avec l'athéisme, qui n'est autre chose qu'aimer la Vertu pour elle seule.

VIASSEN, fils de Bramma, et auteur du *Bagavadam* ; ouvrage dans lequel on apperçoit sans cesse le matérialisme.

Encycl. méth. Philos. des indiens.

VICHNOU. Nom que les orientaux donnent à leur être suprême ; et ce mot signifie ce qui remplit l'espace, ce qui remplit l'univers.

C'est le matérialisme personnifié ; c'est le spinosisme déifié ; c'est la religion universelle.

VIE-A-VENIR. La doctrine de la vie-à-venir n'est point véritable. Telle est ma croyance ; et tout homme savant doit croire la même chose, quoiqu'en dise le vulgaire.

Il faut que nous parlions comme le peuple ; mais il ne faut pas que nous croyons comme lui.

Boniface VIII, enquêtes juridiques par Dupuy, in-f°. 1655.

VIEIRA, prédicateur portugais.

Si le tout-puissant était dans le cas d'apparaître sous une forme géométrique, ce serait sûrement sous la circulaire, préférablement à la triangulaire, à la quarrée, à la pentagonale . . . . etc.

Voyez ses sermons.

N. B. Nous rapportons ce trait, d'abord à cause de son originalité ; et ensuite, pour montrer que les théologiens, quand ils veulent se faire entendre, en parlant de leur divinité, sont contraints d'avoir recours aux matérialistes eux-mêmes. N'avons-nous pas vu que les gymnosophistes de l'Inde tracent un cercle pour exprimer la Nature, qu'ils appelent Dieu, afin de condescendre au vieux préjugé populaire ?

VIENNE. Dans un concile, tenu à Vienne, sous Clément V, l'autorité de l'église déclara hérétiques tous ceux qui n'admettaient pas la matérialité de l'ame.
Goudin, professeur de théologie, à Paris.

Voyez *Philosophia.... Lud.* 1673.

N. B. Or, comme nous l'avons déjà observé, la matérialité de l'ame suppose nécessairement celle de Dieu.

VIGNE, (Pierre de) secrétaire et chancelier de l'empereur Frédéric II.

On lui a attribué le traité *des Trois Imposteurs.*

VILLEBRUNE, (Lefévre) médecin et savant littérateur.

La législation théocratique n'était pas faite pour l'homme . . . . etc.
Manuel d'Épictète, préface.

N. B. Des lois qui ont besoin de la sanction d'un Dieu, ne sont pas encore de bonnes lois.

VILLIERS, médecin de Paris, et coopérateur de l'Encyclopédie.

Mort à Paris vers 1790, à soixante ans.

VILL . . . . N, (J. - B. - Gasp . . .

d'Ans...) professeur de grec et l'un des plus érudits de son siècle.

Voyez sa *dissertation latine*, insérée dans le traité des *Mystères du paganisme* par le B. de Sainte-Croix.

De triplici theologiá mysterisque veterum.

VIRGILE. Son spinosisme qui perce en plus d'un endroit de ses œuvres, ne l'a pas empêché d'être grand poëte. La vérité est l'aînée des Muses.

Il fait dire à Anchises :

Il est une grande ame intelligente, répandue dans toutes les parties du vaste corps de l'univers, qui, se mêlant à tout, l'agite par un mouvement éternel.

Æneide, le chant des enfers.

Les abeilles, dit-il dans ses *Géorgiques*, possèdent une portion de ce feu éther qui constitue la substance divine, appelée ame du monde .... en effet, la divinité pénètre toutes les parties de l'univers; tout ce qui nait et respire, tire de cette ame immense le souffle qui l'anime ....

Liv. IV. V. 240.

VIVIANI, (Vincentio) de Florence, élève de Galilée.

UNI

Il croyait la nécessité de toutes choses et la participation de l'ame universelle.

UNIVERS. (l') L'univers visible est la première et la plus ancienne divinité des hommes ; celle qui a eu le plus d'adorateurs, soit dans sa totalité, soit dans ses parties. *Dupuis, Relig. univ.*

Le genre humain a toujours été matérialiste, ou spinosiste.

VOLNEY, de l'Institut national de France.

Dans ses *Ruines*, il adopte le systéme de Dupuis, sur l'origine des cultes.

Lisez le *chapitre XXII* sur la filiation des idées religieuses.

VOLTAIRE. Pourquoi existe-t-il tant de mal, tout étant formé par un Dieu que tous les théistes se sont accordés à nommer bon ? *Les Pourquoi, dict. philos.*

En Angleterre, comme par-tout ailleurs, il y a eu, il y a encore beaucoup d'Athées par principes . . . . . J'en ai connu en France quelques-uns qui étaient de très-bons physiciens. *Idem.*

Les Athées sont pour la plupart des savans hardis . . . .

L'athéisme n'inspire point de passions sanguinaires. *Eod. loco.*

Ceux qui ont soutenu qu'une société d'*Athées* pouvait subsister, ont eu raison.... Les Athées peuvent mener une vie très-sage et très-heureuse. L'*Athée* conserve sa raison. *Dictionn.*

Il n'y a que de jeunes prédicateurs sans expérience et très-mal informés de ce qui se passe au monde, qui assurent qu'il ne peut y avoir *d'Athées. Eod. loco.*

Je suis corps, et je pense.
Lettre philos. sur l'ame.

Il y a sans doute à la Chine et dans l'Inde, comme ailleurs, des philosophes qui, ne pouvant concilier le mal physique et le mal moral dont la terre est inondée, avec la croyance d'un Dieu, ont mieux aimé ne reconnaître dans la Nature qu'une nécessité fatale.

Les Athées sont par-tout.
Fragmens sur l'Inde, seconde partie, art. II.

. . . . Selon Voltaire, l'athéisme pouvait être la doctrine secrète des philosophes.

Si Dieu n'existait pas, il faudrait l'inventer;

est le langage d'un politique et d'un politique Athée. *Naigeon.*

L'existence de Dieu n'est pas nécessaire à la création des êtres.

Candide est une production qui attaque le dogme de la providence.

Mercier, *nouveau Paris*, *tom. IV*, ch. 247.

Le sujet de ce roman est pris dans la Théodicée de Leibnitz. *Idem.*

Ne nous dissimulons point qu'il y a eu des Athées vertueux. La secte d'Épicure a produit de très-honnêtes gens : Épicure était lui-même un homme de bien.

Homélie sur l'athéisme.

Les théologiens ne doivent point se mêler de philosophie. Il y a l'infini entre ces deux sciences. *Mélanges philos.*

Dans la religion, comme au jeu :
On commence par être dupe ;
On finit par être fripon.

Quel homme peut avoir une connaissance distincte de l'Être-Suprême ?

Questions Encycl.

Religion n'est pas philosophie.

Un an de guerres civiles de César et de Pompée, a fait plus de mal à la terre, que n'en pourraient faire tous les Athées ensemble pendant toute l'éternité . . . .

Quelle est la raison qui fait tant d'Athées ? C'est la contemplation de nos malheurs et de nos crimes . . . .

On aime mieux nier Dieu que de le blasphémer ; aussi avons-nous cent épicuriens contre un platonicien . . . .

Toujours des *peut-être* : mais je n'ai point d'autre moyen de justifier la divinité.

Lettres de Memmius à Cicéron.

La façon de penser de Voltaire sur la religion l'obligea de passer en Angleterre.

Ses lettres philosophiques pleines de plaisanteries sur la religion, furent brûlées à Paris, par arrêt du parlement.

Voltaire tourne en ridicule toute la religion, et insinue les principes du matérialisme . . . . Ses écrits irréligieux ont fait de funestes progrés. *N. Dictionn. hist.*

VOSSIUS, (Isaac) fils de Gérard, savant de Leyde, a regardé la religion comme la matière de ses triomphes, et ne l'a étudiée que pour en chercher le faible.

Mém. de Trévoux, 1713.

VOYAGE *dans les Pyrenées*. (l'auteur du)
Le culte de la Vierge est bien plus approprié à l'esprit humain que celui du grand Etre, aussi inexplicable qu'incompréhensible. *Page* 272, *in-8°*. *Paris*, 1789.

VOYAGEURS sur la mer. (entretiens, Cologne, 1683, in-12).

Dans une épître dédicatoire à messieurs les commis pour la visite des livres défendus, l'auteur leur dit en forme de réponse :

« On ne voit personne qui soit en peine » à Paris, pour avoir chez soi le livre de Spinosa . . . . ».

Tandis que les commis faisaient la guerre aux écrits en faveur des reformés.

N. B. Quelquefois l'athéisme a profité de ces petites querelles de sectes, pour introduire la vérité, à leur insçu.

URBIN. Il se trouva, à Rome, du temps de Pie II, un homme de la ville d'*Urbin*, que le pape dit n'avoir pas esté d'ailleurs ignorant, lequel à la mort ne se repentait que d'avoir adressé ses vœux à Jésus-Christ, et reconnu une autre divinité que celle du soleil. *Lamothe Levayer.*

URCEUS, (Ant. Codrus) docte italien du XVe. siècle.

Il se retira comme un sauvage dans les forêts. La société humaine lui devint insupportable.

Il douta de l'immortalité de l'ame. Sa doctrine secrète était l'athéisme.

Latentis atheismi sui haud obscura documenta dedit.

Spizelius, infelice literato.

WACHTERUS (Cel.) a composé un livre intitulé :

Spinosismus in judaismo detectus; c'est-à-dire, le spinosisme découvert dans le judaïsme.

N. B. Le Spinosisme est par-tout.

WALLER, (Edm.) poëte anacréontique, anglais, élève de Saint-Evremont, épicurien de principes et de mœurs ; quoiqu'on l'entendit une fois sermoner le duc de Buckingham prêchant l'athéisme à la cour. Alors, Waller était déjà bien vieux. Il cessa de vivre, à l'âge de quatre-vingt-deux ans.

WARBURTON. On doit entendre avec Warburton que l'unité de Dieu était un des dogmes de l'initiation, si l'on entend par unité de Dieu, celle du monde et de la force active et intelligente qui y réside : ce qui rentre dans le *panthéisme* qui a été la religion de toute l'antiquité, avant que les métaphysiciens eussent créé le monde des abstractions, et séparé Dieu du monde, et l'unité de Dieu, de Dieu lui-même.

Dupuis.

N. B. Warburton a rencontré la vérité, peut-être sans s'en douter. Ce qui est arrivé par fois aux docteurs.

Warburton a composé des *dissertations*, intitulées :

L'union de la *Religion*, de la MORALE et de la *Politique*.

Le titre de ce livre rappèle la fable de la BREBIS placée entre un *renard* et un *loup*.

WEISS, (le colonel) membre du grand conseil du canton de Berne.

Il a été long-temps au service de France, successivement dans les régimens d'Erlach et Ernst.

Le second vol. de ses *principes de la Philosophie*, 3 vol. 1789, est terminé par une sortie virulente contre les Athées. Il faut que l'auteur ait eu une double doctrine ; car, avec ses amis, il professait l'athéisme.

Le ministre A.-Fr. *Bœcken*, membre honoraire de l'Académie latine de Gênes, a prouvé dans son *examen du traité Philosophique sur la nature de l'ame et du cœur humain par Weiss*, que c'était l'ouvrage d'un matérialiste.

L'auteur de la *préface* de cet *examen*, imprimé à Tubingen, en 1761, in-4°. (Le professeur *Plouquet*) pense comme Bœcken sur le compte de Weiss.

WELSENS. (Juste)

J. Velsius, en flamand Welsens, de la Haye, fut un homme docte, mais fort inconstant sur le chapitre de la religion.

Bayle.

WESTERNES, iles sur la côte occidentales d'Écosse, dont les peuples vivent à leur manière, sans urbanité, sans lois, *sans religion*, et cependant sont généralement honnêtes gens et fort équitables, aimant la liberté.

Le Démosthène moderne, à *Utrecht*, 1744, *tom. I, N°. VIII*, p. 86, *note*.

WESTMINSTER. On lit dans ce temple de Londres, l'épitaphe latine de *Buckingham*, remarquable par ces deux ou trois traits :

. . . .
Dubius, non improbus vixi.
Incertus morior, non perturbatus.
. . . .
Eus entium, misere mei.

C'est-à-dire : j'ai vécu dans le doute, mais non dans le crime ; je meurs dans l'incertitude, mais non dans la crainte.... Être des êtres ! . . . etc.

WHITBY, (Daniel) théologien ou plutôt philosophe anglais.

Voyez ses Discours où il est prouvé que la raison doit être notre guide en fait de religion, et qu'on ne doit rien admettre comme article de foi, qui répugne aux principes communs de la raison. in-8°.

Cet ouvrage et quelques autres lui méritèrent l'honorable qualification d'incrédule. Il mourut presque nonagénaire.

WICLEFF. (J.) *Omnes religiones, indifférentes, introductæ sunt à diabolo.*

Toutes les religions, parmi lesquelles il n'y a pas de choix, ont été introduites par un mauvais génie.

Le fond de la doctrine de cet anglais consiste à reconnaitre une nécessité absolue en toutes choses.

WIELAND, le Voltaire de l'Allemagne.

WILLIS et Perrault paraissent admettre une ame généralement répandue partout le corps . . . . Hypothèse qui fut celle de Virgile et de tous les épicuriens.

Il résulte des ouvrages de Willis, *de Cerebro*, *de animâ brutorum*, et de ceux de Perrault, *Traité de la mécanique des animaux*, que la matière a la faculté de penser, et aussi que la matière se meut par elle-même.

VULCANIUS, (Bonaventure) (auteur flamand) est de la religion des Dez et des Cartes : il ne sait de quelle religion il est. *Scaligerana.*

WOLF fait les plus grands efforts pour que Dieu, témoin de l'action de la Nature, ne reste pas oisif et pour ainsi dire les bras croisés devant elle : ce qui tend à l'athéisme. *Lamettrie, abrégé des Systèmes.*

WOLF, astronome de Dantzig, a déshérité son neveu qui ne voulait pas professer l'athéisme.

Note communiquée par J. Lalande.

WOLFIUS. (J.-C.) *De atheismi vulgo suspectis. Dissertatio.*

C'est-à-dire : des personnes suspectées d'athéisme : dissertation.

WOOD. Les religions dépendent plus qu'on ne pense du sol et du climat.

Essai sur le génie d'Homère, ch. VII.

N. B. On ne pourrait en dire autant des vérités mathématiques : toujours et en tout lieu, un triangle à trois côtés.

X.

XACA, grand philosophe, métaphysicien excellent, dans le royaume de Siam...

Il semblait ne reconnaitre point de cause première efficiente.... Plusieurs se scandalisèrent de sa doctrine. Les Chinois entr'autres l'eussent absolument défendue, s'il n'eût déclaré, par un livre fait exprès, qu'il croyait un créateur. Avec cette espèce de manifeste, il mit sa science à couvert....

Le P. Christ. Borry.

Il était métempsycosiste, et faisait *Dieu* et le *néant* synonimes.

XENOCRATE, philosophe d'une si grande probité, que les magistrats d'Athènes le dispensèrent du serment.

Il ne reconnaissait pour Dieux que les sept planettes et le ciel des étoiles fixes.

Il était élève de Platon et d'Aristote, et vécut plus qu'octogénaire.

XENOPHANE. Son système n'est point éloigné du spinosisme.

Il composa plusieurs poëmes sur des matières de philosophie.

Il est notoire que selon Xenophane, Dieu

n'est autre chose que l'infinité de la matière.... *Minucius Félix.*

Unum esse omnia. Xenophane a enseigné qu'il n'y a qu'un seul être, et cet être est le vrai Dieu. *Cicéron, quest. Acadèm.*

Xenophane, selon Aristote, disait :
Ce qui est un, est Dieu. *Métaphys.*

Xenophane soutenait que la Nature n'a point eu de commencement et qu'elle n'aura point de fin, et qu'elle est toujours semblable à soi-même. *Eusèbe, Plutarque.*

C'est ce philosophe qui disait :
Si les bêtes savaient peindre, elles représenteraient la divinité à leur image et ressemblance.

Xenophane fut banni de sa patrie.

Le système de Spinosa a été autrefois celui de Xenophane, de Mélissus, de Parménides, et de tant d'autres....
Lamettrie, abrégé des Systèmes.

XENOPHON fait dire à Socrate que le soleil est Dieu, que l'ame l'est pareillement.

Xenophon, le disciple de Socrate, tient qu'il ne faut pas chercher le vrai Dieu.
Minucius Félix, Octavius, p. 59.

Y

YOUNG. Ce poëte religieux anglais, est par fois philosophe, sans s'en douter. Il lui échappe de faire synonimes Dieu et la Nature.

Jusques à quand l'homme dans son ivresse luttera-t-il contre la *Nature*? Ignore-t-il que se révolter contr'elle, c'est se révolter contre la divinité?

Seconde Nuit.

Z.

ZANOTTI. Indépendamment de toute religion, celui qui vivra selon la raison, sera vertueux; s'il est vertueux, il sera tranquille, il sera heureux, comme l'*Integer Vitæ* d'Horace.

Journal étranger par Arnaud, avril, 1761, page 74.

ZAMOLXIS. C'est ce philosophe homme d'État, qui introduisit le dogme de l'immortalité de l'ame chez les Thraces.

La religion est fille de la politique.

ZANTE. On y trouve aussi quantité de gens qui font profession d'athéisme, (dans l'île de *Zante*, en Morée).

Coronelli, description de la Morée.

ZARABELLA. (Jacques)

Zarabella de Padoue, philosophe du XVIe. siècle, disait qu'à fin de croire l'existence de Dieu, qu'aucune raison naturelle ne démontre, on a besoin de la grâce.

Il est accusé par *Imperialis* d'avoir donné dans ses écrits plusieurs marques d'athéisme. Mais on le loue d'avoir vécu exemplairement.

Il ne croyait pas davantage à l'immortalité de l'ame.

ZENDEKÉENS. Chez les Arabes ou Sarrazins, les esprits forts aux yeux desquels la théologie et la philosophie (ou le théosophisme) s'étaient dégradées par une association ridicule, inclinèrent à l'athéisme : tels furent les *Zendekéens* et les *Dararianéens*. Encyclop.

ZENDICISME. Nom d'une secte qui dans l'Orient nie la providence.

Le célèbre poëte arabe, *Abulola Ahmed*, en était.

ZÉNON, insulaire de Chypre, et fondateur du Portique des Stoïciens.

Selon lui, Dieu est l'ame du monde. Aussi défendait-il de bâtir des temples à la divinité.

Ce philosophe condamnait les sermens, comme indignes de tout homme probe et libre.

Zénon mourut, sans aucune marque d'invocation divine, dit Levayer : aussi désespère-t-il du salut de son ame.

Zénon

Zénon ne reconnut d'autres Dieux que l'univers . . . .

Maupertuis, essai de philos. morale.

C'était un bel homme.

Il n'eut d'autre métaphysique, que celle de Xénophane.

Zénon et *Chrisippe* disaient que Dieu et la matière étaient les vrais principes de la Nature.

Ce système était celui de Spinosa, mal développé et couvert par de belles expressions. *Philos. du bon-sens*, tom. *I*.

ZÉNON, né à Sidon; célèbre philosophe épicurien à Athènes, et maître du poëte Lucrèce, de Cicéron et de Pomponius Atticus.

Selon lui, l'essence de Dieu est de l'Éther; le monde est un grand animal sphérique qui renaît de sa cendre comme le phénix.

ZÉNO. *Discipulus Aristonis, neque formam Dei intelligi posse censet, neque in diis sensum esse dicit, dubitat que omnino Deus animans nec ne, sit* Cicero.

Ce disciple d'Ariston pense qu'on ne peut se faire une idée de Dieu . . . . . etc.

Zénon et Cléante son disciple appelaient Dieu le monde animé par l'ame universelle.

ZÉTÉTIQUES. L'un des noms donnés aux sectateurs du pyrrhonisme; philosophes irrésolus, qui, dans la crainte de se tromper, ne croyaient à rien.

ZINDIKITES. (les) Philosophes mahométans, qui approchent des Saducéens. Ils croient qu'il n'y a point de providence .... Une de leurs opinions est que tout ce que l'on voit, que tout ce qui est dans le monde, que tout ce qui a été créé, est Dieu.

ZOROASTRE, philosophe, législateur religieux et civil.

L'Eulma - Eslan (ouvrage qui forme la tradition des Perses) nous apprend que dans la loi de Zoroastre, il est déclaré positivement que *Dieu a été créé par le temps avec le reste des astres.*

Mémoire d'Anquetil du Perron, *tom. XXXVII, Acad. inscript.*

Quelques écrivains font dire à Zoroastre : Je viens leur annoncer (aux Perses) l'éternité de la Nature ou le feu principe qui l'anime : voilà le Dieu qu'on adora dans les premiers temps, quand on rendit un culte au soleil.

Stanleü hist. philosophiæ, p. 11, 22 et 23, *de æterna Naturâ sive deo*... *paternus ignis.*

Ils lui font dire encore :

Le peuple perdra l'ensemble de la Nature, pour ne s'attacher qu'aux détails. Je l'y ramène sans qu'il s'en doute par cette loi physico-morale.

Faites en sorte de plaire au feu, de plaire à l'eau, à la terre, aux arbres, aux bestiaux, à l'homme pur, à la femme pure.... Plaire au feu, par exemple, c'est en faire un usage raisonnable ; mettre le feu à une grange, c'est souiller la flamme, en lui faisant commettre un crime.... etc.

N. B. D'où il faut conclure que le *Zend-à-Vesta*, le code religieux de Zoroastre, n'est que le panthéisme ou le spinosisme réduit en culte.

Les croyans ont pris le soin de grossir leur liste du nom de plusieurs personnages célèbres dans les arts, dans les sciences et même dans la philosophie. Zoroastre et Socrate, disent-ils, reconnaissaient un Être-Suprême. Corneille, Descartes et Neuwton étaient de bons chrétiens, dont les prêtres s'enorgueillissent. Ceux-ci rabattraient de leurs prétentions, s'ils examinaient de près la conduite de ces grands hommes. Un géomètre, un poëte, etc. peuvent être croyans, et même de bonne foi, sans que cela étonne. Tout entiers à leur art, ils craindraient de perdre un seul instant de leur vie à l'examen d'une doctrine qu'on leur a inculquée dès l'enfance. La soumission aveugle qu'on exige d'eux, les tranquillise de ce côté. Ils suivent machinalement le train ordinaire des choses; et pour reculer les bornes de leurs talens, ils consentent volontiers à rester dans celles de la foi. D'ailleurs, l'expérience leur apprend qu'on ne touche pas impunément à des objets placés hors de la ligne commune. Ils ont déjà assez d'ennemis, sans provoquer des gens irascibles et implacables. Contens de leurs succès dans la carrière qu'ils parcourent, ils laissent en paix ce qu'ils trouvent établi au tour d'eux. Si quelquefois on parvient à les provoquer sur ces matières, effrayés eux-mêmes des pas de géant qu'ils seraient obligés d'y faire, ils ont peur de leur propre ombre. Ils aiment mieux demeurer tranquilles, et jouir de leur gloire sans inquiétude.

Voilà la manière de voir des grands hommes les plus modérés. On connaît assez la conduite des autres.

FIN

www.ingramcontent.com/pod-product-compliance
Lightning Source LLC
Chambersburg PA
CBHW060307230426
43663CB00009B/1617